平川祐弘決定版著作集◎第8巻

進歩がまだ希望であった頃

フランクリンと福沢諭吉

平川祐弘

勉誠出版

福沢諭吉（万延元年、サンフランシスコにて、25歳）
——福沢研究センター提供——

ベンジャミン・フランクリン（77歳）

まえがき

本書はベンジャミン・フランクリン（一七〇六―一七九〇）と福沢諭吉（一八三五―一九〇一）の二人を、主として彼等の自伝を通して分析した日米比較精神史上の対比評伝である。

フランクリンと福沢は、片やアメリカ独立、片や明治維新という、それぞれの自国の近代の最大の政治的・社会的変動に際会し、その混乱の歳月をものの見事に生き抜いたばかりでなく、同国人に国民の向うべき将来をはっきりとさし示した。この二人は両国の動乱期と制度確立期に、他者の追随を許さないほど啓蒙思想家、社会改革者として八面六臂《はちめんろっぴ》の大活躍をした。フランクリンは「すべてのヤンキーの父」（カーライル）と呼ばれたアメリカ建国の父であるが、福沢もまた明治の指導層の過半の「知性面での父」"the intellectual father"（B・H・チェンバレン）と内外に認められた日本の「文明開化」の最大の主導者であった。

フランクリンはアメリカ合衆国を説き明す上で不可欠の存在であるが、福沢もまた近代日本を語る上で不可欠の人物である。その二人はともに平明達意の文章家であって、両人ともそれぞれの国の文学史の上でもっとも興味深い自伝を残している。しかもその二つの自伝に示された二人の生涯、その性癖、思考、行動は、驚くべき相似点と平行例の数々に満ちている。その相似を『日本事物誌』の著者の見解に従って一言に約《つづ》めて言い表わすならば、「福沢の信条はフランクリン主義であった」。もちろんその両者には、女性観や金銭観などについては微妙な相違もあったが、しかしその相違点も、相似点に劣らず、私たちの興味を惹いてやまないものがある……

その種の問題意識に触発《しょくはつ》されて、私はフランクリンと福沢を同一次元に並べて仔細《しさい》に対比分析した。問題は問題を生み、次々と新しい展望が開け、執筆中まことに愉快であった。それでこの紙面を借りて演練の機会を与えられた関係各位に謝意を表し、かつ私が二人の自伝にどのように教室で接して来たかを記しておきたい。

一九六九年七月、一年にわたる大学紛争が漸く終熄《しゅうそく》に向い、東京大学駒場キャンパスは授業再開に踏みきった。その際、『教養学部報』も再刊され、私も『「反大勢」の読書』という一文を寄せたが、それは「反体制」にこだわる学生に、既成の学問秩序の枠組に囚われぬ見方をすすめたもので、

「国文学者が『福翁自伝』（岩波文庫）を重視しないのは文学の観念が狭いからではないだろうか」

と述べた。『福翁自伝』を私はその後、東京大学の総合コース、八王子の大学セミナーハウス、信州大学の集中講義などで取りあげた。しかし『フランクリン自伝』との比較にはなかなか踏み切ることが出来なかった。一つには「比較研究は影響関係が立証できる二人の著述家の間に限る」というかつてのフランス派比較文学研究の学風にどこかでこだわっていたためでもあるが――『フランクリン自伝』から『福翁自伝』への刺戟伝播《しげきでんぱ》の有無は、本書一六三頁でも触れたように、判然としない――、しかしそれ以上に大きな理由は、私自身がアメリカの土地を当時はまだ踏んでいないという劣《ひ》け目を覚えたためだった。私は学部時代ドイツ語既修フランス語未修というクラスで学び、六年間の留学時代も主としてヨーロッパ大陸の諸国で過したので、アングロ・サクソン系の国には馴染が薄かったのである。その私が少年時代に読んだ『フランクリン自伝』をまた新たに綿密に読み出したのは一九七八年秋プリンストン大学に招かれ、フィラデルフィアを訪ねてから後である。もっともそれ以前にも、畏友永積昭教授に誘われてジャカルタの「インドネシア独立三十周年記念セミナー」に参加した際、「フランクリンと明治皇后」という題で近代化と勤労の倫理について発表したことはあった。これは後に拙著『東の橋　西のオレンジ』（文藝春秋社、一九八一年）に収めたが、今回「明治初年のフランクリン熱」などの節で簡単にふれた右の二人の関係はそこに詳しく論じてある。

ところでその間、日本文壇における小説というジャンルの一方的な過大視と、自伝というジャンルの不当な過小視とに抗議して、東西の自伝文学を渉猟《しょうりょう》して次々と評論を発表した文芸評論家に佐伯彰一氏がおられた。氏はまた東京大学比較文学比較文化課程の教授として過去十五年、私の尊敬すべき同僚でもあった。氏は『日本人の自伝』（講談社、一九七四年）、『近代日本人の自伝』（同、一九八一年）などの評論で、自伝復権のために力を尽した。あの無類の小説読みであった氏が「小説帝国主義」という非難を洩らすのを、研究室で紅茶を飲みながら、私は共感をもって聞いた一人であった。

私が『フランクリン自伝』と『福翁自伝』の比較論に正面から取り組んだのは、その佐伯教授の退官を記念に論文集『自伝文学の世界』を編むという企画が持ちあがった際である。当時私はカナダにいたので、ブリティッシュ・コロンビア大学でこの二人の自伝について英語で講演する機会を得た。しかし右論文集で私に割当てられた三十枚という限られた紙面にフランクリンと福沢という二人の大人物を論じ尽せる訳はなく、朝日出版社から出版された右論文集には、結局私は白石と諭吉の刀に対する態度を網羅的に論じた一文を寄稿したに過ぎなかった。なお本書の「白石と諭吉」の節はそれを縮めたものであることをお断りしておきたい。

ヴァンクーヴァーから帰国した後も『フランクリン自伝』と『福翁自伝』について、慶應義塾大学小泉信三記念講座、三菱財団助成金による徳川研究会、桐華会、台湾の淡江大学などで発表する機会を得たが、新局面が次々に見えてきたのは東京大学での演習であった。ただし物質的に満ち足りた環境で育った若い世代と私との間には感覚的に齟齬《そご》もあって、一種のもどかしさを互いに覚えたのもまた事実である。フランクリンや福沢や私は飢餓《きが》のなんたるやを実感した旧世代に属するが、いまの学生は、日本の若者に限らず韓国、台湾から来日した留学生にいたるまで豊かな食生活を送っていて、その種の飢餓体験や窮乏からの解放の喜びの体験を持ちあわせていなかったからである。彼等を幸福と呼ぶべきか、それとも私たちを幸福と呼ぶべきか、一概には断じがたい微妙なるものを私は覚える。

しかしその種の感覚的な落差にもかかわらず、質問、コメント、レポートなどによって私は幾度となく啓発された。この機会に佐伯教授をはじめ内外の学生諸氏に謝意を表したい。たとえば『チャタレー夫人』の夫が"*Just use it.*"という語を夫人に向って発している、という指摘（一二六頁）は演習参加の一学生から受けた。なにか文章を発表するたびに適切な一言を寄せてくださる読者は有難いが、その種の風が大学にも社会にも永く伝わることをあらためて切に望む次第である。

拙稿は「あとがき」をも含めてはじめ『新潮』昭和五十九年二月号に掲載された。原題は、「進歩がまだ希望であった頃――日米比較精神史上の『フランクリン自伝』と『福翁自伝』」であった。この対比評伝に文芸性とともに文学についての既存の観念や既存の枠組を破る新しい社会性を認め、一括してこの長篇の掲載に踏み切られた編輯長の坂本忠雄氏、学術性の裏づけとなる資料調査に手を貸してくれた編輯部の冨澤祥郎氏、今回、若干の修正を加え、単行本として刊行する際、その事務を担当した渋谷遼一氏、またメトロポリタン美術館から実物の皿が処分されて三十年経っていたにもかかわらず、宮川香山造るところのフランクリンの裃をまとった姿の写真を送ってくださったジュリア・ミーチ゠ペカリック夫人にも御礼申しあげる。また私事にわたるが、ブリティッシュ・コロンビア大学における私の第二回講演の際、風邪で喉を痛めた父に代って当時中学三年生であった長女節子が引用文を次々と代読してくれたことも懐しい思い出である。家人一同の協力にたいし謝意を表する次第である。

この本の標題は、フランクリンの時代や福沢の時代へのノスタルジアをこめて選んだ。「進歩がまだ希望であった頃」はなるほど次第に過ぎ去りつつあるかに見える。福沢諭吉は、もし西洋思想史上に位置づけるならば、その実際の生年よりも一世紀早い「十八世紀人」と呼ぶのが適切な思想家でもあったろう。しかしそれでも過去は単に過ぎ去った昔ではない。私は『フランクリン自伝』と『福翁自伝』を読み、細部を比べ、かつ論じるうちに、自ら意図せずして、非常なる共鳴を覚えた。――私の少年時代、すなわち日本でペンよりも剣が強かった昭和十年代、福沢諭吉の評判は右翼青年将校の間ではなはだ悪かった。戦後は逆に左翼アジア主義者の間で福沢の名は貶《おと》しめられてきたようである。しかしその福沢をヴォルテールやトルストイと同等に並べて、

「もしこうした人たちが現れなかったならば、彼等の国がはたして実際に進歩し得たか否かは疑わしいものである」

と言った人は戊戌《ぼじゅつ》政変に参加して失敗、日本に亡命した清末の思想家梁啓超《りょうけいちょう》であった。フランクリンと福沢は、民主主義の思想家として人間として、いまなお日米比較精神史上のもっとも意味深い存在であろう。この二人の人間讃歌は、日米両国の枠を越えた普遍性を未来にたいしても持ち得るものと私は信じている。謹しみて読者諸賢の御批判、御高評をお待ちする次第である。

一九八四年晩春、駒場、東京大学教養学部一〇五号館　学生委員会室にて

平川祐弘

このたび本書を講談社学術文庫に入れるに際して、若き日本人読者や、これから先かならず増えるであろう外国人読者の便を考え、漢字に多くのルビをふった。ルビさえふってあれば、ある程度漢字の多い文章の方が、本人たとい書けはせずともかえって読みやすいからである。福沢は文章の平明化につとめたが、それはけっして語彙《ごい》や表現の貧困化でなかったことを申し添える。

一九九〇年　フランクリン没後二百年の年に

目次

進歩がまだ希望であった頃——フランクリンと福沢諭吉——

凡例

一、本著作集は平川祐弘の全著作から、著者本人が精選し、構成したものである。
一、本文校訂にあたっては原則として底本通りとしたが、年代については明確化し、明かな誤記、誤植は訂正した。
一、数字表記等は各底本の通りとし、巻全体での統一は行っていない。
一、本巻の底本には索引が付いていなかったが、本著作集においては索引を付した。
一、各巻末に著者自身による書き下ろしの解説ないしは回想を付した。
一、各巻末には本著作集のために書き下ろした諸家の新たな解説を付すか、当時の書評や雑誌・新聞記事等を転載した。

底本

『進歩がまだ希望だった頃――フランクリンと福沢諭吉――』の初出は『新潮』に一九八四年に掲載された。本著作集の底本は講談社学術文庫、一九九〇年刊である。

進歩がまだ希望であった頃

――フランクリンと福沢諭吉――

日米の好一対

途中に出た所が少し荒く風が吹て浪が立つて来た。スルト其纜《つな》を引張て呉れ、其方《そつち》の処を如何《どう》して呉れと、船頭が何か騒ぎ立つて乗組《のりくみ》の私に頼むから、ヨシ来たと云ふので纜を引張たり柱を起したり、面白半分に様々加勢《かせい》をして先づ滞《とどこほ》りなく下ノ関の宿に着て、「今日の船は如何したのか、斯う〳〵云ふ浪風で、斯う云ふ目に遇た、潮《しほ》を冠《かぶ》つて着物が濡れた」と云ふと、宿の内儀《カミ》さんが「それはお危ない事ぢや、彼《あ》れが船頭なら宜《よ》いが実は百姓です。此節暇《ひま》なものですから内職にそんな事をします。……慣れぬ事をするから、少し浪風があると毎度大きな間違ひを仕出来《しでか》します」と云ふのを聞て、実に怖かつた。

こんな語り口で九州からの無断出奔《むだんしゆつぽん》を物語るのは『福翁自伝』「馬関《ばくわん》の渡海」の条《くだ》りである。「ヨシ来た」と威勢よく手伝って、後でそのアドヴェンチャーの恐ろしさに気づくあたり、二十歳の福沢諭吉《ふくざわゆきち》の楽天的な性格が如実に伝わって来る。冬二月のことだが、海水を浴びても諭吉は一向に寒さも感じなかったようだ。

その福沢と同じように波瀾《はらん》に富む故郷脱出をした人に、ボストンのギルド社会を飛び出したフランクリンがいた。ニューヨーク湾では疾風《しつぷう》に襲われて古ぼけた帆はちぎれてしまい、岸に着いたものの大波に上陸も出来ず、三十時間水上に漂った。「その間食べる物もなく、……汚いラム酒一瓶のほか飲むものはなにもなかった」

十七歳のフランクリンも疲労困憊《ひろうこんぱい》したはずだが、悲哀とか悲観といった言辞《げんじ》は一切見られない。福沢もフランクリンもピカレスク小説の主人公のように闊達自在《かつたつじざい》、目の前にくりひろげられる新しい可能性の中へ生き生きと飛びこんで行く。「前へ、前へ」それが二人の歩調だった。そしてそれは人間がまだ進歩を信ずることの出来た十八世紀アメリカと十九世紀日本に共通する時代の歩調でもあったにちがいない。

この『福翁自伝』と『フランクリン自伝』が似ている、ということは明治以来繰返し言われてきた。しかしどうしたわけか正面切って比較論を展開した人はいまだに見当らない。この両者を並べて文芸評論の対象としたほとんど唯一の人は『日本人の自伝』（講談社）の著者佐伯彰一氏で、氏は丸一世紀以上離れたこの二人の間に不思議な類縁《るいえん》を認め、「現代のプルータルコスがいたら、とり上げずにはすまされぬ好一対」と指摘した。私もその見方に同調する者で、佐伯氏が数頁にスケッチした平行例を、ここでは二百頁余にわたって吟味してみた。両国の偉人についてはそれだけの論評に値いすると信ずるからである。

もっとも「偉人」などと言い出せば、聞いただけで顔をそむける読者もいるにちがいない。しかもこの二人は大の常識人である。反常識を旗印に掲げる文学青年はもとより、文芸愛好の士の多くも厭《いや》な顔をするはずだ。ところが冨山房百科文庫から最近訳が出た『月曜閑談』を開くと、訳者土居寛之《どいひろゆき》氏の趣向もあろうが、サント・ブーヴの文芸評論の第一のものとして「フランクリン論」が巻頭に掲げられている。サント・ブーヴはその重厚な評論で、このアメリカ人を「常識の詩人」poète du sens commun として尊重しているのである。

私がフランクリンに限らず福沢の自伝を愛する理由も同じことで、文芸作品として価値あるためには奇《き》矯《きょう》の言辞を弄《ろう》する必要はない。常識も彼等ほど徹底すれば、偉大なる詩人となると同感する節が多々あるからである。その証拠に近代日本の詩人の中で誰一人、『福翁自伝』を凌駕《りょうが》するだけの、興趣《きょうしゅ》に富める自伝を書き遺していないではないか。文学を意図《いと》せずして文学作品と化した二人の自伝を、文学を意図して作品となり得なかった凡百の小説よりはるかに高く私は評価するのだが、しかし国文学史の上で『福翁自伝』はいまなお黙殺《もくさつ》されたままのようである。

ここで個人的な思い出を述べさせていただくと、『フランクリン自伝』は私が深い共感をこめて読んだ数少いアメリカ文学の一つである。敗戦後の日本で、空腹をこらえて頑張っていたころ受験生だった私はフランクリンのこんな英文にアンダーラインを引いた。“I made the greater progress from that greater clearness of head and quicker apprehension which generally attend temperance in eating and drinking.”「飲食を節するとたいてい頭がはっきりして理解が早くなるもので、そのため私の勉強は大いに進んだ」。これは岩波文庫の訳だが、この訳文には中学四年生の私が英文に線を引いた時のあの思いの強さがなにほども出ていない。国木田独歩《くにきだどっぽ》は『フランクリン自伝』を再話物にまとめて生活費を稼いだ人だが、当時の日記にはその感想がはっきりと浮彫りにされている。「今はフランクリンの自伝を読みつつあり」という明治二十八年十二月四日には「粗《そ》食《しょく》といふをやめよ。粗食は美食よりも人を弱くするの実、極めて少なきなり。菜食の利は脳髄《のうずい》の明快にありと始めて知りぬ」とある。これだ、この脳髄の明快にあり、という言葉こそが、空《す》きっ腹を我慢して、やや無理をしてフランクリンに共感した人の感想なのだ。そう思って手を拍《う》った私は、後年フランクリンの母国へ渡って、人々が食物を粗末にする有様に憮然《ぶぜん》たる思いを禁じ得なかった。——フィラデルフィアへ着いた時の、あの青年フランクリンの餓《う》えと食欲と誇り、それを理解できるアメリカ人が一体いま本当にいるのだろうか、という気持であった。

一方、『福翁自伝』は三十年近く前、私が給費の切れた留学生としてヨーロッパで下級の通訳をして稼いでいた時偶然手にした本で、西洋文明を学ぶ日本人として、自分自身をそこに見出す思いがした。こんな恥しい思い出もある。ある日本の代表がロンドンの市中で立小便をした。それはことごとに紅茶を出すイギリスの習慣の生理的結果だったが、同行していた私は「あの人はあなたのお父さんか」と通りすがりの一英人に言われて、神経的に参った。その直後たまたま『福翁自伝』の次の一節が目にふれた。パリのオテル・デュ・ルーヴル（部屋数こそ当時より減ったが現存する）で殿様が用を足すその間、家来は二重の戸を開け放して、殿様の御腰《おこし》の物を持って、便所の外の廊下に平《ひら》き直っていたという条《くだ》りである。廊下は「男女往来織《お》るが如くにして、便所の内外瓦斯《ガス》の光明昼よりも明《あきらか》なり」。福沢のその書き様の滑稽《こっけい》に神経が弛《ゆる》んでほっとしたことを覚えている。

私はその後も両自伝に傍線や下線を縦横に引いた。今回、その中から二人の共通性や対照性の目立つ部分を拾い、項目別に並べると、おのずから対比評伝の体裁が整ってきた。なおなにか参考になろうかと思ってプルータルコスをひもといてみると、『アレクサンドロス大王伝《だいおうでん》』の冒頭にこんな句があった。

「偉人の伝を書くに際して私は彼等の公的な業績の多くを割愛《かつあい》した。偉勲というものは必ずしもその人間の悪や善をよく示すものではない。そうではなくてなんでもない一事《いちじ》、さりげない一言《ひとこと》、たわむれの一つ、そうしたものがその人間の本性を明らかにしてくれるのである」

　さすがプルータルコスはいい事をいう。実は福沢にせよ、フランクリンにせよ、それぞれ日米の偉人であるところから折目正しい伝記はすでに幾つも書かれている。「我諭吉先生は天保五年十二月十二日を以て生れ……」という型で、誕生の日から先生に生れついてしまった尊敬史観《そんけいしかん》とでも呼ぶべき記述法である。アメリカのフランクリン伝にもヴァン・ドーレンを始め同種の公的活動の記述に主眼を置く研究は多いのだが、私は二人の自伝からなるべく小さな事実《プティ・フェ》を拾い、比較論評することにつとめた。さりげない一事にこめられた真実を私流に拾いたく思ったからである。それで廻り道をするかに見えるかもしれないが、初めに話のきっかけとして、新井白石《あらいはくせき》と福沢諭吉の関係について一言ふれることにする。フランクリンと福沢の類縁性を浮彫りにするためには、日本のもっとも秀れた自伝の書き手といわれる白石・諭吉をまず比較して、それぞれの思想史上の位置を確認しておくことが、三点測量とまではいかぬにせよ、この対比評論を行う上での有効な補助線の一つを引くことになり得るかと思われるからである。新井白石と福沢諭吉の関係は、フランクリンと福沢との関係との対比においてみる時、どのような位置にあるのか。白石と諭吉の二人と、フランクリンと諭吉の二人と、一体どちらが精神史の系譜の上でより密接な関係にあるのか。

白石と諭吉

二つの自伝の比較にはすでに先例があった。羽仁五郎《はにごろう》の『白石・諭吉』（岩波書店、一九三七年）がそれで、羽仁氏は両者の共通性に注目している。『折《をり》たく柴《しば》の記《き》』と『福翁自伝』はたしかに日本の自伝の双璧《そうへき》であって、白石・諭吉と並び称されるのはその事実に由来する。二人はまた自伝を執筆したほどの人であったから、強い自我《じが》を持ち、独立心に富んでいた。両者はともに学者的で、言語、歴史、経済、文明に関心があり、夥《おびただ》しい数の著述をなした。それでいて二人とも書斎の学者であるよりは実際家として、その学問でもって世を動かそうとした。また白石に『西洋紀聞《せいやうきぶん》』があるなら諭吉には『西洋事情《せいやうじじやう》』以下があった。二人はともに迷信《めいしん》を排する合理主義者であり、啓蒙家である。その目は遠く海外へ注がれていた……

私も白石（一六五七―一七二五）と諭吉（一八三五―一九〇一）という二人の近代的な知性の間に――二世紀違いの時差にもかかわらず――数々の共通性が存することを認めるのにやぶさかでない。白石を日本の洋学の祖と呼ぶなら、諭吉がその系譜に連なる大人物であることには疑う余地はない。諭吉自身がその種の知的伝統を自覚していた。

我国洋学の起源を尋れば、宝永年間新井白石が羅馬《ろーま》人に接して外国の地理風俗を質《ただ》したるが如き、歴史上に著しきものにして、西洋紀元千七百九年のことなれども、直に横文の書を読み其義を講じて国語に翻訳せんとて業を起したる者は、前野良沢《まへのりやうたく》、杉田玄白《すぎたげんぱく》、桂川甫周《かつらがはほしう》、中川淳庵《なかがはじゆんあん》等の諸士にして、明和八年（千七百七十一年）……荷蘭《おらんだ》解剖書の会読を以て、日本国人洋学の第一紀元と称す可し。

とは福沢自身が慶應義塾旧友会で述べた言葉である。(1)

ところでそうした一連の共通点はまず事実として承認した上で、しかもなお新井白石と福沢諭吉との間には対照的とでも呼べるような差異がある。それはさりげない、小さな事実だが、二人の刀に対する態度である。いまその一点に絞って見てみたい。

白石の自伝は周知の通り彼が左遷され、新井家の運命そのものが没落しかねまじい時に、子孫のために書きのこした自己弁護型の自伝（apologia pro vita sua）である。武士の家の有為転変《ういてんぺん》のことは白石の念頭を離れなかったが、それにつけても思い出されるのは父が白石に語ってくれた次の話である。

父は箱根のかしの木坂にさしかかった時、薪《たきぎ》を背負った者に出会った。二、三十間ほども行き過ぎてから、うしろの方で自分の名を呼ぶ声がする。薪を負った男が薪をおろし、頭をつつんでいた布を取ってこちらへ歩み寄って来る。不思議に思いながら自分もその方へ戻って行くと、

「はるかに隔《へだた》りぬれば見わすれ給ひたりな。何某《なにがし》にてこそ侍れ。今なに故によりてか、たゞひとりはこゝを過給ふらむ。覚束なく覚ゆるものかな」

まるで夢のようでございます、という挨拶を受けた。その越前の九郎兵衛という男は、もと侍でありながら、年老いた父を養うすべもなくなったので、いまはこのあたりでこうした山賤《やまがつ》に類した仕事をして暮しを立てているのだという。そして自分を粗末な家へ案内し、老父にも紹介した。老父もまぜものはいった麦飯をすすめてくれた。そして夜に入ると、老人がいては邪魔だろうから、と老父は隣の一間にはいって臥《ふ》した。そしてその次に『折《をり》たく柴《しば》の記《き》』の題名が拾われたと思われる情景が展開する。自分と九郎兵衛と、

二人打むかひゐて、薪《たきぎ》おりたきて、むかし今の事どもかたりつゞくるほどに、夜いたく深《ふけ》にし比《ころ》、かの父のふしたるところに入りて、おふごのごとくなる竹二本取来《とりきた》りて、そのふたとなせし所をひらきて、中より三尺ばかりの刀と、二尺あまりの脇ざしの刀とを出して、又ふところより鍔《つば》ふたつとり出《いだし》て、火の光

りにそむきて、その刀と脇ざしとを鞘《さや》よりぬき出し見て、我前にさしをく。いづれも氷のごとくなるを、金作《こがねづく》りに飾れるに、鞘にはかゐらぎといふ鮫《さめ》かけし也。

「我《わが》つかへにしたがひし時も、身不肖《ふせう》なれば、父やしなふべきほどの禄をももとめ得ず。また我をのけて我父につかふべきものもなくなりたれば、世をのがれてかゝる身となりぬ。されば、むかし身に随《したが》へし物ども、なにかは惜む所のあるべき。されど、又我《わが》力のつゞかむほどは、せめては刀脇差一腰《ひとこし》づゝは、とゞめもをかましとおもひて、心づよくけふ迄は、身をはなさでありし也……」

白石《はくせき》の父はこの九郎兵衛と「再会の期《ご》もありぬべしや」と言って別れたが、その後二度と会うこともなくて終った。北条時頼《ほうじょうときより》に認められた『鉢木《はちのき》』の主人公と違う埋《うも》れ木の運命だが、それだけに一層この一夜の情景は忘れがたい。枋《おうご》（天秤棒）のようにした竹の中から九郎兵衛が取出した大小の刀、懐中から取出した二つの鍔《つば》、また囲炉裏《いろり》の火の光を背景にその刀を鞘から抜きはなった輝きが、この山賤《やまがつ》に身をおとしてなお武士の心根《こころね》だけは忘れまいとする九郎兵衛の魂の輝きのごとくに光りかがやいたのである。

この一節を自伝に記した時の白石は失意《しつい》の中にいた。将軍側近の座を追われた後の白石は、自分の娘を嫁にやることも出来なかった。白石の娘と聞くと、先方に「舌をふるひていやがられ」る有様であったと書簡にある。しかしそのような境遇にあっただけに、白石は、子孫が武士の志だけは忘れずにいて欲しい、と祈るような気持であったに相違ない。『折たく柴の記』に父から自分に贈られた刀の由緒《ゆいしょ》がこと細かく記されているのも、その刀が新井家の子々孫々に伝わることを願ったからではなかったろうか。

ところでこのフェティシズムを思わせる新井白石の刀への愛着ぶり――右のエピソードも刀にまつわる数々の話の一つでしかない(2)――に比べると、福沢諭吉の刀に対する態度はおよそあっけらかんとしてこだわりがない。同じく士族とはいいながら、下級武士の次男として生れ、刀剣の細工をして家計を助けた諭吉に

とって、刀は武士の魂というよりも商品に近いなにかであったようである。「幼少の時」からその思い出を拾うと、

……ソレカラ進んで本当の内職を始めて、下駄を拵《こしら》へたこともあれば、刀剣の細工をしたこともある。刀の身を磨《と》ぐことは知らぬが、鞘《さや》を塗り柄《つか》を巻き、其外金物《かなもの》の細工は田舎ながらドウヤラコウヤラ形だけは出来る。今でも私の塗た虫喰《むしくひ》塗《ぬ》りの脇差《わきざし》の鞘が宅に一本あるが、随分不器用なものです。都《すべ》てコンナ事は近処に内職をする士族があつて其人に習ひました。

諭吉は武器としての刀に対してもその効用をさほど認めない。夜、暗い道を歩く時は「ツイ腰の物を便《たよ》りにする」、いいかえると刀は過剰防衛《かじようぼうえい》の危険さえある物騒《ぶつそう》な刃物なのである。『福翁自伝』が明治も三十年になって回想して書かれたせいもあろうが、福沢はその「腰の物」を露骨に滑稽化《こつけいか》している。その一例はパリのホテルに泊った殿様が便所の二重の戸を開放して日本式に用を足す、その間家来が便所の外の廊下で殿様の大小を預って平《ひら》き直っている、という先にもふれた情景で、そこへ通りかかった福沢は「驚いたとも驚くまいとも、先づ表に立塞《たちふさ》がつて物も言はずに戸を打締《ぶちし》めて、夫《そ》れからそろ〳〵其《その》家来殿に話したことがある」

幕末期の福沢は洋学者として暗殺《あんさつ》を恐れた。刺客《しきやく》が用いる人殺しの道具こそ刀だったが、しかし福沢は、よりによってそうした時期に時勢に逆らった処置に出た。諭吉は先祖代々の刀剣をこともあろうにことごとく売払ってしまうのである。そして暗殺を惧《おそ》れて、維新の前後十年ほどの間は、夜分外へは出歩こうとしなかった。そうした物騒な時勢には、扇子《せんす》のごとくに見せかけて中から懐剣《かいけん》が出てくる仕組を工夫した者もいたが、福沢はその男をつかまえて言った。

「何が賞《ほ》めた話だ。それよりも懐剣として置いて、ヒョイト抜くと中から扇子の出るのが本当だ。……面

白くもない」

福沢は青年時代、身分が低かった時に感じた正義の衝動に晩年にいたるまで忠実だった人のように思えるが、彼が信念とするところは、道理は剣でなくペンで決着せらるべきものであった。「ペンは剣よりも強し」が慶應義塾の標語であり、塾の徽章もこの格言に基いてデザインされているが、"The pen is mightier than the sword." の信念ほど近代市民社会の理念を言い得た格言はないであろう。

このようにかつては武士の魂といわれた刀ひとつに対する態度を見比べただけでも、白石と諭吉の間には、百八十年足らずの間に革命的な変化、それこそ百八十度に近い価値観の転換が認められるのである。

それに対してフランクリンと福沢の間はどうであろう。なるほど年代からいえば、フランクリン（一七〇六―一七九〇）は白石の若い同時代人で、白石が六十八歳で没した享保《きょうほう》十年（一七二五年）、十九歳の彼はイギリスで印刷工として修業していた。しかし「ペンは剣よりも強し」という理念に即して見るなら、ペンと印刷業とで身を立て、同胞にアメリカ資本主義社会建設の一大指針を示したフランクリンと、同じくペンと印刷物で人生の活路を拓き、世界における近代日本の進路を指し示した福沢ほど相似た働きをした人はない。この二人の近代市民――相違《そうい》よりも相似《そうじ》に富めるフランクリンと福沢の対比評伝の本論にはいろう。

フランクリンの略伝

はじめに明治五年に日本に紹介され、広く読まれたフランクリンの略伝を掲げる。

ベンジャァミン・フランクリンは北亜米利加洲ボストン府の蠟燭屋の子なり。其父貧窮《ひんきゅう》にして其子を活字版摺《す》る職人となせり。フランクリンは読書を好み、得る所の金あれば尽《ことごと》く費《つひや》して書物を買ふ程のことなれども、唯書物に耽《ふけ》るのみならず、其活版の職にも亦よく出精《しゅつせい》し、平生の活計に倹約を守り、徒《いたづら》に月日を費せしことなし。年十七歳の時ヒラデルヒヤに行き、ケイメルといふ人と共に活字版の業を開けり。固《もと》より非凡の才子にて、其勉強も一通りならざれば、年は若しと雖どもよく文を綴り、人を驚す程の名文を作ることあり。或る時ヒラデルヒヤの奉行《ぶぎやう》、フランクリンの書きし手紙を見て其文章に感服し、態々《わざわざ》同人の旅宿に行て自からこれを迎へ、私宅へ案内せしことありしといふ。

其後フランクリンは英吉利《イギリス》の都ロンドンに渡り、処々の活版局に行て其職を勉めり。同局の職人は、時々金を費して酒を飲み、其心を乱ることあれども、フランクリンは一滴の酒をも口に付けざれば、気分はいつも爽《さはやか》にして身体も強く、貯《たくはへ》の金は人よりも多し。年二十歳の時ロンドンよりヒラデルヒヤへ帰り、復《また》彼のケイメルと共に活版の仕事を始め、益《ますく》業を勉て懈《おこた》らず、毎日様々の仕事に気を配り、其傍に一枚の活版を植へざることなし。世上の人もフランクリンが正しくして業を勉め、何事を頼ても間違なく思《おもひ》のまゝに埒《らち》明くを悦《よろこん》で、頻《しき》りに注文する者多く、家業益繁昌《はんじやう》せり。これよりフランクリンは新聞紙の出版を始め、其文章妙を尽して人を悦ばしめ、天下一般に流行して利潤を得ること少なからず。……新聞紙の出版も既に繁昌し、次で又文房具の商売を始め、志ある人と会社を結で多く書物を集め、『プウア・リチャルド・アルマナック』とて表題せる書を毎年一冊づゝ出版せり。此書は多く人の心得となるべき事を記せる名文にて、大に世間に益を為せり。

フランクリンは斯《か》く仕事を勉め、数年の間片時も暇なしと雖ども、亦一身の徳義を脩《をさめ》ることを懈らず、年三十歳の時に至り、都下の人望を得て会議所の書記官に命ぜられ、翌年は又立身して飛脚役所の掛となれり。才徳身に不足なしと雖ども、尚《なほ》世の人のために益を為すを以て己が役前と思ひ、窮理学《きゆうりがく》の社中を結で少年を教る大学校を開き、火災請合の法を工夫する等、凡そヒラデルヒヤに於て市中一般の仕事にはフランクリンの関はらざることなかりしといふ。

其後フランクリンは学術を勉強し、千七百五十二年紙鳶《イカノボリ》を揚《あげ》て夕立の雲より「ヱレキトル」の火花を引き、電光《イナビカリ》と「ヱレキトル」とは同じものなりとの事を発明し、これよりフランクリンの高名、世界中に鳴渡り、ヒラデルヒヤの活版屋とて欧羅巴《ヨーロッパ》洲にても其名を知らざる者なし。年既に老成に及び、北亜米利加の諸州、其本国の英吉利と不和を起し、数年の合戦にて遂に亜米利加の独立を成せしことあり。此騒動の時にもフランクリンは亜米利加の謀主となりて其功少なからず。亜米利加新政府の使者と為りて仏蘭西に行き、国王に拝謁《はいえつ》して援兵を求めしとき、談判の賤《いや》しからざるは固《もと》より云ふ迄もなく、都《すべ》て其行状手軽にして沈着し、博く物事を知りて明弁流るゝが如く、学者の才もあり国を治るの徳義も備はり、其高名を聞き其容貌を見てこれに心酔せざる者なし。当時仏蘭西の人これを評して云く、真人新世界より来りて其霊を顕はすと。……

古今の英雄、世の為に功を立てし者あれば、世の人これを見て其功を立てし所以《ゆゑん》の方便《テダテ》を知らんと欲するは人情の常なり。今フランクリンの功を立てし方便を聞かんと欲する者あらば、同人の書遺せし文章を左に記してこれに答ふべし。即ちフランクリンの遺文に云く、「富を得る道の易く平《たひらか》なるは市《いち》に行く道の如し。唯二言を以てこれを尽せり。働《はたらき》と倹約となり。時を費す勿《なか》れ。金を費す勿れ。此二の者を巧に用《もちふ》べし。働と倹約とを棄れば成るべき事なし。働と倹約とを守れば成らざる事なし。少年の男子、既に働て且倹約ならば、此外に富を助成《たすけな》すものは綿密と正直の二箇条なり。勉強は恰《あたか》も幸福を生む母の如し。天は万物を人に与へずして働に与ふるものなり。今日《けふ》といふ其今日の内に働くべし、明日の故障は測《はか》るべからず。汝もし人の家来となりてその主人よりなまけ者とて叱られなばこれに赤面せざるや、されば今汝は人の家来にあらずして自身の主人なり、自からその懈るを咎て自からこれに赤面せざるべからず」

これが『童蒙《どうもう》をしへ草《ぐさ》』巻の一に載った「ベンジャァミン・フランクリンの事《こと》」である。この本には他に「風阿《ブウア》・里茶土《リチヤルド》が諺《ことわざ》の事《こと》フランクリンの文」も収められており、その諺《ことわざ》の幾つかは後で紹介するが、いずれも声をあげて読むに足る名文である。明治初年の日本で広く修身教科書として用いられたこの『童蒙をしへ草』こそほかならぬ福沢諭吉がチェンバーズの児童用道徳教科書を翻訳した著書なのであった。

フランクリンの名前はすでに文久年間、オランダ経由で「合衆国ベンヤミン・フランクリン略伝」が『玉《ぎょく》石志林《せきしりん》』巻之四に紹介されていた。しかし日本にフランクリンを知らせたという点では『童蒙をしへ草』のこの潑剌《はつらつ》たる文章には到底及ばない。それは原文そのものの違いもあろうが、それ以上に訳者の内容把握の深浅がおのずと訳文に示されたからである。『玉石志林』の訳者箕作阮甫《みつくりげんぽ》のフランクリン紹介の一文は『明治文化全集』にも再録されているが、単なる事実紹介に留っている。それに反して福沢はフランクリンに共感し、その道徳をいわば我がものとして訳出した。福沢はフランクリンの中に自分自身を見出したのだといっていいだろう。――そしてその福沢を目してフランクリン主義者だと判定した人はすでに明治時代の日本に居留した西洋人の中にもいたのである。バジル・ホール・チェンバレンがそれであり、この英国人の福沢評価は他のいかなる同時代人の評価にもまして注目に値いするように思われる。

福沢の略伝

福沢諭吉の存在は在日西洋人の間ではつとに知られていた。英文でもすでに一八八三年（明治十六年）にボストンで Lanman が *Leading Man of Japan* として Fukuzawa Yukichi を取りあげ、W. G. Aston は一九〇一年（明治三十四年）にロンドンの『日本協会紀要』に Fukuzawa Yukichi, Author and Schoolmaster なる記事を寄せ『福翁自伝』の抜萃を紹介している。しかし福沢の生涯を簡潔だが、見事に紹介したのは一九〇五年（明治三十八年）に出た B. H. Chamberlain : *Things Japanese* の第五版「哲学」の項においてであろう。チェンバレンはいう。

この傑出した人物が及ぼした影響は、非常に広範囲に亙《わた》っているので、日本を説明するにあたっては、いかに簡略なものであろうとも、彼の生涯と思想に多少言及しなくては完全なものとはならないであろう。福沢は一八三五年（天保五年）に生れ、一九〇一年（明治三十四年）に死去した。彼の青年時代は、外国人との最初の接触によって始った日本の動乱時代と重なり、彼の壮年時代は、近代日本を形成するに至るあらゆる制度の確立期に当っていた。彼は九州出身の侍で、貧しく、幼少の時に父親を失った。彼はまず大阪に出て、医学研究を口実に半ば公然と教えられていたオランダ語を習った。それから一八五八年（安政五年）に江戸へ出た。彼の驚嘆《きょうたん》すべき『福翁自伝』の中でもっとも驚嘆すべき一節は、当時まだ開けたばかりの横浜の居留地を訪れたとき、そこで西洋商人たちが使っている言葉はオランダ語でなく英語であるということを発見して落胆《らくたん》してしまった、と語っている箇所である。だが福沢は少しも怯《ひる》まず新に志を発して英学に取組んだ。当時はまだ攘夷《じょうい》思想が激しく、異国の事物にすこしでも心を傾けた者は、その事によってすでに暗殺などの危険に身をさらされた。それにもかかわらず、外国の種々の書物や文献を翻訳することが、徐々に時代の要求となってきた。福沢はその翻訳の仕事に取組み、たいへん有用な人物となったので、一八六〇年（万延元年）最初の遣外使節《けんがいしせつ》の一員に加えられた。しかし帰国してからは官につくことを一切辞退し、自国民を開化することを己れの使命としてその務めにふたたび打込み、終生止めなかった。彼の務めは日本国民を東洋主義《オリエンタリズム》から脱却《だっきゃく》せしめ欧化すること、というか、より正確には、アメリカ化することであった。なぜならば西洋諸国の中で福沢がもっとも注目したのはアメリカであったからである。彼がアメリカで見いだしたものは民主政治であり、簡素な家庭生活であり、常識的経験主義であり、「フランクリン主義」とでも名付けるべきものであったが、それらが福沢の強靭《きょうじん》で、実際的ではあるが、多少詩趣《ししゅ》には欠ける知性にぴったり適していたのである。アングロサクソン系は敬神《けいしん》の傾向が強いが、しかしそれは福沢の心に共感を呼び起さなかった。福沢は宗教は無知無学の人の杖としかみなさなかったのである。スペンサーの不可知論《ふかちろん》的哲学は、その否定的側面において、彼の心をひきつけた。しかし福沢の活動のほとんどすべては功利的方面に発揮された。——彼は電池の製作法や大砲の鋳造法、地理学や初等物理学のような実際的な学問の学び方、外国の諸制度に関する知識の中ですぐ金儲けの役に立つような知識の習い方などを日本人に教えた。また旧来の陋習《ろうしゅう》を棄てて、恥《はずか》しくない自尊自敬《じそんじけい》の生活を送る仕方も教えた。彼は身分制の区別を平準化することによって国中に福祉をひろめることを教え、自分から率先《そっせん》して武士の特権を捨て、一介の平民となった。そしてすでに触れたように、一切の官職と給与とを辞退した。日本に講演や演説の習慣を持込んだのは彼である……　英語の専門用語に相当する新語を造り、時代の責《せめ》に耐えるよう日本語をあわせていったのも彼が先鞭《せんべん》をつけたことである。彼はおびただしい数の文章を書き、編纂し、翻訳し、解説し、要約しただけでなく、大衆的新聞をも編集した。そればかりか慶應義塾《けいおうぎじゅく》の名で全国的に有名となった学校を創設しその管理に当った。それは学校《スクール》という語がもつ二つの意味において学校であった。すなわち一つは教育機関として、いま一つは知的・社会的影響力の中心という（学派の）意味においてである。三十余年にわたる間に福沢がこの学校を通して及ぼした感化はまことに強大なものであった。彼の革命的なまでに新しい見方や方法は、一切の過去と断絶した新世代の青年たちの必要にぴったり適合したのである。したがって福沢のもとに集ってきた人の数は非常に多く、しかも容易に陶《とう》冶《や》されたから、現在日本において国事を動かしている人々の半数以上の人にとって、福沢こそが知的な面での父であると呼んでも過言ではない。彼の生涯をかけた事業の重要性はその点に存するのである。日本では福沢は思想家としてもてはやされているけれども、福沢はそれ以上の一大活動家であった。フランスの百科全書家たちと同じように、彼は国民全般の啓蒙と社会改革のために働いた。彼の「哲学」なるものは独創的なものではなく、よく見積っても、功利主義的な傾向をもつ穏健《おんけん》な楽観主義にすぎない。しかしそのようなものに過ぎなかったにせよ、日本の指導的な立場にある人々はその福沢の哲学を自分のものとして採り入れたのである。

著作家としての福沢の成功は真に驚くべきものであった。彼の単行本は、普通の数え方によれば、五十点で、巻数は百五巻にのぼる。一八六〇年から一八九三年までの間にすくなくとも三百五十万部（いいかえると七百四十九万冊）が印刷された。しかし彼のもっとも有名な著作のいくつかは、一八九三年以降に書かれた関係で、右の計算には含まれていない。その一つは先に言及した『福翁自伝』であって、すでに十七版を重ねている。『福翁百話』はすくなくとも三十四版が出ている。そのほかにもまだ三、四の著作がある。実際、福沢の著作は厖大《ぼうだい》な量にのぼるので、福沢は自分自身のための印刷所を設けた方が得になると早くから判断したほどであった。こうした結果が生じたのは二つの原因が重なったからである。一つは福沢が扱った主題がみな（日本の読者層にとって）新しく興味を惹いたからである。もう一つは例外的に明晰《めいせき》な文体で書かれていたからである。福沢自身『福沢全集緒言』の中で明快に書こうと絶えず努力した旨を述べ「是等の書は教育なき百姓町人輩に分るのみならず、山出《やまだし》の下女をして障子越に聞かしむるも、其何の書たるを知る位にあらざれば、余が本意に非ず」と言った。福沢はさらに「殊更《ことさ》らに文字に乏しき家の婦人子供等へ命じて、必ず一度は草稿を読ませ、其分らぬと訴る処に、必ず漢語の六かしきものあるを発見して、之を改めたること多し」。これほど真に民主的な著述家が比類なき名声を博したのは、少しも不思議ではない。

この二つの略伝を読んだだけでも、フランクリンと福沢の間に多くの共通点があることはすでに認められるであろう。二人はそれぞれ自国の近代の最大の政治的・社会的革命の前後に生き、二人とも平明なる文章家、学術の実際的応用家として両国の動乱期と制度確立期に啓蒙思想家、社会改革家として大活躍をした。「すべてのヤンキーの父」とカーライルによって呼ばれたフランクリンはアメリカを説き明す上で不可欠の人物であろうが、明治日本を指導する人々の過半の the intellectual father とチェンバレンに呼ばれた福沢も近代日本を語る上で不可欠の人物である。フランクリンは功利主義思想を説いて「アメリカ資本主義の父」とも呼ばれたが、慶應義塾を創設して実学を説いた福沢も、その思想において「日本資本主義の父」と呼んでよい人ではあるまいか。フランクリンも福沢もそれぞれの国において、その甚大なる影響力によって国民的目標を設定することに成功し、多くの国民は喜んで彼等の示した模範に従った。両者の自伝はともに面白い逸話とユーモアに満ちている。フランクリンが一七〇六年に生れた時、アメリカはイギリスの植民地であった。彼が一七九〇年に世を去った時、合衆国は近代国家として登場しつつあった。福沢が生れた時、日本は封建制度の下にあり、イギリスはじめ西洋列強の脅威《きょうい》にさらされていた。彼が世を去った時、日本は近代国家として登場しつつあり、西洋列強に伍《ご》して北清で拳匪《けんぴ》の乱の制圧に手をかしつつあった。二人はともに有用有為《ようゆうい》の人生で成し遂げた数々の事業に満足して死んだに相違ない。福沢は自伝の最後の一節で日本の改進進歩の様を祝福した。「命あればこそコンナ事を見聞するのだ、前《さき》に死んだ同志の朋友が不幸だ、ア、見せて遣《や》りたい」と思わず涙をこぼしもした……

そのように二人の生涯は多くの平行例に富んでいるが、それはただ外的生涯において相似るだけではなかった。福沢の思想内容や価値観は、一言にしていえば Franklinism であるとチェンバレンは判定したのである。一体なぜそうしたことになったのか。福沢の内発的な思想がたまたまそうした姿を取ったのか。それとも外発的な影響と自己変革のゆえか。それではまず福沢がフランクリンの名前も聞いたことのなかった幼少年時代をいかに生きたか、それをフランクリンの少年時代との対比において見てみよう。

こくめいな人

少年期に受けた教育が、フランクリンはピュリタニズムの宗教教育、福沢が儒教を中心とする漢学教育と内容が違うことは、いまさら指摘するまでもない。階級的に見ても前者が職人の子供であるのに対し、後者は下級武士の息子である。しかしいま一歩つっこんで生活に密着した二人の少年期の日常を眺めてみるとどうだろう。福沢は自伝の「幼少の時」にこう書いている。

以上は学問の話ですが、尚ほ此外《このほか》に申せば、私は旧藩士族の子供に較《くら》べて見ると手の先きの器用な奴で、物の工夫をするやうな事が得意でした。例へば井戸に物が墜《お》ちたと云へば、如何《どう》云ふ塩梅《あんばい》にして之を揚げるとか、箪笥《たんす》の錠が明かぬと云へば、釘の尖《さき》などを色々に枉《ま》げて遂に見事に之を明けるとか云ふ工風をして面白がつて居る。又障子を張《は》ることも器用で、自家《ウチ》の障子は勿論、親類へ雇はれて張りに行くこともある。兎《と》に角《かく》何をするにも手先が器用でマメだから、自分にも面白かつたのでせう。ソレカラ段々年を取るに従て仕事も多くなつて、固《もと》より貧士族のことであるから、自分で色々工風して、下駄の鼻緒もたてれば雪駄《せった》の剝《はが》れたのも縫ふと云ふことは私の引受けで、自分のばかりでない、母のものも兄弟のものも繕《つくろ》ふて遣る。或は畳針を買て来て畳の表を附け替へ、又或は竹を割つて桶の箍《たが》を入れるやうな事から、其外戸《と》の破れ屋根の漏りを繕ふまで当前《あたりまへ》の仕事で、皆私が一人でして居ました。

その少年福沢が本当の内職を始めて刀剣の細工をしたことはすでにふれた。

渡米前は染物屋であったが、ニュー・イングランドへ一六八二年に渡って以来、蠟燭《ろうそく》と石鹼の製造に転じたフランクリンの父は十人の男の子をそれぞれ違う職業に年季奉公に出した。ベンジャミンも、十歳ごろから家の手伝いを命ぜられ、いろいろな職人、指物《さしもの》師、煉瓦《れんが》師、挽物《ひきもの》師、真鍮細工《しんちゅうさいく》師などを見てまわった。

フランクリンは「少年時代」の章にその思い出をこう記している。

この時以来、私は熟練した職人が道具を使うのを見るのが楽しみになった。またその時の見学は役にも立っている。おかげでいろいろなことを覚え、家の中の小仕事ぐらいは、職人が間に合わぬ時には、自分でやれるようになったし、何かある実験をしてやろうという気持がまだ盛んに燃えている間に、その実験に必要なちょっとした機械を拵《こしら》えることも自分でできるようになったからである。

国木田独歩は明治三十六年に書いた『福沢翁の特性』で『福翁自伝』と『フランクリン自伝』に共通する特質をいちはやく指摘した人だが、福沢の「手端器用なり」の節を読んでこう評した。

フランクリンの自叙伝を見ると其少年の時の風が以上のことに能く似て居るのを発見する。世に「こくめい」な人といふのがある。フランクリンや福沢氏の如きは此種の人であつたらしい。高等小学校の二年か三年の生徒の中、一級の中で一人《ひとり》は能く此種の少年が居て、級中より或尊敬を博して居るのを吾等は見受けるが、さういふ少年は年よりも老成で、身躰《からだ》が頑定《がんじやう》で、骨太《ほねぶと》で、其天稟《てんびん》の才能は或は鈍《どん》、鈍なれば口数を利《きか》ない、或は鋭《えい》、鋭なれば太い声で放談する、而も其鋭利や、天才的でなく常識である。フランクリンや福沢氏の少年時代の風丰《ようばう》は概して斯ういふ風であつたらうと思はれる。此種の少年の気風は老人の気に入るもので、畢竟は何処《どこ》かに老人臭い性質があるからであらう。世上に立て順序ある成功の道を蹈むには大変に都合の可《よ》い性質である。福沢氏をして若し大工を学ばしめば大工として成功し、桶屋ならしめ、畳屋ならしめ、下駄の歯入れ屋ならしめば悉《ことごと》く其道で成功したらうと思ふ。

独歩は平仮名で「こくめい」と書いているが、『広辞苑』に従えば「克明」、『大言海』に従えば「忠実」、そしてその後に「刻銘ニテモアルカ、東京ノ語ナリ」と説明があり、㈠忠実《マメヤカ》ニ、慥ニ、為《ス》ルコト。㈡人ノ性ノ、実体《ジツテイ》ナルコト、律義《リチギ》。実直。篤実。と出ている。福沢諭吉がこくめいな男だ、という印象は、彼が次のような思い出を鮮明に持っていたという一事からも察せられる。先の「幼少の時」の続きだが、

金物細工をするに鑢《やすり》は第一の道具で、是れも手製に作つて、其製作には随分苦心して居た所が、其後、年経《としへ》て私が江戸に来て先づ大に驚いたことがある、と申すは只の鑢は鋼鉄《はがね》を斯うして斯う遣れば私の手にもヲシ〳〵出来るが、鋸鑢《のこぎりやすり》ばかりは六かしい。ソコデ江戸に這入たとき、今思へば芝の田町、処も覚えて居る、江戸に這入て往来の右側の家で、小僧が鋸の鑢の目を叩《たゝい》て居る。皮を鑢の下に敷いて鏨《たがね》で刻んで颯々《さつさ》と出来る様子だから、私は立留て之を見て、心の中で＝扨々《さてさて》大都会なる哉、途方もない事が出来るもの哉、自分等は夢にも思はぬ、鋸の鑢を拵へやうと云ふことは全く考へたこともない、然るに子供がアノ通り遣つて居るとは、途方もない工芸の進んだ場所だと思て、江戸に這入た其日に感心したことがある……

福沢の職人風な律義な性格がこの種の「こくめい」な観察の「こくめい」な記憶に示されている。福沢もフランクリンも後年、事物に即した、功利的な人生観を展開するにいたるが、抽象的・思弁的な神学者風、儒教者風と異なるところは、彼等がともに頭とともに手を働かす職人としての体験があり、実地に即した人だったからでもあろう。この具体的な細部への関心が彼等の自伝を興趣深いものにしているのである。

ところで福沢は自分で稼ぐ生活者であったためか、生れつきの性格ゆえか、世間の見栄《みえ》とか上辺《うわべ》を飾る趣味とかいう次元のことにおよそ無頓着《むとんじやく》であった。中津の風俗を回顧して諭吉はこう書いている。

藩の小士族などは酒、油、醤油などを買ふときは、自分自《みづ》から町に使に行かなければならぬ。所が其頃

の士族一般の風として、頬冠《ほゝかむり》をして宵《ヨル》出掛て行く。私は頬冠は大嫌ひだ。生れてからしたことはない。物を買ふに何だ、銭《ぜに》を遣つて買ふに少しも構ふことはないと云ふ気で、顔も頭も丸出しで、士族だから大小は挟《さ》すが、徳利を提《さげ》て、夜は扨置《さてお》き白昼公然、町の店に行く。銭は家の銭だ、盗んだ銭ぢやないぞと云ふやうな気位で、却て藩中者の頬冠をして見栄《みえ》をするのを可笑《をか》しく思たのは少年の血気、自分独り自惚《うぬぼれ》て居たのでせう。

これは貨幣経済を肯定する思想の端緒《たんちょ》でもあろう。福沢自身はこうした振舞をさして「世間に無頓着」と自分では書いたが、これだけはっきり記憶しているところから見ると、世間に対しあるいは自覚的に反撥していたのではあるまいか。もっとも独歩はこの節を評して「右は福沢氏の天性《キャラクター》の根本を能く自白して居るのである」と観ている。国木田の論は福沢とフランクリンの共通性を二人の先天的素質に帰した人間類型論で、二人を共に「自己を恃《たの》む、我は我なり人は人なり」という性質の人とした。しかし福沢家の人々が世間を見《み》下《くだ》したについては外的な事情もあった。その最大の理由は、福沢の父百助が中津藩の廻米方として長く大阪に居、福沢家が大阪風を僻地《へきち》の中津風よりも良し、としていた点である。一家は一八三六年父の死後中津へ引揚げたが、福沢家は故郷へ戻っても大阪弁を用い、大阪風の着物を着ていた。『福翁自伝』を引けば、「ソコデ……私共の兄弟は自然に一団体を成して、言はず語らずの間に高尚に構へ、中津人は俗物であると思て、……心の中には何となく之を目下《めした》に見下《みくだ》して居」たのである。福沢は中津ではat homeでなかった。福沢の『旧藩情』等に見られる門閥への不平は、彼が中津の藩風になじめなかったことと深く関連していたはずである。

そのような諭吉は、対人関係で情緒的にコミットすることがすくなかった。家に客がある時も、母の手伝いはするが、「所で私は客などがウヂヤ〳〵酒を呑むのは大嫌ひ」。客の呑んでいる間は自分は押入の中にはいって寝ていた、というのは諭吉自身が大の酒好きであっただけに、気質的に自尊の風があったことを証するものである。会社の会議が終った後、同僚はかたまって酒を飲みに行くが俺は一人家へ帰って本を読む、といった人の態度を想起すればよいのであろう。国木田は諭吉が後半生に唱えた「独立自尊」の主張も「主義から割出したといふよりか、寧《むし》ろ福沢翁自家《じか》の気象から出たと云《いっ》た方が適切らしい」と観察した。そうした気象に生れつき、中津で周囲に反撥する自恃《じじ》の態度を身につけ、後に独立独歩の生涯を送り、思想的に米英流の個人主義に共鳴するところがあった——そのような閲歴が「自家の気象」の上に築かれたからこそ「独立自尊」は自覚した主義として福沢自身の思想となったのであろう。

封建的秩序への反撥

フランクリンは職人の仕事が好きであった。諭吉も平気で内職をした。しかしフランクリンも諭吉も仕事は愛したが、古い秩序には激しく反撥した。ベンジャミンの場合はギルド制に象徴される旧制度の拘束への反逆だが、諭吉の場合は封建制度の束縛《そくばく》に楯突《たてつ》いたのである。「旧小藩の小士族、窮屈《きゅうくつ》な小さい箱の中に詰込まれて」重箱の隅にいたのだが、その種の不当に詰込まれたという圧迫感は同じ一家の中でも兄よりも弟——それも才能に恵まれた弟の方が気儘であるだけに、一層強く受けるものらしい。その点でベンジャミンと諭吉が兄ジェイムズと兄三之助に反抗した心理には共通の要素があった。三之助とても現状に満足していた人ではなかったろうが、同じ福沢兄弟でも一家の跡取《あとと》りである長兄と、行末を必ずしも約束されていない末弟とでは、封建的環境に対するなじみ方に違いがあったのは当然だと思う。「兄弟問答」の節で諭吉はこう書いている。

或時兄が私に問を掛けて「お前は是れから先き何になる積りか」と云ふから、私が答へて「左様さ、先づ日本一の大金持になつて思ふさま金を使ふて見やうと思ひます」と云ふと、兄が苦《にが》い顔して叱《しか》つたから、私が反問して「兄さんは如何《どう》なさる」と尋ねると、真面目に「死に至るまで孝悌忠信」と唯一言《いちごん》で、私は「へーイ」と云た切り其まゝになつた事がある……

七歳上の兄は儒教の徒だが、弟は福沢家が大阪という幕末期日本の最大の商都で暮したことと無関係ではないと思われる「大金持になりたい」という返事をした。「銭は家の銭だ」「銭を遣つて買ふに少しも構ふことはない」といって士族の家に生れても頬冠《ほおかむり》を嫌った諭吉は後に日本資本主義の父となるにふさわしい態度を少年時代から持っていたといえるが、それほど深刻に解釈をせずとも、諭吉の言分《いいぶん》がとにもかくにも一種の反抗であったことは確かであろう。『旧藩情』には「下等士族は、何等の功績あるも、何等の才力を抱くも、決して上等の席に昇進するを許さず」という階級区分の様を叙しているが、その中で、

第四、上等の士族は衣食に乏しからざるを以て、文武の芸を学ぶに余暇あり。……自《おのづ》から品行も高尚にして賤しからず。……下等士族は即ち然らず。……栄誉を取る可き路は唯小吏たるの一事にして、此吏人たらんには、必ず算筆の技芸を要するが故に、……如何なる貧小士族にても此技芸を勉めざる者なし。

とある。明治維新後になって振返ってみれば、金銭の計算も筆記の事務も賤《いや》しむべきことではなかったのだが、――そして大阪では子供が九九を覚えるのは当り前のことになっていたのだが――福沢の父や兄にとっては、金を扱うのはあくまで見るも汚らわしい行為だったのである。

諭吉は五人兄弟の末子であったが、ベンジャミンは十七人兄弟の十五番目、男としてはやはり末子であった。諭吉の父は生前「成長の上坊主にする」と言ったというが、ベンジャミンの父も末子を牧師にしよう

としてラテン語学校へ入れた。学校は二年足らずで学資が続かず駄目になり、公式教育は欠けたけれども、ベンジャミンは「幼い時から本を読むのが好きで、わずかながら手に入る金はみんな本代に使った」。ベンジャミンにとってのバニャン、バートン、プルターク、デフォー、マザーは、諭吉にとっての経書、世説、左伝、戦国策、老子、荘子などに相当したわけである。二人ともさほど詩に興味を寄せなかった点も共通していた。ところでフランクリンの場合、

> この本好きの性質を見てとって、父はついに私を印刷屋にすることに決めた。この商売にはすでに息子が一人（ジェイムズ）なっていたのだが。一七一七年、私の兄ジェイムズは印刷機と活字をもってイギリスから帰り、ボストンで商売を始めていた。私は父の商売よりこのほうがずっと気に入ったが、海へ出て水夫になりたいという憧れは相変らずつづいていた。こういう気持が嵩《こう》じたらどうなることかと心配に思い、父はしきりと私を兄のところで年季奉公《ねんきぼうこう》させようとした。私はしばらくは頑張ってみたが、とうとう説き伏せられて、年季契約書に署名した。この時私はまだやっと十二歳であった。契約によると、二十一歳になるまで見習の資格で勤めねばならず、そのうちやっと最後の一年だけ一人前の職人並みの給料が貰えるはずになっていた。やがてじきに私は仕事がよく分るようになり、兄には重宝《ちょうほう》な人間になった。これまでのよりもっと良い書物に接する機会もいまは多くなった。

諭吉が封建的な狭い上下の秩序に反逆したと同じように、ベンジャミンも彼の兄にたてついた。ちなみに三之助は諭吉を殴るような真似はしなかったが、ジェイムズは生意気なベンジャミンをしばしば殴りつけた。フランクリン兄弟の不和の方が福沢兄弟の不和よりもよほど激しかったようで、ベンジャミンはこう書いている。

兄弟ではあるが、自分が主人で私は奉公人なのだから、ほかの奉公人同様に勤むべきだと兄は考えているのに、私は私で、自分の兄弟なのだから、もっと寛大にしてくれていいはずだ、こんなことまでさせるなんて人を馬鹿にしていると思うのだった。私たちは二人の争いを度々父の前へ持ち出したが、たいていの場合私のほうに理窟があったか、そうでなければ訴え方が上手だったのだろう、父はたいていの場合私に有利な裁《さば》きをつけてくれるのだった。しかし、兄は癇癪持《かんしやくもち》で度々私を殴りつけるので、私は不都合千万な話だとひどく憤慨《ふんがい》した。もう年季奉公は我慢できぬ気がして、折があったら期限を短くしてやろうといつも考えるようになった……

この記述にはフランクリン自身の原註がさらに次のように添えられたために、ジェイムズ・フランクリンの名前は不幸にも千載の歴史に留められることとなった。

私は多分兄から苛酷《かこく》な暴君的な取扱いを受けたことが一つの原因で、圧制に対する憎悪の念が心に深く刻みつけられ、終生忘れることができなくなったのだと思う。

郷里脱出

この二人はともに封建的桎梏《しつこく》から脱れようとして故郷を飛び出した。福沢は十九歳の時、長崎を目ざすが、蘭学に惹《ひ》かれてのことではなくて「田舎の中津の窮屈《きゆうくつ》なのが忌《いや》で〳〵堪《たま》らぬから文学でも武芸でも何でも外に出ることが出来さへすれば難有い」と鉄砲玉のように飛び出したのである。諭吉は四十四年後、当時を回顧して平然と次のように書いているが、中津の人ならいま読んでも渋い顔をする御挨拶である。安政元年二月出発の日、「今日こそ宜《い》い心地だと独り心で喜び、後向いて唾《つばき》して颯々と足早にかけ出したのは今でも覚えて居る」

その長崎から一年後さらに大阪へ行くのだが、途中贋手紙を使った。フランクリンも「性の悪い女にひっかかって孕《はら》ませてしまい、女の身内が無理にも嫁に貰えと迫るので」と嘘をついて帆船に乗せてもらった。その二人の脱出行は、一人は下関で、一人はロングアイランドの沖合で難破しかけ、共に船頭の加勢をしてずぶ濡れになるあたりまで、偶然とはいえ酷似《こくじ》している。違いといえば十九世紀の日本にはもうすでに物見遊山《ものみゆさん》が発達していて、瀬戸内海を行く船に、上方《かみがた》見物の間抜けな若旦那も乗っていれば、茶屋女も、坊主も、有らん限りの動物が揃《そろ》っていたことぐらいだろう。脱出行の距離もボストン・ニューヨーク・フィラデルフィアとおよそ七百キロ、長崎・小倉・下関・大阪の距離にほぼ相当する。しかも途中かなりの徒歩行を余儀《よぎ》なくされた点もまた似ている。福沢が長崎から思い切ってこの旅に出たのは、藩の大家の子弟が諭吉の学業の進歩を妬いて諭吉の帰国を画策したからだが、その程度の大人げない工作に比べると、ベンジャミンがギルド社会内部で受けた締めつけはずっと厳しいものがあった。兄は弟がボストンの他の印刷所で働くことの出来ぬようあらかじめ手を打ってあったからで、ベンジャミンとしては蔵書を売ってニューヨークへ高飛びする以外にもはや活路はなかったのである（ちなみに諭吉はオランダ語の字引『訳鍵』を売って路銀《ろぎん》の足しとした）。途中アンボイからバーリントンまでずぶ濡れになって歩いた。「あの日はひどい雨降りであった」というフランクリンの肉体に刻まれた記憶は、「月の明るい晩であつた」という長崎から諫早に向った諭吉の脱出第一夜の記憶に相当しよう。フランクリン研究者オールドリッジに従えば、このボストン無断脱出は、当時としては兵士の軍隊脱走に相当するほどの反社会的行為であったという。福沢の場合、第一回の長崎行は藩命の形式を踏んでいたが、その帰国命令を無視した大阪への脱出行は、まさに藩当局の意向を踏みにじる仕業であった。

しかしこの天分と力とに恵まれた二人の青年は、ともに郷里や藩とのつながりを断ち、自分自身をいわば根こぎにすることによって、天賦《てんぷ》の可能性を全面的に生かすことが出来たのである。ベンジャミンも諭吉も新しい環境に身を投じ、思いもかけぬ事件の前に立たされて、いかにも鮮かに反応した。故郷出奔《しゆつぽん》の条《くだ》りが二人の自伝の中でともに白眉《はくび》の章と目されているのは、その時の当人の精神が張りつめていたせいもあろう。その鮮明に刻まれた印象の中には小倉の木賃宿の枕元で聞えた中風病みの老人が使う溲瓶《しびん》の音も混っていたのである。

フィラデルフィア上陸の時、フランクリンはなけなしの銅貨一シリングを船頭にくれた。「お前さんも漕いだのだから」と船頭は辞退したのに無理にくれてしまったのである。徳冨蘆花の『思出の記』に別府の港で金を盗られた主人公が、それでも十銭銀貨三枚を皿の下に置いて宿を出る光景がある。人間、金を払わなければ品位にかかわるという気持は、本人の懐中が淋しい時、いっそう強まるものらしい。この種の自伝には当然のことながら食《く》い気《け》が生き生きと記される。福沢は上陸した明石から大阪まで十五里の間、泊るわけにもいかず、「途中何と云ふ処か知らぬが、左側の茶店で、一合十四文の酒を二合飲んで、大きな筍《たけのこ》の煮たのを一皿と、飯を四五杯喰て、夫《そ》れからグン〳〵歩い」た。

フランクリンがフィラデルフィアにはいった朝の光景も忘れがたい。それは私たちに潜在する空腹や食欲の記憶に訴えるからだろう。パン屋へ行ったが、堅焼のパンと言っても三ペンス・パンと言っても、ボストンと違ってそんなパンはこの町に売っていない。それで「どんなのでもいいから三ペンス分だけくれ」と言った。するとパン屋は大きなふっくらとふくらんだ巻パンを三つよこした。あまりの分量にびっくりしたが、それを受取り、ポケットには濡れた靴下やシャツがつまっていたので、両脇にその長い巻パンを一本ずつかかえると、残りの一本を頬ばりながらフランクリンはフィラデルフィアの市中を歩き出したというのである。（ちなみに一八二七年に出たマンゾーニの『いいなづけ』の第十一章でも故郷を脱出した若い主人公レンツォが、三本のパンを手に入れ、二本のパンはそれぞれ左右のポケットにつっこみ、残りの三本目を頬ばりながらミラーノの市中にはいって行く条りがある。同じく忘れがたい光景で、あまりの類似に驚かされるが、マンゾーニは英語をよく解さないイタリア人であったが、しかし『フランクリン自伝』はいちはやくフランスに紹介翻訳されたので、それを読んだ上での創作であろうかと思われる)。

食うこと、飲むこと

「空腹にまさる真実なし」

とは今日でもなお第三世界の多数の人々の叫びであるに相違ない。人類は太古から二つの階級に分れてきた。飢餓を体験した者とそうでない者とである。その中でひもじい思いをした者のみが、フランクリンの"I walked off with a roll under each arm and eating the other."のユーモアを身にしみて感得できるのではあるまいか。

もっともこの食うことに関してフランクリンと福沢は奇妙な対照をなしている。それは西洋人のフランクリンが、十八世紀にしてはきわめて珍しいことだが、一時期とはいえ菜食主義にこったのに対し、日本人の福沢諭吉が、明治維新当時としては空前のことだが、肉食主義を高唱したからである(もっともフランクリンはフィラデルフィアへ向う途中、鱈《たら》の揚げ立てを見て、食いたくてたまらなくなった。命あるものは一切食うまいと誓った彼であったが、前に魚の腸《はらわた》を開いた時、中から小魚が出て来たことを思い出し、「お前等が互いに食い合っているなら、俺たち人間がお前等を食っていけないわけはない」——理窟と膏薬はどこへでもつくというが、そんな勝手な考えが閃いてフランクリンはついに禁を破ったのであった)。

福沢の肉食の習慣は大阪の緒方の蘭学塾時代に始った。書生たちは西洋人が四つ足の肉を食べることを知っていて、その例にならって味を占めたのである。千八百五十年代の大阪で牛鍋《ぎゅうなべ》を喰わせる店はただ二軒で、福沢に言わせれば、

「最下等の店だから、凡《およ》そ人間らしい人で出入する者は決してない。文身《ほりもの》だらけの町の破落戸《ごろつき》と緒方の書生ばかりが得意の定客だ。何処から取寄せた肉だか、殺した牛やら病死した牛やらそんな事には頓着《とんちゃく》なし、一人前五十文ばかりで牛肉と酒と飯と十分の飲食であつたが、牛は随分硬くて臭かつた」

その福沢は維新後の明治三年秋には「肉食之説」を発表し、乳製品製造の「牛馬会社」の旗持ちをする。それやこれやで明治四年四月、仮名垣魯文の『安愚楽鍋《あぐらなべ》』の中では、

「未だに……ひらけねえ奴等が肉食をすりやア神仏へ手が合されねえのヤレ穢《けが》れるのとわからねえ野暮《やぼ》をいふのは窮理学を弁《わきま》へねえからのことでげス。そんな夷《えびす》に福沢の著《かい》た肉食の説でも読せてえネ」

と名前が担ぎ出されるにいたる。福沢も魯文の、

「牛鍋食はねば開化不進奴《ひらけぬやつ》」

の主張に呼応するかのように同じ年の九月、西洋料理千里軒の開店披露文まで書いた。「一切《ひときれ》の牛肉の中には拾斤の芋よりも精分多し」。そして日本人の満腹をもって良しとする食習慣を貶《おとし》めて、こう書いた。

木片《こつぱ》に等しきひじき、あらめ、何ぞ人身の滋養とならん。皆悉く屎《くそ》となりて外に洩れ、人の腹中は恰も是屎《くそ》小便の取次所、喰《くふ》てはたれ、飲てはたれ、そこらだらけが屎《くそ》だらけ……

これがレストラン開店の宣伝文句であるかと思うと啞然《あぜん》とするが、世界の開店案内のちらしに類例を見ないこの激越性こそ、福沢が推進した開化運動の革命性を証するものだろう。料理はもともとうまいから食うのである。また西洋人は食わずともひじき等の海藻は滋養《じよう》に富めるものである。しかるに福沢の広告文は、この露悪趣味的な糞尿への言及の後、「世の文明開化を助けて報国尽忠の大義を遂げんには、先づ我千里軒に来り、此（西洋料理の）滋味を嘗《なめ》て後に事を謀り給ふべし」という宣伝文句で結ばれた。彼が明治初年に

そんな主張をしたからこそ、三十年後に『牛肉と馬鈴薯』を書いた時、国木田独歩も、今日の読者には珍妙に思える、

「忠君愛国だつてなんだつて牛肉と両立しないことはない」

という台詞《せりふ》を作中人物に言わせたのである。

それでは飲み食いに関する態度でフランクリンと福沢はよほど違うであろうか。フランクリンが下戸《げこ》であったのに対し、福沢は「先づ第一に私の悪い事を申せば、生来酒を嗜《たしな》むと云ふのが一大欠点」と告白するほど上戸もいいところであった。しかし身体栄養の実のみを重視して口腹の楽しみを等閑視する点において、実はこの二人は共通していたのである。

ロンドンのウォッツの印刷所で働いた時、フランクリンはこんな体験をした。彼の飲物は水だけだが、ほかの職工は大のビール党で、朝飯前に三合、朝飯の時にパンとチーズと一緒に三合、十時に三合、昼飯に三合、夕方六時ごろに三合、一日の仕事が済むともう三合飲む。ところが組版を持って運ぶ力はフランクリンの方が二人力で、皆が両手で一つ運ぶのが精々であるのに彼は片手に一つずつ持って階段を昇り降りする。職工たちは「水飲みアメリカ人」の方が、強いビールを飲んでいる自分たちより強いのは変だ、と言い出した。彼等は重労働に耐えるためには強いビールを飲まなければ駄目だと考えている。それに対してフランクリンはこう説いて聞かせた。

「ビールを飲んで生じる体力は、ビールの成分である水の中に溶けている大麦の粒や粉に比例するのであって、一ペニー分のパンの方が粉の量が多いのだから、水三合と一緒にパン一ペニー分食べた方がビールを六合飲むより力がつく」

しかし職工連中は相変らず飲みつづけ、給料から毎週四、五シリング天引きされていた。Water - American と仲間から小馬鹿にされても、平気で済ましていたところは福沢に似ているが、しかし右の話で興味を惹《ひ》く

点はフランクリンの滋養分に関する説明の仕方であろう。福沢が明治四年、牛肉一片の中には芋拾斤よりも精分が多い、と主張した時は、西洋ではカロリー学説はもうすでに認められていた。しかしフランクリンはその説が公認される以前から「ビールの力はそれを醸造するに要せし小麦の粉にしかず」として一種のカロリー計算をしていたのである。「効用というのがフランクリンがあらゆる場合に用いる尺度である」とサント・ブーヴは評したが、フランクリンも福沢も、飲み食いを栄養摂取のカロリー計算としてとらえた点が、いかにも似通っているのである。

　ところでこの二人は酒の上のつき合いで、たまたま同じような目に合わされているが、その対応の仕方に若干の差が認められるので、その些細《ささい》な点にもやはりふれておきたい。ウォッツの印刷所で植字工の仲間入りをした時、フランクリンは新入りが払うべき酒手《さかて》として五シリングを要求された。彼がそれを支払わずに二、三週間頑張ったところ、仲間はずれにされ、留守をした間に活字は混ぜられ、組版は壊された。フランクリンは不当な要求だとは思いながらも、これから先、一緒にいる連中と折合わねば仕事にならぬと思って、ついに皆の言う通り金を出した。

福沢も緒方の塾に着いて、酒を飲もうと誘われた。相手はもちろん新入りの福沢に奢らせる心算なのだが、福沢が、

「私には金はないが、お誘いだから是非行きたいものぢや」

とすまして逆に促したので、相手は、

「馬鹿云ふな」

と話は立消えになった。そして三ヵ月ほど経って塾の勝手を心得てから、福沢はその男をつかまえて、新入生に会って今後もああした事をいうと許さぬぞ、と懲《こら》しめた。福沢は「憚《はばか》り乍《なが》ら諭吉だから其位に強く云たのだ」と回想しているが、こんな気骨《きこつ》のあるなしにも、印刷屋として実業の道を歩んだフランクリンと、

そうではない福沢との間の、対人態度における微妙な差違が感じられるのである。

着ること、着ないこと

飲食についで衣服についても見ておきたい。「緒方の塾風」の章には、夏は褌《へこ》も襦袢《じゆばん》もつけず真裸《まつぱだか》で暮していた様が面白おかしく書いてある。物干場で涼みながら酒を飲みたいが生憎下女たちがそこにいた。すると一人素裸《すつぱだか》の塾生がそこへ上って行って、「お松どんお竹どん、暑いぢやないか」と下女たちに声をかけ、そのまま仰向けに大の字になって寝た。女どもが居たたまれなくなってその場を去ると、件《くだん》の塾生は“Kom snel !”「早く来い」とオランダ語で合図する。そして秘密の酒盛りを始めるのだった。

福沢はまたある時二階で寝ていたら下から「福沢さん〳〵」と呼ばれた。うるさい下女だと思ったが、丸裸のまま階子段を飛びおりて、「何の用だ」とふんばたかった所が、案に相違して、下女ではなくて緒方先生の奥さんであった。「何《ど》うにも斯《か》うにも逃げやうにも逃げられず、真裸体で座つてお辞儀も出来ず、……奥さんも、物をも云はず奥の方に引込んで仕舞た。翌朝御詫に出て昨夜は誠に失礼仕りましたと陳《の》べる訳にも行かず、到頭末代《まつだい》御挨拶なしに済んで仕舞た事がある」

「ふんばたかる」という言い廻しに、素裸の福沢の大きな図体が下半身まで目に見えるようだ。視線をそらした緒方夫人。そのことを四十年後、緒方の塾を訪ねて「此階子段の下だつた」と独り赤面して思い出している福沢。右の告白はその失態をついに打明けて故人に詫びている姿ともいえるのである。

この敝衣《へいい》の書生たちは真冬には虱《しらみ》を退治する新工夫もした。「虱を殺すに熱湯を用ふるは洗濯婆《ばゝあ》の旧筆法で面白くない、乃公《おれ》が一発で殺して見せやう」、福沢はそう言って厳冬の霜夜に襦袢を例の物干場に晒《さら》して虱の親も卵も一度に枯らした、という。

フランクリンはその十三徳の一つに「清潔」を掲げ、「身体、衣服、住居に不潔を黙認すべからず」と記した。フランクリンは清潔を愛した点で、蛮カラな緒方の塾生とはよほど生活態度を異にしたように思える。それはフランクリンが顧客《こきゃく》に接してその信用を博するためにも、辺幅《へんぷく》を飾る必要に迫られたためもあったろう。一七二四年の春、彼は久し振りにフィラデルフィアからボストンへ帰ったが、その時は「頭から足の先まで上品な新しいものずくめで、懐中時計を下げ、ポケットには英国の銀貨で五ポンドぐらいは入っていよう」という故郷に錦を飾るいでたちであった。印刷所の職人たちは皆喜んで出迎えてくれ、ベンジャミンは飲み代にスペイン・ドル一枚をはずんだが、兄ジェイムズはこの訪問に激怒《げきど》した。弟が「ざまを見ろ」と赤い舌を出していることが感じられたからである。

福沢は兄に対してそうした無礼な態度に出たことはなかったが、それでも似た事を自分の兄弟子に対してはしたことがある。長崎で蘭学塾《らんがくじゅく》にはいった福沢に abc を書いて仮名をつけてくれた先輩は松崎鼎甫《まつざきていほ》といったが、福沢にはどこかこの松崎に反撥する節があったにちがいない。「如何かしてアベコベに此男に蘭書を教へて呉れたいものだ」と秘かに期するところがあった。はたして両三年後、大阪の緒方塾へ移った二人の席順が変って、福沢が上席に坐る。すると福沢は愉快で堪らない。人にも言えず、独り酒を飲んで得意がっていた。そして福沢も、フランクリンが自伝の巻頭で述べた有名な観察と同様、虚栄心について「決して笑ふことはない」とその効用をすなおに肯定するのである。

フランクリンと福沢は着ることについては一見態度が違った。しかしフランクリンが出世した商人として至極単純に新品の洋服と懐中時計と銀貨で身を飾ったのに対して、塾頭に上げられた福沢は、物質的な衣裳こそ重んじないが、知的な衣裳に対しては並々ならぬ執心《しゅうしん》を示したのである。出世した福沢は上級生として下級生——その一人に松崎もいた——に会読した際、自分がオランダ語の知識でもって身を飾っていることを自覚したので、「学者も、矢張り同じことで、世間並に俗な馬鹿毛《ばかげ》た野心があるから可笑しい」

しかしそのフランクリンも「勤倹力行時代」には彼一流の衣裳哲学を持つにいたる。そこに示されたソフィスティケーションは一考に値いするが、ざっとこうである。印刷所のために背負った借金をだんだんと返し始めたころ、商人としての信用を保ち、評判を落さぬようにするために、フランクリンは実際によく働き倹約につとめたばかりでなく、かりそめにもその逆に見えることは意識的に避けた。それで「着るものは質素なものに限り」、商売相応に手堅くやっているところを人に見せるため、方々の店で買った紙を手押車につんで自分で往来を引いて帰った。これはフランクリンが世間の信用を博するために **appearance**「見せかけ」をも重んじた話として有名である。ところが福沢が抱いたフランクリン像は「敝衣《へいい》敝履《へいり》」というもので、その点では解釈が間違っていた。（サント・ブーヴによればフランスでも同様な勘違いをした人が多くいたらしい。二十世紀にはいってからだが、ヴァルリー・ラルボーの小説『フェルミナ・マルケス』の中で見せかけに構わず勤勉一点張りの生徒レニオーのことがこう記されている。「自分をフランクリンに比していたこの少年にとって、まわりから『お茶のつぎ方が下手だ』とか『ネクタイの緑色が派手で下品だ』とか言って冷やかされるのを聞くのはひどく辛かった」。この発言からも、日本に限らずフランスでもフランクリンには **social grace**〈社交的洗練〉がないものとされていたことがわかるのである）。福沢のフランクリン知識はその自伝でなく、『童蒙をしへ草』中の「ベンジャアミン・フランクリンの事」の種本である **Chambers's Educational Course** 中の *The Moral Class-Book* に主として由来する。その訳文にはフィラデルフィアで家業がますます繁昌した際のことが、

> されどもフランクリンは銭《ぜに》のために行状を残《そこ》なはず、粗服を着て倹約を守り外見を憚《はばか》ることなし。時としては新聞紙に用る紙の俵《たはら》を車に積み、自からこれを押て市中を往来する様を見たる者もあり。

と出ていた。「見せるために」車を自分で押したのが「見たる者もあり」に変り、大いに外見を憚ったフ

ランクリンが「外見を憚《はばか》ることなし」に変じた。福沢がチェンバーズの“Still, to show that he was not spoiled by his success, he dressed very plainly ……”をこのように誤訳してしまった心理が興味深い。私はこれは福沢の英語読解力が弱かったからだとは思わない。諭吉にとって服装に構わぬことは書生出身の彼の初心《しょしん》に訴える姿だったのである。そのような福沢の自己投影に起因するフランクリンの誤像は固着して長く彼の脳裏に宿ったと見え、明治十七年十一月五日の『時事新報』でも『後進生に望む』と題して次のように書いている。

……又北米合衆国独立のとき其首謀の一名なる「フランクリン」氏は、当時の政治家第一流の人にして、兼て理学に精《く》はしく、其発明少なからざる中にも、今日世界普通に用る避雷針《ひらいしん》の如きは著しきものなり。此大家先生が曾《かつ》て新聞局を起し、縦横筆を走らして事を論ずるの傍、局の用紙を買入るゝときは紙屋に行て価を押合ひ、敝衣敝履《へいいへいり》、自から紙の荷車を引て市街を通行すること常なりしと云ふ。

敝衣敝履《へいいへいり》などという漢語を聞けば、私たちの連想は旧制高校生の敝衣破帽《へいいはぼう》に向っておのずから走り出す。それは物質至上主義を侮蔑《ぶべつ》する、いいかえれば商人的態度を見さげる、士族的態度の一変型であった。緒方の塾生も、その後身である旧制高校生も、知的衣裳をまとっていたからこそ敝衣敝履をむしろ得意とすることが出来たのである。その際彼等の「蛮カラ」は野蛮そのものではなくて、実は「ハイカラ」の一変型だったのである。それらが福沢とフランクリンのそれぞれの服の着こなし方であり、かつ精神の着こなし方の一端でもあった。それは後でふれるけれども、二人の宗教観とも深いかかわりを持つものなのである。

a self - made man

フランクリンと福沢の青年時代を大きくわかつものは、前者が二年ほどの学校生活を経ただけで満十歳の時から仕事見習いに出されたのに対し、後者がいろいろ苦労を重ねながらとはいえ、中津・長崎・大阪・江戸ときわめて長い学校生活を送った点であろう。福沢の三回に及ぶ外国行も実際上は一種の留学と呼べる体験であったが、いま仮にそれは譲って、万延元年の咸臨丸乗組み以前までを彼の学生生活であったと勘定しても、福沢は一八六〇年満二十五歳まで外国語を中心に勉学を重ねた大学生ということになる。それは今日の学生年齢に引きうつして計算すれば大学院修士課程を了えるまでひたすら書物を読み、時に実験を行い、勉強してきた、というほどのことになるのである。

そのような学歴を持つ福沢に比べると、フランクリンはいかにも学歴において不足するが、しかし当時の新大陸においては高等教育を受ける人は例外的な少数者であったということは大前提としてまず念頭に置かなければならない。

フランクリンと福沢は、今日的な学歴意識で比べると一見いかにも閲歴《えつれき》が違うようだが、しかし出来上った知識人としての二人をつぶさに眺めると、意想外に似通っている。それはフランクリンが実生活にはいりながら、一方では書物を読み、文章の訓練を積み、弁論術を磨き、後には数々の自然科学上の実験を行い、彼の名を冠する幾多の発見発明を首尾よく成し遂げるからである。フランクリンは学歴社会以前の社会が生んだ **self - made man** として大成した人物であった。

福沢も、学制未整備の徳川末期に、多くを自力で身につけたセルフ・メイド・マンである。長崎へ遊学したといっても、実質は師山本物次郎の家に住込んで下男代りに働いた。「鄙事多能《ひじたのう》は私の独得」と自慢するだけあって、福沢は「有らん限り先生家の家事を勤めて、上中下の仕事なんでも引請け」た。節分の晩に法螺《ほら》の貝を吹いて「物貰ひをしたこともある」。こんな経験はさしずめ戦後渡米した留学生がハロウィーンの晩に顔を隠して市中の家の門に立って廻ったようなものであったろう。福沢は「誠に上首尾、銭だの米だの随分相応に貰て来て」とあるが、銭だの飴だの相応に貰った日本人留学生も必ずやいたに相違ない。

福沢はそのようにして嘗《な》めた苦労が、いずれも彼自身を肥す体験となった人だった。それは彼が、フランクリン同様、実際家的な関心が念頭を離れない人だったせいもあるだろう。書籍的・観念的だけであるような知識人は（福沢の儒者に対する反撥からもわかるように）彼等の性《しょう》に合わなかった。福沢は徹底した経験派型で、飽くことを知らぬ旺盛な好奇心の持主であったが、知れば知るでまたすぐ実地に試さずにはいられない人間としてフランクリンに瓜二つなのである。福沢における理学上の実験と、その実験を通して養われた発想の特性ならびにその社会上の事柄への応用についてはまた後でふれるが、フランクリンも福沢も書斎に閉じこもったきりの「青白きインテリ」型の人間ではなかった。

ところでセルフ・メイド・マンにはそれなりの欠点もあるといわれる。今日の日本で学歴の有無が端的に反映しているのは外国語の読解力であろう。大学教育を了えた人はまがりなりにも外国語が読めるが、そこまで勉強を続けなかった人は読めない、と指摘されている。外国語の学習は教室で集団学習の圧力を借りてはじめて可能なことだからかもしれない。しかしそんな大学信仰はもしかすると大学の語学教師が創り出した神話かもしれないのだ。フランクリンと福沢の場合、外国語学習がどのようなものであったか見てみよう。

外国語の知識

過去二百年の歴史の上で米国が生んだ最大の外交官は自国の独立をフランスに承認させることに成功し、パリ社交界で喝采《かっさい》を一身に浴びたフランクリン大使をもって第一とするという。福沢が「大君の使節」の一人として一八六二年パリへ赴いたのは「傭通詞《やといつうじ》」としてだった。その二人の身分には非常なる懸隔《けんかく》があるが、しかし二人とも外国語知識を武器として活躍した人であることに変りはない。外国語の習得なしにはフランクリンも福沢もパリへ行く機会に恵れなかったはずであり、またその種の外国行きなしには、彼等の知的視界もあれほどひろがりはしなかったはずである。とくに福沢の場合、文明開化の一連の事業は、彼の外国語読解力を抜きにしては想像も出来ない。その意味で外国語知識の持つ意味は福沢の場合特に大きかったと言えるようだが、その事と呼応するように、『福翁自伝』の中でも外国語学習の苦心がもっとも印象深く記述されている。福沢はその当時を次のように回顧する。緒方洪庵《おがたこうあん》の蘭学塾《らんがくじゆく》の生活は、すでに紹介してきた挿話の数々から推して「唯ワイ〳〵して居たのかと人が思ふでありませうが……学問勉強と云ふことになつては、当時世の中に緒方塾生の右に出る者はなからうと思はれる」。学習は次の順序で行われた。

先づ始めて塾に入門した者は何も知らぬ。何も知らぬ者に如何して教へるかと云ふと、其時江戸で飜刻になつて居る和蘭の文典が二冊ある。一をガランマチカと云ひ、一をセインタキスと云ふ。初学の者には先づ其ガランマチカを教へ、素読《そどく》を授ける傍に講釈をもして聞かせる。之を一冊読了るとセインタキスを又其通りにして教へる。

一八六二年生れの森鷗外は福沢より二十七歳若かった人だが、幼時父から学んだ思い出を『サフラン』にこう書いている。

父は所謂蘭医である。オランダ語を教へて遣らうと云はれるので、早くから少しづつ習つた。文典と云ふものを読む。それに前後編があつて、前編は語を説明し、後編は文を説明してある。

外国語教授法には経験的に確立された一つの型があって、それが今日にまで及んでいるのだろう。その文典二冊をこなすと、緒方の塾生はついでオランダ語の原書を写してハルマの蘭仏辞書のフランス語部分を日本語に置換えたヅーフの辞書を用いて会読した。その際はもっぱら自身自力の解読に任せて、不審は一字半句も他人に質問を許さず、また質問する者もいなかった、というのは塾生に武士としての自恃《じじ》があったからではないだろうか。

会読は一六とか三八とか大抵日が極つて居て、いよ〳〵明日が会読だと云ふ其晩は、如何《いか》な懶惰《らんだ》生でも大抵寝ることはない。ヅーフ部屋と云ふ字引のある部屋に、五人も十人も群をなして無言で字引を引きつゝ勉強して居る。夫れから翌朝の会読になる。……会頭は勿論原書を持て居るので、五人なら五人、十人なら十人、自分に割当てられた所を順々に講じて、若し其者が出来なければ次に廻す。又其人も出来なければ其次に廻す。

そしてその成績に応じて進級するので「塾生は毎月六度づゝ試験に逢ふやうなものだ」一八五九年は福沢が江戸に出た翌年の安政六年だが、彼は一日横浜へ行ってオランダ語で会話を試みたが全然通じなかった。わずかにドイツの商人キニッフルが蘭文を解するのみだった。福沢は「実に落胆《らくたん》して仕《し》舞《まつ》た。……今まで数年の間死物狂ひになつて和蘭の書を読むことを勉強した、其勉強したものが、今は何にもならない……」。しかし福沢は英語が世界語であることを発見するや、新たに志を発してその学習に取りかかる。そしてしばらく学ぶうちに同じ印欧語族に属する第二外国語の学習は、文法構造が似ている関係で、意外に容易であることに気づくのである。

最初私共が……英学に移らうとするときに、真実に蘭学を棄てゝ仕舞ひ、数年勉強の結果を空うして生涯二度の艱難辛苦《かんなんしんく》と思ひしは大間違ひの話で、実際を見れば蘭と云ひ英と云ふも等しく横文にして、其文法も略《ほぼ》相同じければ、蘭書読む力は自から英書にも適用して決して無益でない。水を泳ぐと木に登ると全く別のやうに考へたのは一時の迷であつたと云ふことを発明しました。

オランダ語から英語への切換えはチェンバレンが大袈裟《おおげさ》に驚嘆《きょうたん》してみせるほどの事ではなかったのである。それではフランクリンの外国語学習の様はいかなるものであったのか。八歳の時にラテン語学校にはいって一年間学んだことを除けば、彼の外国語学習は始りがたいへん遅かった。一七三三年、二十七歳になってフランス語の学習にとりかかったのである。

まもなくフランス語に熟達して、フランス語の本なら楽に読めるようになった。次にはイタリア語に取りかかったところ、やはりイタリア語を勉強している知人がいて、チェスをしようと私を誘うことがよくあった。このために勉強の時間がずいぶんとられるので、私はついに一つの条件を持ち出した。……それは一勝負《ひと》ごとに、勝った方は文法の暗記とか翻訳とかの宿題を相手に課すことができ、負けた方は次回までに、名誉にかけて必ずこれをやっておくという条件である。二人の腕前は似たりよったりだったから、こうして私たちはお互いに相手を負かしてはイタリア語を勉強させあった。私は後にはスペイン語も、大して骨を折らずに本が読める程度にはできるようになった。

私自身もフランス語から始めてイタリア語へ移った一人なので、このようなフランクリンの回想に接するといかにもその通りであると懐しくてたまらない。そういえば私もトランプ遊びをしながら言葉を覚えたこともあった。それは遊ぶ時も日本人だけで固まらず、必ず外国人を誘って、打ち興じながら言葉に慣れる、という工夫であった……

フランクリンはそのようにして仏・伊・西と進んだ。そしてスペイン語を覚えてからラテン語聖書を開いてみると、驚いたことにいつの間にか習いもせぬのにラテン文がずっとよくわかるようになっていた（実はそれと似た事は別の言葉についても起り得る。たとえば英・仏・伊・西と進んだ人は、自分が全然習いもしなかったのに、エスペラントが読めるようになっている自分自身を発見して驚嘆するに相違ない。そしてそれと同時に、エスペラントは世界語とはいいながら、その実はなはだしくヨーロッパという世界に偏した世界語だということにも気づくに相違ない）。そうした体験と発見を基にしてフランクリンは語学教育について一つの実際的な提言をした。それはロマンス語系の言葉を複数学んだ人たちが必ずや首肯《しゅこう》するに相違ない案である。

かような事情から言って、私はわが国の一般の語学教授法には、若干の矛盾があると考えた。私たちは、最初はラテン語から始めるがよい、ラテン語ができるようになれば、ラテン語から派生した近代語を学ぶのはずっと容易になる、と言い聞かされている。だが、私たちはラテン語を習うのがもっと楽になるからといって、ギリシャ語から始めはしない。確かに、階段を踏まずにその天辺《てんぺん》までよじ上ることができたら、段を踏んで下りるのはもっと容易であるに違いない。しかし、一番下の階段から始めれば、もっと容易に天辺まで上れることも確かだ。

福沢にしてもフランクリンにしても、第一外国語と系統を同じうする第二外国語の習得が容易なことを驚きをもって述べているが、「外国語を二つ習えば知識の線が面になる」(3)（前田陽一）ということの有効性はこれからも繰返し強調されてしかるべきことのように思われる。

フランクリンは一七四九年には『ペンシルヴェニアにおける青年の教育に関する提案』を出しているが、その提案を基に創られたフィラデルフィア学院（後のペンシルヴェニア大学）は、アメリカで古典以外を教える最初の大学となった。その提案の外国語教育に関する条りは次の通りだが、フランクリン自身の近代外国語尊重の姿勢がそこに反映しているようである。なお当時のアメリカにあった大学はハーヴァード、イエール、プリンストン、ウィリアム・アンド・メリーの四校のみであった。

いかなる翻訳も原文の真価を伝えず、原文を読む際の喜びを与えない。……そのようなことを青年たちに聞かせれば、青年はそれらの言語を学びたくなり、またそれを習得することによって努力に磨きがかかるであろう。神学志望の者はすべてラテン語とギリシャ語。物理志望の者はラテン語、ギリシャ語、フランス語。法律志望の者はラテン語とフランス語。商人志望の者はフランス語、ドイツ語、スペイン語を学ぶべきである。すべての者が無理にラテン語、ギリシャ語、または現代外国語を学ぶ必要はないが、それらを熱心に学ぼうとする者を拒んではならない。国語、数学その他の学課も非常に大切であるから、おろそかにしてはならない。

パリ時代のフランクリン公使はフランス語を時々取違えたようである。アカデミーの朗読などはよく聴きとれず、親しいド・ブーフレール夫人が感心した表情を示すのを見るたびに拍手することにしていた。そしてある日、他の人たちよりもさらに強く拍手した。それは――とサント・ブーヴは『月曜閑談』に意地悪な微笑を浮べて書いている――それは実は学士院がフランクリン自身を賞め讃えた条りであった。

弁論の術

昔から弁論の術に長《た》けた人は学歴の如何《いかん》を問わず世に出てきた。しかし福沢やフランクリンの場合、その訓練は自覚的に書生的に行われたものである。またそれだけにはっきりと二人の自伝にその事が記されている。福沢は「緒方の塾風」で、自分たちがゲームのためのゲームを楽しむように弁論にふけった様を次のように記した。

一体塾生の乱暴と云ふものは是れまで申した通りであるが、其塾生同士相互《あひたがひ》の間柄と云ふものは至て仲の宜いもので、決して争などをしたことはない。勿論議論はする、いろ〳〵の事に就て互に論じ合ふと云ふことはあつても、決して喧嘩をするやうな事は絶えてない事で、殊に私は性質として朋友と本気になつて争ふたことはない。仮令《たと》ひ議論をすればとて面白い議論のみをして、例へば赤穂義士の問題が出て、義士は果して義士なるか不義士なるかと議論が始まる。スルト私はどちらでも宜しい、義不義、口の先きで自由自在、君が義士と云へば僕は不義士にする、君が不義士と云へば僕は義士にして見せやう、サア来い、幾度来ても苦しくないと云て、敵に為り味方に為り、散々論じて勝たり負けたりするのが面白いと云ふ位な、毒のない議論は毎度大声で遣つて居た……

福沢が自覚していたかどうかは知らないが、この「義不義、口の先きで自由自在」という舌戦の展開の仕方は、議題だけはあらかじめ双方に通知しておくが、賛否《さんぴ》の立場は討論開始の直前に籤引《くじび》きで決定するという米英流の弁論大会の仕方にそっくりである。それは弁論の術を競うのが目的であって、客観的真実を求めるのが狙いなのではない。だが日本人はその種の弁論を「巧言令色スクナシ仁」として非難する傾向を持っている。福沢が楠公権助《なんこうごんすけ》論を唱えたとして非難されたのも、一つには世間の人が福沢の弁論に知的ゲームを認めてくれなかったからであろう。それに「義不義、口の先きで自由自在」という弁論の術が今日のアメリカ社会に数多くの悪徳弁護士を生み出していることもまた事実なのである。しかし欠点はあろうとも、福沢は「巧言」を軽視する儒教文明よりそれを重視する西洋文明の方を良しとした。福沢が『論語』を故意に改めて「巧言令色亦是禮」と揮毫《きごう》して人々に与えたことはその彼の主張を示すものだろう。ところでフランクリンもその巧言の徒の一人であった。議論好きの彼は回想する。

キーマーと私とは割合に仲よくやっていた。……彼は若い頃の熱情をいまだにほとんど失わずに持っていて、相変らず議論が好きだった。そのために私たちの間には度々論争が起ったが、そのような場合、私はいつも例のソクラテス流の論法を使い、しばしば当面の問題とはまるでかけ離れているように見える質問を出しては彼を罠《わな》にかけ、しかもそうしながら次第に論争点に導いて行って、彼が返事に困り自家撞着《じかどう　ちゃく》に苦しむように仕向けたもので、そのうちに彼は滑稽なほど用心深くなって、ごくありふれた質問に対してても、「そんなことを聞いて、いったいどんな推論をしようというのだ」とあらかじめたずねてからでなければ、ほとんど返事もしないようになってしまった。

フランクリンにも福沢に劣らず書生的ないたずらな面があったことがこれでわかるのである。次の話も主義主張に基く約束が食い気のために破れる、すこぶるユーモラスな一節で、人間本能の一つである食欲の描写にかけてフランクリンは抜群であった。

キーマーは、モーゼの律法のどこかに「汝鬚《ひげ》の両方を損ずべからず」とあるからと言って、顎ひげを伸ばしっぱなしにしていた。同じ理由で彼は第七日を安息日として守っていた。……私はこの両方とも気に食わなかったが、肉食しないという主義に彼も賛成するなら、自分もこの二点を認めることに同意した。するとキーマーは「俺は体質的に肉食しなければ体が持たない」と言ったので、私は大丈夫、堪えられる、それどころか、肉食をやめれば身体はきっとよくなると説き聞かせた。実は奴がかねてから大食漢だったから、これは一つひもじい思いをさせて懲みものにしてやろうと思ったのである。キーマーは私も一緒に肉食をやめるなら自分もそうしてもいいと言った。そこで私も同意して、二人は肉断ちを三ヵ月続けた。その間食事は近所の女に頼んで料理させ、それをきちんと届けてもらうようにしたが、そのためにあらかじめ魚肉、獣肉、鳥肉なしの献立四十種を渡しておき、それに従って料理を作らせたのである。この酔興《すいきょう》は安上りですむので、当時の私にとってはなおのこと好都合だった。……こうして私は愉快にやったが、キーマーのほうは哀れにも参ってしまい、どうにもこうにも御馳走が食べたくなって、ついに焼豚を注文した。そして食事を一緒にしようと私と二人の女友達を招いたのだが、料理が食卓に運ばれたのが早過ぎたので、誘惑に打ち勝つことができず、キーマーは私たちがまだ行かない前に自分ひとりで全部平げてしまったのである。

冗談、悪ふざけ、英語でいうprankとは本来、学生生活につきものである。『福翁自伝』にはその種の話題がつきない。「欺て河豚《ふぐ》を喰はせる」「料理茶屋の物を盗む」「難波橋から小皿を投ず」「禁酒から烟草」等々。しかしフランクリンの青春にもその種の体験が結構さまざまあったらしいことは右のキーマーとの交友録からも十分に察せられるのである。

無宗教者の宗教論

"I was dressed plainly."

フィラデルフィアで印刷屋として信用を博するためにわざと質素な身形《みなり》をしたほどのフランクリンは、宗教に関しても世間体を気にした人に相違ない。国を飛び出す以前には、

「無神論者《アセイスト》！」

「異端《インフィデル》の徒！」

とボストンの善男善女から名ざしで非難されたこともあったという彼だが、成功の道を歩み出したフィラデルフィア時代はすこぶる慎重となり、社会的な「見せかけ」を重んじた。しかし『自伝』が興味深いのは、「見せかけ」appearance と「本心」reality の差を当人が自覚していて、その違い様をあけすけ語っている点にもある。フランクリンは、自分がいかなる道徳原理、いかなる宗教観、いかなる金銭観を持っているか、またその諸原理が彼の人生にいかなる影響を及ぼしたかも語っている。その定型化した説明があったからこそマクス・ウェーバーは『プロテスタンティズムの倫理と資本主義の精神』を書いた時、フランクリンの著作を第一の材料として利用し得たのだろう。またD・H・ロレンスはアメリカ社会の抑圧装置の原理をフランクリンの「信仰箇条」や「徳目」の中に認めて激しく論難したのだろう。

ウェーバーの解釈やとくにそれを紹介した大塚久雄氏の『近代化の人間的基礎』に収められた諸論については疑問を覚える人が最近はふえてきた。ウェーバーがフランクリンを「世にも稀な誠実な性格」と呼び、大塚教授がそれに和して十三徳の樹立とその実行への努力について「人々の心をうつ一章」と評した文章などに接すると、私も違和感を禁じ得ない。私が念頭に描くフランクリンの人間像はそれほど蛍雪《けいせつ》時代的に生真面目ではないからだ。まず自伝に即して彼等の宗教観を見てみよう。

　私の両親は早くから私に宗教心が起るようにし、幼年時代を通じて、敬虔《けいけん》に私を非国教派の方向へ導こうとしたのである。ところが、いろいろ本を読んでみると、いくつかの点に対して異論が出ているので、次々に疑問を持つようになり、その挙句、十五歳になるかならない頃には、啓示《けいじ》そのものさえも疑い始めたのである。ちょうどその頃、理神論を論駁《ろんばく》した書物が数冊手に入った。ボイル記念キリスト教弁護講演で行われた説教の骨子を写したものだそうだが、皮肉なことに、それらの書物はその狙いと正反対の効果かに正しいものに思えたからで、こうして結局、私はじきに完全な理神論者になった。
を私に及ぼした。というのは論駁するために引用している理神論者の論のほうが、私には論駁よりもはる

理神論とは、「神の存在は認めるが、啓示宗教もその教義も認めない人の哲学的立場」（『ロベール辞典』）である。理神論者は「神を信じるが、啓示を斥ける人々の宗教体系」（『リトレ辞典』）とも定義される。しかし理神論者が神の信仰を口にするのは単なる偽装であって、本心では神を信じていない、という理神論を無神論と同列視する見方もすくなくない。

フランクリンはヴォルテールなどと違って、宗教問題については、批判的であるにせよ建設的であるにせよ、およそ理論的なアプローチはしなかった。チェンバレンは福沢を「強靭で、実際的ではあるが、多少詩趣には欠ける知性」と評したが、フランクリンの知性も同種の趣きがあった。彼はカルヴィニスト風の神学論議の泥沼に陥ることなく、道徳原理の問題に対しても、もっぱら経験主義的アプローチを試みた。

私は人と人との交渉が真実と誠実と廉直《れんちょく》とをもってなされることが、人間生活の幸福にとってもっとも大切だと信じるようになった。……啓示は実際それ自体としては私にとってなんの意味も持たず、ある種の行為は神の啓示によって禁じられているから悪いのではなく、あるいは命じられているから善いのではなく、そうではなくて、それらの行為は、いろいろ事情を勘案してみると、それ自体が結局私たち自身にとって有害であるから禁じられ、あるいは有益であるから命じられているのだ、と考えるにいたった。

このフランクリンの立場は、道徳が宗教なしに存立している東アジアの人々の立場に近いものではないだろうか。徳川時代を通して世俗化された日本も、倫理を考える場合に人格ある神を立てない。それだからこ

そ「神が死んだ」後でも、東アジアに倫理上の混乱は、西洋社会ほど起らずに済んでいるのである。

次に福沢の宗教と迷信（この二語は福沢にとってはほぼ同義語であったろうが）に対する態度を見てみよう。福沢の反撥は現行秩序とその秩序を権威づけるものとに向けられる。

> 又私の十二三歳の頃と思ふ。兄が何か反故《ほご》を揃へて居る処を、私がドタバタ踏んで通つた所が兄が大喝《だいかつ》一声、コリヤ待てと酷く叱り付けて、「お前は眼が見えぬか、之を見なさい、何と書いてある、奥平大膳大夫《だいぜんのたいふ》と御名《おな》があるではないか」と大造《たいそう》な剣幕だから、「ア、左様《さう》で御在《ござい》ましたか、私は知らなんだ」と云ふと、「知らんと云ても眼があれば見える筈ぢや、御名を足で踏むとは如何《どう》云ふ心得である、臣子の道は」と、何か六かしい事を並べて厳しく叱るから謝らずには居られぬ。「私が誠に悪う御在ましたから堪忍して下さい」と御辞儀をして謝つたけれども、心の中では謝りも何もせぬ。「何の事だらう、殿様の頭でも踏みはしなからう、名の書いてある紙を踏んだからツて構ふことはなさゝうなものだ」と甚だ不平で、ソレカラ子供心に独り思案して、兄さんの云ふやうに殿様の名の書いてある反故を踏んで悪いと云へば、神様の名のある御札《おふだ》を踏んだら如何だらうと思て、人の見ぬ処で御札を踏んで見た所が何ともない。「ウム何ともない、コリヤ面白い、今度は之を洗手場《てうづば》に持て行て遣らう」と、一歩を進めて便所に試みて、其時は如何かあらうかと少し怖かつたが、後で何ともない。「ソリヤ見たことか……」

と諭吉はひとりその発見に得意になっていたのである。彼はさらに進んで稲荷《いなり》様を明け御神体を勝手に取換えて、祭の日に信心深い人々が幟《のぼり》を立て、太鼓を叩き、御神酒《おみき》を上げる様を、「馬鹿め、乃公《おれ》の入れて置いた石に御神酒を上げて拝んでるとは面白い」と独り嬉しがっていた。

卜筮呪詛《うらないまじない》一切不信仰という点では、福沢と並び称される日本資本主義の父渋沢栄一（一八四〇－一九三一）

の少年時代もほぼ同じであった。渋沢も『雨夜譚《うやものがたり》』という自伝の中で遠加美《おかみ》講の中坐の飯焚女《めしたきおんな》を酷く弱らしているが、その合理主義的な反撥ははなはだ福沢に似ていた。中坐すなわちメディアムの役をする飯焚女が、

「この家には無縁仏があって、それが祟りをするのだ」

とさも横柄に言い放ち、家人は動揺して、

「成程老人の話に、何時の頃か、この家から伊勢参宮に出立して、それ限り帰宅せぬ人がある。定めし途中で、病死したのであろうということを聞いて居たが、今御告げの無縁仏の祟りというのは、果してこの話の人に相違あるまい。如何したらよかろう」

と青ざめた。その時まだ弱年者の栄一が、

「無縁仏の出た時は何年程前の事でありましょうか」

中坐が五六十年以前だと答えるのを栄一が押返して、

「五六十年以前ならば何という年号の頃でありますか」

と尋ねると、中坐が天保三年の頃だという。それではまだ二十三年前の事で、それを聞いた栄一はすかさず、

「只今御聞きの通り、無縁仏の有無が明らかに知れる位の神様が、年号を知られぬという訳はない筈の事だ。こういう間違いがあるようでは、丸で信仰も何も出来るものじゃない。果して霊妙に通ずる神様なら年号位は立派に御分りにならねばならぬ。然るにこの見易き年号すらも誤まる程では、所詮取るに足らぬものであろう」

と言い放って、満座の人の興をさましてしまうのである。

フランクリンにも少年時には相手のその種の矛盾を掘り出す性癖がよほど強かったとみえて、父親――ジョサイア・フランクリンは信心深い人であった――が、冬に備えて一樽分の鰊《にしん》を塩漬けにしていた時、

「いまここで一樽分の祝福を神様に乞いさえすれば、食事ごとにいちいちアーメンと言わずに済むものを」

などと悪態をついた。これらは、福沢にせよ渋沢にせよフランクリンにせよ、いずれも算術的合理主義といった程度の反応とみなしてよいのであろう。

福沢も世俗的な頭脳の持主で、信心がない点、フランクリンと同様であったが、しかしだからといって福沢の行動が非倫理的であったわけではない。信仰と倫理、神学と操行とは所詮別箇のものだからである。福沢の母も「普通の信心はないやうに見える」。しかし墓参りは欠かしたことがない。その母が乞食の虱を取るのを楽しみにしていた話など西洋ならばさしずめ聖人伝の一節のように聞えるのである。

その福沢も後年はフランクリン同様、宗教の社会的必要を積極的に主張した。『福翁自伝』の結びに述べた最晩年の事業の望みの一つは「仏法にても耶蘇《やそ》教にても孰《いづ》れにても宜しい、之を引立てて多数の民心を和《やは》らげるやうにする事」というのであった。ただしそれは福沢に信仰心が湧いたことを示すわけではない。その前年の明治三十年には、『宗教は茶の如し』と次のような露骨な宗教観をはっきりと述べている。

> 社会の安寧《あんねい》維持の為めに宗教の必要は今更ら云ふまでもなき所にして、実際に其目的を達せんには孰れの宗旨にても差支はある可らず。本来我輩は宗教心に乏しくして曾て自から信じたることなし。自から信ぜずして人をして信ぜしめんとするは不都合なりとの非難もあらんなれども、何分にも心になき信仰を装ふは我輩の為す能はざる所にして、自から本心を表白しながら社会安寧の為めに其必要を唱ふるのみ。抑も今の宗教には仏教あり、耶蘇教あり、又その宗教の中にも種々の宗派あれども、経世上の眼を以て見るときは其相違は普通の茶と紅茶との違ひぐらゐにして、孰れを飲むも差したる相違に非ず。只生来曾て茶を飲まざるものに其味を解せしむること肝要にして、宗教家たるものは恰も茶の商売に従事するものなれば、何は扨《さて》置き自家の商品の売弘めに忙はしき時節なれ。扨その売弘方に付き、或は同業相対して頻《しき》りに他の商品を種々に悪口して、以て自家の物を売付けんとするものなきに非ざれども、斯くの如きは本来、

策の得たるものに非ず。他の如何に拘はらず、自から品質を善くし価を安くするこそ一般の信用を博して得意を増すの最上手段なるに、今の宗教の売弘方は果して如何。

福沢は「宗教は経世の要具なり」「宗教を奨励して人の心を緩和《くわんわ》」せしむることなど、「宗教の効能」を繰返し説いた。マルクスが「宗教は阿片」と呼んだのに対し「宗教は茶の如し」と評したところに福沢のユーモアが感じられよう。これに対して反撥した人々は一方には片山潜《かたやません》等の社会主義者がいた。「読んで噴飯《ふんぱん》す、『時事新報』は労働者に奴隷のごとき柔順を欲して、この言をなせるにあらざるか」と『労働世界』(明治三十一年四月一日)は書いた。他方、宗教家の中でひどく腹を立てて噛みついた人は内村鑑三で、福沢が自ら宗教を信ぜずして宗教を奨励するのを宗教に対する最大の侮辱なりとした(明治三十年九月十一日『万朝報』、三十五年十月講演『宗教の大敵』)。福沢の宗教論を興味深く読み、*Japan Herald* 一八九七年九月九日号掲載の文章を *Things Japanese* の Religion の項に引いたのはチェンバレンであった。福沢の辛辣《しんらつ》な論調はその英訳文を通しても鮮やかに読者の胸に突き刺さる。英米の新聞には見出しがたい、このあからさまな不敬の記事を自著に引くに当って、チェンバレンはその文が、自分の訳でなく『ジャパン・ヘラルド』の訳であることを特に断った。信仰を持たぬチェンバレンは福沢のこの論の諧謔《かいぎやく》を心中ひそかに楽しんでいたのに相違ない。

......Of religions, there are several kinds, — Buddhism, Christianity, and what not. Yet, from my standpoint, there is no more difference between these than between green tea and black tea. It makes little difference whether you drink one or the other. The point is to let those who have never drunk tea partake of it and know its taste. Just so with religion. Religionists are like tea-merchants. They are busy selling their own kind of religion. As for the method of procedure in this matter, it is not good policy for one to disparage the stock of others in order to praise his own. What he ought to do is to see that his stock is well-selected and his prices cheap, etc., etc.

「われら神を信ず」と「われら金を信ず」

自伝によるとフランクリンが教会へほとんど行かなかったのは、日曜日を勉強日に定めたからだという。しかし中年以降のフランクリンは反宗教的な姿勢は取らず、いかにも妥協の人らしく、あらゆる既成宗教の本質的な部分を含み、しかもいかなる宗旨の信者からも厭われるような点の一つもないものとして、次のような信仰箇条を列挙した。

万物を創造した唯一の神がある。
神は摂理《せつり》に従って世界を治める。
神は畏敬《いけい》と祈禱《きとう》と感謝をもって崇《あが》むべきである。
しかしながら、神がもっとも嘉《よみ》する奉仕は、人に善をなすことである。
霊魂は不滅である。
神は、現世あるいは来世において、必ず徳には報いを、罪には罰を与える。

この中で彼がもっとも確信をこめて述べた一条は「神がもっとも嘉《よみ》する奉仕は、人に善をなすこと」であったろう。その際、商業活動も慈善活動と同じく、いやそれ以上に「人に善をなす」行為にかぞえられていたに相違ない。

しかし右の六つの信仰箇条があったからといって、フランクリンに信仰があったと立証できるわけではない。先にふれたように理神論者の信仰心については玉虫色の解釈が多く、論者の意見は今日なお分れたままである。

そしてそれと同じことは一見無宗教に見える福沢についても言える。明治四年、彼が子供たちにあてた私書『ひゞのをしへ』には次のようなキリスト教風の死生観が示されているからで、福沢は God の有難さを自分の子供たちに向けて説いたこともあったのである。

世の中に父母ほどよきものはなし。父母よりしんせつなるものはなし。父母のながくいきてじやうぶなるは、子供のねがふところなれども、けふはいきて、あすはしぬるもわからず。父母のいきしには、ごつどの心にあり。ごつどは父母をこしらえ、ごつどは父母をいかし、また父母をしなせることもあるべし。天地万物なにもかも、ごつどのつくらざるものなし。子供のときより、ごつどのありがたきをしり、ごつどのこゝろにしたがふべきものなり。

もと英文のキリスト教的道徳教科書を翻訳したことのある福沢は、世の訳者の常として、原著者の見方を我がものとして取り入れたにちがいない。その結果生れた『ひゞのをしへ』の十月廿七日の言葉だったのではあるまいか。その際福沢はフランクリン等理神論者が口にしたと同じ意味で「ごつど」を口にしたのだろう。福沢は『ひゞのをしへ』の二編の一節で「てんとうさまをおそれ、これをうやまひ、そのこゝろにしたがふべし」と述べ、この場合の「てんとうさま」は西洋の言葉の「ごつど」と同じで、日本語に訳せば「ざうぶつしや」だとも説いている。信仰があったのか、無かったのか、フランクリンについても福沢についても、論者の信仰の立場に従って、今後もなおいろいろの解釈が出るものと思われる。

ここで一言、今日的見地から私的な感想を添えておきたい。思想信仰の自由が憲法で保障されている国では国家と宗教とは別箇に分離されているはずである。実はそれだけに私は一九七七年、アメリカ合衆国へ行って子供が公立小学校で「唯一の神」の名において米国に忠誠の宣誓をさせられた時、親としてははなはだ奇妙な感を覚えた。その際、「唯一の神」はキリスト教の神とは限らない、という釈明が今日の合衆国では表向きは用意されているのだろうが、八百万神《やおよろずのかみ》の国から来た私の耳にはその一神教の文言がまことに異様に響いた。そして私の周囲を見わたすと、切手にも、硬貨にも、紙幣にもIn God We Trustと刷りこまれている。合衆国は憲法修正第一条の文言にもかかわらず、実質においては政教未分離の国ではないのか。またそのようなお国柄であればこそ大統領に選ばれた者は聖書に手を置いて宣誓し、ルーズヴェルト大統領も神の名において日本に宣戦布告をしたのではなかったか。米国で「われら神を信ず」「われら神によりて頼む」の文字が用いられるようになったのはリンカーンの時代からで、この言葉が議会によって「国家標語《ナショナルモットー》」として制定され、紙幣、硬貨、切手の類に刷りこまれるようになったのは、アイゼンハワーの時代からだという。

ところでアメリカ人が貨幣にまで「われら神によりて頼む」の語を刻むことに違和感を覚えた人の中には、日本人のキリスト教徒もいた。矢内原忠雄《やないはらただお》がその人で、一アメリカ人と政治問題について意見を交した時、その紳士は貨幣に刻まれたIn God We Trustの語を指して「われわれはこれでゆく」といとも楽天的に答えた。その相手の手軽さ加減が矢内原には不快であった。思うように反論できなかったことも感情のしこりとなって残ったのではないかと思うが、それから十年ほど経った一九六一年、ソ連が有人ロケットの打上げに成功し、深刻なショックを受けた米国が、遅れを取らじと大々的にミサイル開発計画に取組むようになった時、矢内原は五月十四日付の『読売新聞』に次のような記事を寄せた。

そこでもしアメリカ人が真実にこの言葉通りに信じているなら、アメリカの安全が危機に臨んでいると感ずるとき、軍事力の競争に走らないで神の守護によりたのんで、完全な軍縮、ひいては軍備全廃の道を進むことができないであろうか。もし看板にいつわりありというのならあの貨幣の文字は消してしまった方がよい。

私は学生時代、矢内原先生を畏敬の念をもって仰ぎ見たが、いま『矢内原忠雄全集』第十六巻に収められた時論を読むと、その種の信念に基く論理にはとてもついて行けない気がする。「それともアメリカ国民の神はマルスの神なのであろうか」という類の先生の発言に接すると、先生は国際関係論の学者であることをやめてしまったのか、という印象を覚える。

ここで思い出したついでに、「神は自から助くる者を助く」の信念の下に自衛努力を怠るまいとしたフランクリンが、絶対平和主義者のクェーカー教徒とどのように折衝したかについても、見ておきたい。クェーカー教徒は「すべて戦争は不法である」ということをその信条の一つに定めて公表してしまった。そのためにその信条を簡単に撤回も出来ず、彼等が多数を占めるペンシルヴェニア州議会では軍事費支出の件で互いに困惑することとなった。原則に固執すれば、州政府は大砲一門購入できないからである。それで議会はパン、小麦粉、小麦、その他の grain の買入れをまず議決した。grain は「穀類」を意味するが同時に「火薬の粒」も意味するので、その議決でもってまず火薬が買えるようになった。それからフランクリンは消防組合代表が fire engine を購入する動議を出す手筈を整えた。fire engine は普通は「消防ポンプ」を意味するが「火器」「大砲」も意味するので、その動議が通ればそれで大砲も買える、という心づもりであった。

クェーカー教徒も州政府のその種の措置を黙認したが、しかしさすがに何人かは信念を曲げたくなかったので、次第に公職を辞するようになった。フランクリンは実務家としてその種の信念先行の原理主義者たちに手を焼いたのだろう、この件にふれて、

「人間、信仰箇条を一旦印刷に付してしまうと、それに束縛され拘束されるようになる」

として信条の公表を差控えるダンカー教徒というドイツ系浸礼派の人々のことを特に紹介し、彼等は謙譲な態度であると褒めている。私たち日本人もたいていの人ははっきりした信条を自覚しているわけでなく、神棚の前で拍手を打ち、仏壇の前で掌をあわせているのだろう。それもそれなりによいことだと私は思うのである。

ところでそんな見方をするフランクリンなら、信仰心があったとも思われないのに、なぜあらゆる宗派に共通する要素として「万物を創造した唯一の神がある」という信仰箇条を主張したのだろうか。それは In God We Trust が「国家標語」として制定されたと同じような雰囲気が彼の周辺にもあったからではないかと思う。フランクリンがとくにキリスト教の神ではないと言いながらも、そのようにゴッドの観念を強調しているのを読むと、昔も今もアメリカには無宗教の自由を認める余地がよほど少いのではないか、という疑念を禁じ得ない。

昭和二十年代、占領下の日本から渡米する人々は詳しい身上調査書を提出することをあらかじめ求められた。その調査書には「宗教」という欄があったが、当時留学を希望する日本人はたいがい先輩からの入れ智恵で「無宗教」とは記入せず「仏教」や「キリスト教」に印をつけたものだった——そんな便宜主義的な日本人の宗教は宗教ではないと威丈高《いたけだか》に批判する人もいるかもしれない。だがフランクリンの宗教観なるものも、実はそれと大同小異の社会生活上の便宜としての宗教だったのではあるまいか。

『フランクリン自伝』と『福翁自伝』といずれの著者がより frank に腹蔵《ふくぞう》なく自己を語っているか、という点は興味深い話題である。しかしこと宗教に関する限り、福沢の方がよほど率直に語っているように思われる。その差は一面では両者の人柄の差にも由来するが、他面では社会における宗教の圧力が近代日本においてははるかに弱く、そのために偽善《ぎぜん》を強要される度合もまた少かった、という外的条件にも由来するようである。アメリカ社会を統合する力の一つはキリスト教であったが、明治の日本社会を統合する力は仏教などの宗教ではなかったからであろう。

もっともそのアメリカでも裏では結構蔭口も叩かれている。フランクリンはもとよりその子孫のヤンキーたちも真実信じているのは神ではないのだ、ドル紙幣に刷りこまれた In God We Trust は誤植であって、In Gold We Trust「われら金《かね》を信ず」が正しいのだ、という全能なる弗《ドル》の神信仰の冗談がそれである。

科学上の実験

御札《おふだ》を踏んだり、洗手場《ちょうずば》で試してみたり、という福沢の子供っぽい行為は、権威破壊の反抗であったが、それらはある意味で科学的実験の萌芽だったともいえる。それらは厳冬の霜夜に襦袢《じゅばん》を物干に晒《さら》して虱の親も卵も一時《いっとき》に枯らした、とか、難波橋《なんばばし》の牛屋の親爺に代って、緒方塾の書生たちが生理学の知識を応用して豚の四足を縛って水に突込んで窒息死させた、というような一連の行為とも一脈通ずるものである。そればかりではない、十八世紀における科学上の諸実験が西洋において信仰の基盤をゆるがしたように——フランクリンが行った稲妻は電気であるという凧の実験もキリスト教の権威を弱める上に少なからぬ貢献をしたといわれる——緒方塾における一連の実験は、福沢たちの精神に新風を吹きこんだ。

福沢に限らず緒方の塾生が工芸技術にすこぶる熱心であった様は真に驚嘆に値いする。一体、緒方塾の書生は何の為に苦心したのか。福沢はそれを一言して、

「西洋日進の書を読むことは日本国中の人に出来ない事だ」

しかし、

「自分達の仲間に限つて斯様《コン》な事が出来る」

という気位で、それでもって洋書を読んではそれをもとに実験を重ねたのだという。学問のための学問といえるかとも思う。

緒方塾生のその種の自然科学への関心は当時の日本の他の藩校の学風とはおよそかけ離れたものだったが、また中国や朝鮮の漢学塾や寺子屋とも全く違った点だったに相違ない。

もちろん当時のヨーロッパではパリのエコール・ポリテクニック、スコットランドの工科大学、ドイツの理科大学の実験室、ペテルブルクの研究所などには緒方塾と違って高級な実験施設が整っていたことだろう。しかし弁論のみを尊んで、中国や朝鮮の士大夫と同様、自ら手を使うことをいさぎよしとしなかった風潮は、当時まだ西洋にも残っていたのである。たとえば一八五五年に始る科学実験施設の拡張と充実以前にオクスフォードに学んだ若きジェントルマンたちが、緒方の書生ほど皆がみなこの種の実験に打込んでいたかといえば、おそらくそういうことはなかったに違いない。

福沢自身はフランクリンのように自然科学上の発見をした人ではなかったが、理学にも非常な関心を寄せ、持ち前の器用さで実験に手を下し、細部をそれこそこくめいに記憶していた。それだけに福沢が四十年後に記述した若き日の理科実験の思い出は見事な一篇の文学と化している。緒方の書生たちが硇砂《どうしや》製造の野心を起して、それに必要な塩酸アンモニアを造ろうとした情景など、化学の実験としてはごく程度の低いものだが、その描写は真に秀逸で忘れがたい。彼等は鼈甲屋《べつこうや》からまず馬爪《ばず》の削屑をもらってきた。それを、

> 徳利に入れて、徳利の外面《そと》に土を塗り、又素焼の大きな瓶《かめ》を買て七輪にして沢山火を起し、其瓶の中に三本も四本も徳利を入れて、徳利の口には瀬戸物の管を附けて瓶の外に出すなど色々趣向して、ドシ〳〵火を扇ぎ立てると管の先きからタラ〳〵液が出て来る。……爰に難渋《なんじふ》は其臭気だ。臭《くさ》いにも臭くないにも何とも云ひやうがない。那《あ》の馬爪《ばづ》、あんな骨類を徳利に入れて蒸焼にするのであるから実に鼻持《はなもち》もならぬ。それを緒方の塾の庭の狭い処で遣るのであるから奥で以て堪らぬ。奥で堪らぬばかりではない。流石《さすが》の乱暴書生も是れには辟易《へきえき》して迚《とて》も居られない。夕方湯屋に行くと着物が臭くつて犬が吠えると云ふ訳け。

……勿論製造の本人等は如何《どう》でも斯《か》うでもして硇砂《だうしや》と云ふ物を拵へて見ませうと云ふ熱心があるから、臭いのも何も構はぬ、頻りに試みて居るけれども、何分周辺《まはり》の者が喧しい。下女下男迄も胸が悪くて御飯が給《た》べられないと訴へる。其れ是れの中でヤツト妙な物が出来たは出来たが、粉のやうな物ばかりで結晶しない。如何しても完全な硇砂にならない。

それでもなお熱心な二三の者は淀川の一番粗末な船を借りて、その船に例の瓶《かめ》の七輪を積込んで実験を続けた。煙が立って風が吹くと陸の方で喧しく言う。喧しく言えば船を動かして、川を上ったり下ったりして、上下《かみしも》に逃げてまわって製造を続けた。——これが化学製造に伴う本邦最初の環境汚染でもあったのだろうが、その語り口の巧みさは忘れられない。

しかし驚くべき点は福沢たちが緒方の蘭学塾で仕入れた科学知識の水準の高さであろう。一八六〇年、福沢は日本人として初めて渡米した。当時は人口六万だったサンフランシスコ市にはまだ鉄道も通じていなかったが、日本人は方々の製作所を案内されて見てまわった。その際の福沢の反応は人々の予想を裏切るものだった。

亜米利加人の考に、さう云ふもの（電信とかガルヴァニの鍍金法《めつき》）は日本人の夢にも知らない事だらうと思て見せて呉れた所が、此方はチヤント知て居る。……又砂糖の製造所があつて、大きな釜を真空にして沸騰《ふつとう》を早くすると云ふことを遣て居る。ソレを懇々《こんこん》と説くけれども、此方は知て居る、真空にすれば沸騰が早くなると云ふことは。且つ其砂糖を清浄にするには骨炭で漉《こ》せば清浄になると云ふこともチヤント知て居る。

十九世紀は西洋で科学がめざましい進歩をとげた時代であったが、それでも日本人の理解を絶するほどの高水準にはいまだ達していなかった。日本人は江戸時代の末期、オランダ語の書物を通して理学上の原理やメカニズムの多くをいちはやく了解していた。自然科学の特質が普遍性に存するとはいえ、日本人のそのキャッチ・アップの速さには驚かされるのである。

ところでフランクリンはいうまでもなく発明家である。彼がイギリスやフランスで熱烈に歓迎されたのも理学上の発明発見者という後光がさしていたからであった。日本に文久年間『玉石志林』を通して初めて紹介された時にもフィラデルフィア実験のことはもうすでに記されていた。フランクリンは戦前の日本の修身教科書にもっとも頻繁《ひんぱん》に登場した外国人である。対米戦争突入後は国民学校教科書からは姿を消したけれども、彼の凧の実験の話は私が戦争末期に習った中学二年の英語教科書にも載っていた。日本は意外にリベラルな国であったらしい。『フランクリン自伝』は昭和十二年松本慎一訳[4]で、『フランクリンの手紙』は日米開戦後の昭和十七年蕗沢忠枝訳で世に出ている。昭和十九年に処刑されたスパイ尾崎秀実が、獄中で読んだ最後の本の一冊は尾崎の友人でやはり一時期共産主義に惹かれた松本が訳した岩波文庫本『フランクリン自伝』であったという。

十九世紀後半、エディソンに王座を奪われるまで、フランクリンは、避雷針、二焦点眼鏡、フランクリン・ストーヴなどいまなお人々が恩恵《おんけい》に浴している身のまわりの品の発明によって世界に名の知られた発明王であった。ところがその一連の実験や発明が有名な割には『フランクリン自伝』には『福翁自伝』ほど生彩に富む科学実験の記述が見当らない。わずかに一七四二年のオープン・ストーヴの発明の記事が多少詳しい程度である。と言っても彼の科学者的な観察や事物の把握《はあく》は自伝のいたるところにかいま見られるので、いま二例に限り紹介したい。第一の例は聴衆の数の推計についてである。

彼がロンドン時代に知りあったホイットフィールドは多数の聴衆を惹きつけるので知られた牧師であった。

そのホイットフィールドがフィラデルフィアに現れて、裁判所玄関先の階段の一番上の段から説教をした時、フランクリンはそっと歩き出した。裁判所はマーケット・ストリートの中央、これと直角に交わる二丁目の通りの西側にあった。通りを川の方へ下って行き、フロント・ストリートの近くまで行ってもなお声が聞こえることを確めたフランクリンはこう書いている。

　そこで私の計った距離を半径とする半円を描き、そこに各々二平方フィートを占める聴衆がかりにぎっしりつまったと仮定すると、彼の声は三万人以上の人に立派に聞える勘定になる。これから考えて、彼が野外で二万五千からの人々に説教したという新聞記事も、決して嘘ではないことを悟った。

ゲーテの『イタリア紀行』のヴェネチアの段にも、これに似通った声による距離の測定の話が出ているが、いずれも十八世紀に盛んになった科学趣味のあらわれであろう。

『フランクリン自伝』の一特色はこの種の具体的な計測の報告にある。科学が実務に応用されているので、インディアン征伐を叙した「軍事に活躍す㈡」の章には次のように記されている。

　翌朝になると、要塞の設計ができ、地取りもできた。周囲は四百五十五尺、従っておのおの直径一尺の杭四百五十五本を組み合わせて、柵を結ぶ必要があった。私たちは持ってきた七十本の斧でただちに木を切り始めたが、みな斧の使い方がうまいので、仕事はたいそうはかどった。木があんまり早く倒れるので、私は面白くなって、二人の男が一本の松を切り始めた時、時計を出して見た。二人は六分間でその木を地上に倒したが、直径が十四インチもあった。一本の松の木から、一方の端を尖《とが》らせた長さ十八尺の杭が三本とれた。

右の二つの例でもわかるように、フランクリンの観察は自然科学者的な態度と計算でもって行われたが、その観察の対象はなにも自然現象に限らず、社会事象や軍事にまで及んだのである。ホイットフィールド牧師の聴衆の人数の測定は、今日の言葉でいえば、社会学的調査であろうし、要塞の建設はオペレーション・リサーチということにもなるだろう。

フランクリンは公人として数々の社会改革の立案者、実行者となった。それらの事業はフランクリンが科学的精神を社会的・政治的事象へ応用した結果である。保険制度、皆が少しずつ寄与することによって全員が得るところがある点でそれと軌《き》を一にする発想の図書館制度、消防組合、大学、郵便制度……『フランクリン自伝』の「社会的活動(二)」の章はその種の事業上の工夫の記述でもっていかにも潑剌《はつらつ》としている。

なるほど明治の日本でも右に挙げたような一連の制度は開設された。その際、福沢の功績も大きかったが、ただフランクリンの場合と違う面があった。それはフランクリンの場合には彼自身がそれらの諸制度の発明者という面が強かったのに対し、福沢以下は、後発国の指導者の常として、彼等自身が発明者であるよりはすでに発明された外国の制度の輸入者、移植者という面が強かったことである。

もちろん先に引いた蘭書解読とその知識に基く自然科学上の実験の例でもわかるように、福沢たちは理学上の法則についても社会上の制度についても、いろいろ試行錯誤を含む実験や追試を繰返していたのだろう。またフランクリンの場合にしてもヨーロッパ起源の発想を新大陸で実際に施してみたという例は幾つもあったに相違ない。ロンドンでの見聞をアメリカで実行に移したことも多かったろう。それだから、発明者と移植者という力点の置き方の違いはあるが、フランクリンと福沢がそれぞれの国において果した社会改革者としての役割には多く共通点が認められるのである。目にふれやすい平行例を拾うと、フランクリンが新聞『ペンシルヴェニア・ガゼット』を出したのに対して、福沢が『時事新報』を出したこと、フランクリンがフィラデルフィア学院（後のペンシルヴェニア大学）を創設したのに対して、福沢が慶應義塾（後の慶應大学）を創設したこと、フランクリンがアメリカ学術協会を組織したのに対して、福沢が明六社の一員としてまた東京学士会院の初代会長（明治十二年）として学術団体を組織したこと、などである。

新しい語彙の発明者と輸入者

フランクリンと福沢はこの種の外的な公的活動のレベルでも互いに相似た仕事をしているが、仕事の内容そのものの中にも多くの共通性が認められる。思想のレベルでも福沢が『時事新報』に寄せた諸論の中にはフランクリンの『富に至る道』を思わせる尚商立国《しょうしょうりつこく》の主張が多いことは後でふれる。しかしこの二人の間には思想のレベル以前の、語彙《ごい》のレベルでも興味深い比較が成立する。

フランクリンは科学上に新機軸を出した人だから、当然英語に新語を持ちこんだ。その中には「陽電気《ポジティヴ》」「陰電気《ネガティヴ》」「電池《バッテリー》」「充電《チャージ》」「放電《ディスチャージ》」「伝導体《コンダクター》」「帯電させる《エレクトリファイ》」等の単語があげられる。

福沢も日本語になお一層多くの新語を持ちこんだ人だった。『福沢全集緒言』に記された思い出は、その当時の情景を活写して面白い。洋学者たちが困却《こんきゃく》したのは「追ひ〳〵西洋の新事物を輸入するに随《したが》て、之を代表する新文字の絶えて無きこと、是れなり」。漢書をいろいろ調べて相当する文字がないかと詮索したが「到底其甲斐なきも道理なり。元来、文字は観念の符号に過ぎざれば、観念の形なき所に影の文字を求むるは、恰《あたか》も雪を知らざる印度人に雪の詩を作らしむるが如く、到底無用の沙汰なれば、遂に自から古《いにしへ》を為し、新日本の新文字を製造したる其数亦尠《すく》なからず」。英語のスチームは従来「蒸気」と訳されていた。それを一文字に縮めて「汽」の字を当てたのは福沢であったという。

……是れと目的はなけれども、蔵書の康熙《かうき》字典を持出して、唯無暗に火扁水扁などの部を捜索する中に、

「汽」と云ふ字を見て、其註に水の気なりとあり、是れは面白し、と独り首肯して、始めて汽の字を用ひたり。……今日と為りては、世の中に汽車と云ひ、汽船問屋と云ひ、誠に普通の言葉なれど、其本《もと》を尋ぬれば、三十二年前、余が盲捜しに捜し当てたるものを、即席の頓智に任せて漫《みだり》に版本に上せたるこそ、汽の字の発端なれ。

以上は理学上の新語の発明の例だが、福沢は社会上の新観念も新語を造語することによって日本に輸入している。「著書発行の名誉権利は著者の専有に帰す」という私有権の意味を日本に周知徹底させた最初の人は福沢で、「余は、其コピライトの横文字を直訳して版権の新文字を製造したり」

その他福沢の仲間が造り出した新語も少くない。西洋文にあるドルの記号$を見て「竪《たて》に似寄りの弗を用ひ……たるが如き、面白き思付《おもひつき》」もその一例であった。

福沢はまた日本語に政治上の新語も持ちこんだ。『英国議事院談』の著者はまた「演説」「提案」「賛成」などの民主的な議事運営にまつわる単語の造語者でもあった。そしてこの場合にも、フランクリンは彼自身が新語の真の発明者であったのに対し、福沢はあくまで西洋語の **speech, proposal, approval** などの訳語としてそれらの新語を持ちこんだのである。かつては正式の口頭陳述という別の意味で使われていた演説を **speech** の意味に転用し普及させることに成功したのが福沢であった。東京三田の慶應大学の構内にはいまも演説館という建物が残っているが、福沢は演説の新語を造り出しただけでなく、日本に演説の新慣習そのものを持込み、彼自身その建物で四百人の聴衆を前にして演説をしてみせたのである。それは日本の歴史上に新機軸を出した行為であり、理学上のオリジナルな発見に劣らず、いやそれ以上に、重要な行為であったといわなければならない。

その福沢の社会上政治上経済上の諸発見、いいかえると福沢が西洋社会というモデルをいかにして自家薬《じかやく》籠中《ろうちゆう》のものとなし得たかが次章の話題となるが、やはり彼が造り出した新しい訳語に即して問題を検討することとする。

社会上政治上経済上の発見

『福翁自伝』の「幕府の攘夷主義」の節に福沢が幕府の御勘定方の有力者のために「チェーンバーの経済論」の目録（目次）を訳して進ぜた話が次のように記されている。

早速翻訳する中に、コンペチションと云ふ原語に出遭ひ、色々考へた末、競争と云ふ訳字を造り出して之に当箝《あては》め、前後二十条ばかりの目録を翻訳して之を見せた所が、其人が之を見て頻りに感心して居たやうだが、「イヤ茲《ここ》に争と云ふ字がある、ドウも是れが穏かでない、ドンナ事であるか」「どんな事ツて是れは何も珍らしいことはない、日本の商人のして居る通り、隣で物を安く売ると云へば此方の店ではソレよりも安くしやう、又甲の商人が品物を宜くすると云へば、乙はソレよりも一層宜くして客を呼ばうと斯う云ふので、又或る金貸が利息を下げれば、隣の金貸も割合を安くして店の繁昌を謀ると云ふやうな事で、互に競ひ争ふて、ソレで以てちやんと物価も定まれば金利も極まる、之を名《な》づけて競争と云ふので御座る」「成程、爾《さ》うか、西洋の流儀はキツイものだね」「何もキツイ事はない、ソレで都《すべ》て商売世界の大本《おほもと》が定まるのである」「成程、爾う云へば分らないことはないが、何分ドウモ争ひと云ふ文字が穏かならぬ。是れではドウモ御老中方へ御覧に入れることが出来ない」と、妙な事を云ふ其様子を見るに、経済書中に人間互に相譲るとか云ふやうな文字が見たいのであらう。例へば商売をしながらも忠君愛国、国家の為めには無代価でも売るとか云ふやうな意味が記してあつたらば気に入るであらうが、夫《そ》れは出来ないから「ドウモ争ひと云ふ字が御差支ならば、外に翻訳の致しやうもないから、丸で是れは削りませう」と云て、競争の文字を真黒に消して目録書を渡したことがある。

競争という新しい観念が幕府の御勘定方──「即ち今で申せば大蔵省中の重要の職に居る人」と福沢自身が注記している──にこれだけの衝撃を与えたのである。いまの日本の読者はこの一節を読んで徳川幕府の有力者の固陋《ころう》さ加減を笑うに相違ない。

しかし福沢がアメリカ合衆国で認めた競争原理は、ただ単に商業活動に関するだけのことではなかった。人材登用の面でも合衆国には競争原理が導入されていたからである。勝海舟は、福沢諭吉が木村摂津守《きむらせっつのかみ》の従者として乗りこんだ咸臨丸《かんりんまる》の艦長であったが、サンフランシスコから帰国して閣老から感想を求められ、あたかも目の前の目上の人を嘲るごとく、アメリカでは上位にいる人にはそれだけの能力が備わっています、と答えたと伝えられる。

「後来天下の大勢は、門望と名分に帰せずして、必ず正に帰せん」

とは海舟狂夫と署名した一書にある言葉だが、その同じ建白書の中にはアメリカ合衆国の例が次のように引かれている。

それ政府は、全国を鎮撫《ちんぶ》し、下民を撫育《ぶいく》し、全国を富饒《ふぜう》し、奸《かん》をおさへ、賢《けん》をあげ、国民その向ふところを知り、海外に信を失はず、民を水火の中《うち》に救ふを以て真の政府と称すべし。たとへば華聖《ワシントン》氏の国を建《たつ》るがごとく、天下に大功あつてその職を私《わたくし》せず、静撫宜《せいぶよろ》しきを失はざるは、まことに羨望《せんばう》敬服するに堪《た》へたり。

ワシントンがその職を私せず、というのは、大統領の職が父子相続でもなければ終身職でもないことを言っている。ワシントンだけではない、合衆国政府の各省の上級職員も大統領が代ると同時に代るのだ。甲がこれだけの能力があるといえば、乙はそれよりもさらに一層能力があることを天下に示してその職に就《つ》こうとする。終身雇用《しゅうしんこよう》を良しとする日本人には、このアメリカ流の能力主義の競争流儀は「キツイもの」である。そこまで思いをいたすならば、今日の日本で終身雇用制度の上に安閑としてあぐらをかいている私たちも、徳川幕府の役人を必ずしも笑えなくなるのである。

いま勝海舟の口からワシントンの名前が出たが、福沢も米国建国の英雄にたいへん関心があった。サンフランシスコへ初めて渡った時、彼はふと胸に浮んだ質問をだしてみた。

「今華盛頓《ワシントン》の子孫は如何《どう》なつて居るか？」

すると一米人が云うに、

「華盛頓《ワシントン》の子孫には女がある筈だ。今如何して居るか知らないが、何でも誰かの内室になつて居る容子《ようす》だ」

福沢は相手の冷淡な口調にはっと驚いて悟るところがあった。右の質問はいまなおしばしば繰返される、自国の例に基いて他国を理解しようとする際に生ずる、異文化間の誤解の典型的な場合で、福沢が米国建国の父ワシントンを日本史上で幕府を開いた源頼朝や徳川家康になぞらえ、その子孫は当然しかるべき待遇を受けているに相違ないと類推《るいすい》したことに発した錯誤《さくご》であった。共和国にあってはたとい祖先に大功があろうが、それでもって子孫に特権が賦与《ふよ》されるようなことがあってはならない。福沢はそのアメリカ流儀に感心したのであった。当り前の事だ、血統や族譜のようなものを重んずる国で近代化ができようはずはない、と人はいうかもしれない。しかしひるがえって我が振りを見てみよう。慶應義塾で福沢先生に忠実なる門下の人々は福沢諭吉やその子孫に対してなにか特別な扱いをし、格別の敬意を表してきたのではないだろうか。福沢を歴史的に評価せずにいつまでも福沢先生と呼んできたのではないだろうか。また日本のアメリカ研究は、東京大学においても長い間、特定の家系の家学のような扱いを受けた面があったのではないだろうか。

それは旧来の日本における師弟関係の情誼《じょうぎ》からいえばうるわしい事でもあったろう。しかし本来の福沢精神からいえばやはり道にはずれた事に違いなかったのである。

もっとも偉人の子孫に対する関心は米国でも全くすたれたわけのものでもないらしい。渡辺利雄氏の『フランクリンとアメリカ文学』（研究社）には——あるいは日本人がこの種の系譜に格別の興味を寄せるために表沙汰になったことかもしれないが——ベンジャミン・フランクリンの家系のことが次のように記されている。すなわち男子ウィリアムの家系は途絶えたが、娘のセアラ（結婚してセアラ・ベイチとなった）を通して子孫は現在まで伝わり、その中でセアラの五代目の子孫にあたるロバート・アーウィンは明治時代に来日してイキ・タケチという日本女性と結婚した。そしてこの二人の孫娘アーウィン・ユキコが自伝『フランクリンの果実』（文藝春秋　一九八八）で語るところによれば、アーウィン夫妻は滞日中、明治天皇・皇后に謁見を賜った。渡辺氏は書く。

明治天皇は、フランクリンの子孫ということで、とくに親しみを感じたのであろう。というのは、明治天皇は元田永孚《ながざね》（教育勅語の草案に参与したことで知られる）に命じて『婦女鑑』を書かせ、女官たちを集めてみずから講義したといわれるが、その「巻の四」には「撒拉傍渉」（サラ・ベーチェ）の名前があがっているからである。「サラ・ベーチェはベンジャミン・フランクリンの女なり。父のフランクリンは独立戦争の時、国のために大勲を立し人なりければ、その子も常にこれを見聞して、自ら愛国の義務に当るに慣れけり」として、彼女がかいがいしく戦傷兵の看護にあたったという愛国美談を紹介している。

ここで競争原理に話を戻すと、福沢は前にも述べたように、西洋へ渡って「理学上の事に就ては少しも胆《きも》を潰すと云ふことはなかつた」が、社会上政治上経済上のことについては次々に新発見を重ねて驚嘆《きょうたん》したのである。幕府の重役と違って、商業上の競争が平和裡に行われることは、福沢には最初からわかっていた。しかし政治上の競争ともいうべき民主政治の仕組みについては福沢の頭脳をもってしても合点の行かぬ節が多々あった。英国で「議院とは如何《どん》な役所かと尋ねると、彼方の人は只笑て居る、何を聞くのか分り切つた事だと云ふ様な訳《わけ》」。だがともかく人々は互いに争い競うている。

党派には保守党と自由党と徒党のやうなものがあつて、双方負けず劣らず鎬《しのぎ》を削《けづ》つて争ふて居ると云ふ。何の事だ、太平無事の天下に政治上の喧嘩をして居ると云ふ。サア分らない。……彼《あ》の人と此《こ》の人とは敵だなんと云ふて、同じテーブルで酒を飲で飯を喰て居る。少しも分らない。

これは極東の小国から西洋の大国に来た福沢によるガリヴァー風の見聞記といえるだろう。話を面白くするための誇張もありはしただろうが、一八六二年の傭通詞福沢諭吉にとって議会政治の理解は実際難しかったことと思われる。一八六〇年ワシントンへ赴いた村垣範正もその『航海日記』に米国議会傍聴の見聞を、

およそ四五十人も並居て、その中一人立《たち》て大音声《だいおんじやう》に罵《ののし》り、手真似などして狂人の如し。何か云ひ終りて、また一人立て前の如し。……

例のもゝ引掛筒袖にて、大音に罵るさま、副統領の高き所に居る体《てい》など、わが日本橋の魚市のさまによく似たり……

と記している。福沢がロンドンで受けたと大同小異の印象を受けていたことがわかるのである。

しかし福沢が傑出しているのは、彼が村垣等幕府高官と違って、主体的に社会上政治上経済上の事柄を理

解しようとつとめた点である。理学上の事柄は後で原書で調べればわかると判断した福沢は、本国人には自明であるために字引にも載せていないような事柄について、格別の詮索を行った。そのような福沢の眼のつけどころは断然異彩を放つものであった。

一例を拾うと、すでに芳賀徹氏が『大君《たいくん》の使節《しせつ》』（中公新書）で指摘しているが、鉄道についての諸家の見聞と福沢の見聞との差である。竹内下野守保徳の一行がスエズを経てヨーロッパへ行ったのは一八六二年だが、当時運河はまだ開通していなかった。幕府使節団の一行はスエズで汽車に乗りカイロを経てアレクサンドリアまで行った。福沢もその時生れてはじめて汽車に乗ったのだから、さぞかし興奮したにちがいない。副使従者の市川渡は『尾蠅欧行漫録《びようおうこうまんろく》』に記した。

「……其車数多キニ至テハ凡《およそ》三丁程ニモ続キタルヲ、前車ニ在ル一車ノ蒸気力ニテ千万里外ニ電馳《でんち》セシム。豈驚目駭心《あにきやうもくがいしん》為サザランヤ」

そして早速、数量的・実証的思考を発揮して、

「幅凡ソ二寸弱、高サ六寸弱……」

とレールの寸法まで測って細かに記録した。それは好奇心に満ちた青年武士たちの開明的な進取の気象のあらわれでもあった（それはまた第二次世界大戦後いちはやく渡欧する機会を得た日本の国鉄技師がフランス国鉄に乗った時に示した反応でもあった）。ところが福沢は、パリ到着後も鉄道経営そのものについて取調べを行い、自分たちの乗った鉄道が、カイロ以南はフランス商社に、以北はイギリス商社に経営が分担されている事実を突きとめ、その経営形態そのものに英仏列強の競争と協調という国際場裡における角逐《かくちく》を認識したのである。

福沢の偉大さは当初自然科学に深い関心を寄せた人でありながら、その専門の枠内に留ることをせず、社会のメカニズムそのものを把握しようと視点を動かしたところにある。フランクリンの偉大さも本質的に同

傾向のものであって、彼はフィラデルフィア市の社会組織のいわばエンジニアとして、社会、政治、教育、福祉等の各方面に新工夫を重ねたのである。福沢もその種の工夫を社会問題に応用するという発想を自分自身のものとしていたからこそ、西洋起源の知識を利用しつつ、旅行案内、小学校教科書、貨幣法、簿記法などから始って高次元の政治、思想、教育にいたる多方面で近代日本建設のための具体的な提案を次々と行うことが出来たのである。

その真似と工夫との関係について、福沢は彼自身いろいろ考えめぐらした人であった。『第二文字之教』という明治六年に作った児童用読本の「第三十二教」にこんな面白い例文が並べられている。

工夫　　真似　　狂人　　西洋
縫ふ　　酔ふ　　能はず　　非ず

酒に酔て躍る人は、狂人の真似する者なり。○人力車を引く人は、馬の真似する者なり。○日本の水車は、西洋人の工夫を真似たるものに非ず。○飯をよく炊《た》くは、下女の工夫に在り。○衣服をよく縫ふは、娘の工夫にあり。○蒸気の道具は、西洋人の工夫なり。○文字之教は、福沢の工夫なり。○真似する者は、工夫すること能はず。

民主的な文章家

ここで二人の文章家としての特質を考えてみよう。フランクリンは「文を作ることは立身の上でも、世渡りの上でも大変役に立った」と言い、少年時代の文章修業の秘訣《ひけつ》を語っている。『スペクテーター』から文章を選んで簡単な覚え書を作り、数日後、原文を見ないで、原文になるたけ近い表現を工夫してみた。——

幣原喜重郎《しではらきじゅうろう》はロンドン時代『タイムズ紙』の社説を読んでは、原文を見ないで原文にできるだけ近い文章を書こうとつとめ、それで英文の力を身につけた、といわれるが、幣原の念頭にはフランクリンのこの故事があったのだろう。

フランクリンはまた『天路歴程』の著者バニャンから、地《ち》の文と会話とを混ぜる法を学んだとも語っている。「この方法は読者にとって非常に楽しい書き方で、……読者はいわば知らず知らずのうちに、作中の会話の仲間入りをしたような思いがする」

臨場感を与える巧みさでは『フランクリン自伝』も傑作だが、『福翁自伝』は抜群である。福沢が速記者に口授したから自然にそうなったのだともいえるが、速記原稿は福沢によって綿密に手入れされたという。だとすると福沢は地の文と会話を混ぜる効果を自覚していたことになる。会話が元の口調のままで引かれているから、過去がまざまざと蘇《よみがえ》るのだといえるので、具体的な細部に密着している点が、福沢の語りの強みなのである。

フランクリンが文章家として名を成したについては、彼の印刷屋という職業が大いに関係していた。自伝の冒頭にある、「自分はいままでの生涯を繰返すことに異存はないが、初版の間違いを再版で訂正する便宜《べんぎ》だけは与えて欲しい」という有名なたとえは、印刷屋ならではの発想といえるだろう。

フランクリンは印刷屋が最初で、それが縁で文筆家になった人だが、福沢は文筆家であったから、それが縁で印刷所を開いた人であった。順序こそ逆だが印刷所に関係した点では二人とも同じ体験をわかちあっている。福沢は維新前後『西洋事情』など自著がよく売れるので、自分のための印刷所を設けた方が途中で搾取《さくしゅ》されぬだけ得になると判断して、明治二年、三十四歳の時、彼自身の名義で書物問屋組合に加入し、出版業の自営に着手した。その際、福沢が相手を出し抜く様はなかなか豪儀《ごうぎ》なもので「一身一家経済の由来」の章で、福沢は「私が商売に不案内とは申しながら」と断りつつ、その「一大投機」の思い出を次のように語っている。

ソコデ私の出版物を見ると中々大層なもので、之を人任せにして不利益は分つて居る。書林の奴等に何程の智恵もありはしない、高の知れた町人だ、何でも一切の権力を取揚げて此方のものにして遣らうと説を定《き》めた。定めたは宜いが実は望洋の歎で、少しも取付端《とつきは》がない。第一番の必要と云ふのが職人を集めなければならぬ。今までは書林が中に挟《はさ》まつて居て、一切の職人と云ふ者は著訳者の御直参《おぢきさん》でなくて、向ふ河岸に居るやうなものだから、彼《あ》れを此方《こちら》の直轄にしなければならぬと云ふのが差向きの必要。ソコで私は一策を案じた其次第は、当時明治の初年で余程金もあり、之を掻集《かきあつ》めて千両ばかり出来たから、夫れから数寄屋町の鹿島と云ふ大きな紙問屋に人を遣て、紙の話をして、土佐半紙を百何十俵、代金千両余りの品を即金で一度に買ふことに約束をした。其時に千両の紙と云ふものは実に人の耳目を驚かす。如何なる大書林と雖も、百五十両か二百両の紙を買ふのがヤツトの話で、ソコへ持て来て千両現金、直ぐに渡して遣ると云ふのだから、値も安くする、品物も宜《よ》い物を寄越すに極《きま》つてる。高かつたか安かつたか知らないが、百何十俵の半紙を一時に新銭座に引取て、土蔵一杯積込んで、ソレカラ書林に話して版摺《はんずり》の職人を貸して呉れと云ふことにして、何十人と云ふ大勢の職人を集め、旧同藩の士族二人を監督に置いて仕事をさせて居る中に、職人が朝夕紙の出入《だしい》れをするから、蔵に這入つて其紙を見て大に驚き、大変なものだ、途方もないものだ、此家に製本を始めたが、此くらゐ紙があれば仕事は永続するに違ひないと先づ信仰して、且つ此方では払ひをキリ〳〵して遣ると云ふやうな訳けで、是れが端緒《いとぐち》になつて、職人共は問はず語りに色々な事を皆白状して仕舞ふ。此方の監督者は利いた風をして居るが、其実は全くの素人《しろうと》でありながら、職人に教はるやうなもので、段々巧者になつて、ソレカラ版木師も製本仕立師も次第々々に手に附けて、是れまで書林の為す可き事は都《すべ》て此方の直轄にして、書林には唯出版物の売捌《うりさばき》を命じて手数料を取らせる許りのことにしたのは、是れは著訳社会の大変革でしたが、唯この事ばかりが私の商売を試みた一例です。

『フランクリン自伝』の中には印刷事業経営の苦心が何度も出て来るが、この『福翁自伝』の一節ほどあざやかに事業の手の内をあかした話は出ていない。二人の自伝はともに success story として知られるが、ここにはいかにも成功の秘訣そのものが語られているという印象を受ける。福沢は業務上の秘密をもはや隠す必要もないほどの大成功を収めた人だったのだ。

印刷所を経営した二人は、商業的にも、平明達意の文章でなければ読者に買ってもらえぬことを肌身にしみて知っていた。しかしそうした経営的動機のほかに、フランクリンにも福沢にも、啓蒙家として、明快な文章を書こうとする姿勢があった。それは彼等の思想そのものの中に胚胎《はいたい》していたといってよく、『福沢全集緒言』の中にもその民主的文章家としての苦心のほどは示されている。「山出《やまだし》の下女をして障子越に聞かしむるも、其何の書たるを知る位にあらざれば、余が本意に非ず」。この、老媼に自作の詩を読んで聞かせたという白楽天にも似た工夫、そして少年時から慣れた漢文的表現を改めて俗に従おうとしたその苦心、

例へば「之を知らざるに坐する」或は「此事を誤解したる罪なり」と云へば漢文の句調にて、左まで難文にも非ざれども、態《わざ》と之を改めて「之を知らざるの不調法なり」又「此事を心得違したる不行届なり」と記すが如き、

は『福翁自伝』の文章がなぜ生気に富むか、その文章道の骨法《こつぼう》を示唆《しさ》しているかのようである。

ここでフランクリンとの共通点をいま一つ拾うと、フランクリンも福沢も信心発起の方はすこぶる疑わし

いが、それでいて二人とも宗教家・説教家の文章をよく読んで、その平易でしかも人に訴える文体を学んだ点があげられる。バニャンだけでなくコットン・マザーの『善を為すの論』などもフランクリンに非常な刺戟を与えたといわれるが、真宗蓮如上人の御文章《おふみさま》は福沢が通覧熟読して一時は暗記したものもあった。

ここで二人の文章家としての名声のほども考えてみよう。フランクリンは毎年、暦《こよみ》 *Poor Richard's Almanack* を売って大いにあてた。一七三二年以降二十五年間発行して売行は毎年一万部近い、というのが彼の自慢の種であった。植民時代といわれる一六〇七年から一七七六年まで渡米したヨーロッパ人は約百万といわれている。先妻と後妻に計十七人の子を生ませたフランクリンの父のような多産家庭が多かったにしても、フランクリンが印刷を始めたころのアメリカは、今日のスイスにも及ばぬ人口であったろう。そのことを思うと、この売行はたしかに自慢に値いする数字であった。

しかし数の上で比べると、福沢の『西洋事情』は初編第一版（慶応二年）だけでも十五万部がたちまち売切れ、すぐに海賊版が出まわった。『学問のすゝめ』にいたっては前後三百四十万部が出た。その数にかりに多少の推計上の誤りがあったにせよ、十九世紀日本の民度の高さというか読書人口の数に驚かされるのである。

フランクリンはその『貧福太郎《プーア・リチャード》の暦』を「面白くもあり、為にもなるようにしようと苦心した」。そして暦の余白を勤勉と節倹が富を獲る手段であることを説いた諺風の文句で埋めるのである。フランクリンは一七五八年の暦のためにその諺を集めて一つの筋の通った話をまとめあげた。後に『富に至る道』として知られる文章である。

福沢も『私の利営む可きの道』など彼流の「富に至る道」をしきりと説いた。先にも引いたチェンバレンの福沢評価の文章にも“how...... to acquire such knowledge concerning foreign institutions as could be put to use in money-making”と出ていた（平凡社東洋文庫に収められたチェンバレン『日本事物誌』にはこの

money-making 以下が「造幣のようにすぐ役立つ知識を与えた」と訳されているが「すぐ金儲けの役に立つような知識」と訳すべきではあるまいか)。

そしてフランクリンと福沢の二人の姿は、後者が『童蒙をしへ草』巻一に前者の一連の諺《ことわざ》を日本語の諺に訳しおおせたことによって、形と影のようにぴたりと重なるのである。作者フランクリンの主張が訳者福沢の主張ともなっていたからこそ、この五七五、あるいは五七五七七に訳された諺は人口に膾炙《かいしゃ》し、明治日本人の訓と化し得たのだと思われる。


里茶土《リチヤルド》が諺に云く、不精《ぶしやう》は猶銹《なほさび》の如し、銹て腐るゝは摩《すれ》て耗《へ》るよりも速し。○朝夕に手摩る鍵は光りつゝ。

存《ナガ》らふる時こそ人の命なれ、命をしくば時を棄《すつ》るな。

朝寝する狐は鳥にありつかず。

ねぶたくば飽くまでねぶれ棺の中。

貧乏の走るはいつも速くして不精の歩《あゆみ》追付もせず。○仕事をば追て仕事に追はるゝな。
○早く寝《い》ね早く起れば智恵を増し身は健《すこやか》に家は繁昌。
我身にて我身の為に働くを誰に向て何を願はん。

飢《うゑ》はよく稼《かせぎ》の門を窺《うかが》へど閾《しきゐ》を越て内に這入らず。

勉強は恰も幸を生む母の如し、天は万物を人に与へずして働に与ふる者なり。

今日といふ其今日の日に働て今日の仕事を明日に延すな。

滴《シタヽリ》も絶えねば石に穴をあけ。

点滴石を穿《うが》つ、という諺は「霤《あまだれ》穿《ツ》レ石《ヲ》」に似ている点、一見中国風で、『広辞苑』には出所が明示されぬまま記載されているが、しかしその典拠はどうやらフランクリンの"constant dropping wears away stones"にもあるらしい。東と西の発想が偶然軌《き》を一にした場合といえるだろう。これらの句は本来没趣味の格言であるけれども、福沢の手にかかると、文字が詩味を帯び、主張が精彩を放つ。率直に言って、福沢訳は百年後の岩波文庫訳や研究社訳よりはるかにめでたい訳である。福沢はフランクリン等の諺に共感し、その商業道徳をも含む近代市民社会の道徳を、彼本人の訓として、自分自身の言葉で明治の民衆に差し示したのだ。福沢はまた英語から慶應義塾の標語そのものを訳した。「ペンは剣よりも強し」。私たちは、その信念を良しとする限り、「革命は銃口より生れる」というイデオロギーを奉ずる人々とは相容れないのである。岩城《いわき》準《じゅん》太《た》郎《ろう》は明治三十九年名著『明治文学史』の中で明治の文章を論じ、福沢についてはきわめて適切にチェンバーズを訳した『童蒙をしへ草』の文章を取りあげた。

彼（福沢）は又、英人チャムバーの『モーラル・クラス・ブック』を訳して『童蒙教草』と題し、例の平易自由なる文体を以て童蒙の訓話を記せり。是亦、後の童幼の読み物の所有《あらゆる》種類に採用せられたる文体の嚆矢《かうし》にして、別しては翻訳文の最達意なる者の一なり、固《も》と是れ、教訓書にして文学上の作ならざれば、翻訳文学とは称するを得ずと雖《いへども》、唯其の文章の上より、……頗る尊重を価すべき者となす。彼れの文章は……成功の著しき、彼が思想界に於ける成功に比べて必しも遜色《そんしょく》なし。……彼が明治文学上に有する位置は正に此の点に存す。

徳富《とくとみ》蘇峰《そほう》は、岩城準太郎に先立ち、世間がもっぱら経世家として見た福沢諭吉にいちはやく文学者を認めた一人だが、明治二十三年四月の『国民之友』に『文字の教を読む』という記事を寄せ、福沢の文章家としての特色の一斑《いっぱん》を次のように論じた。

その措辞《そじ》警策《きやうざく》ありて、毎に一種の気魄《きはく》を吐けり。必ずしも名言なるに非ず、必ずしも意味深長なるに非ず、必ずしも靄然《あいぜん》たる仁者の言に非ず、必ずしも滑々なる俗人の言に非ず。ただ云ふに云はれざる一種の警策ありて、尋常の文句も君が口よりすれば、忽ち警語となりて異味を読者に与ふるなり。例せば……「良キ子供ハ書物ヲ買テ読ミ、悪キ男ハ酒ヲ買テ飲ム」とあるが如き、実に好個の警語《エピグラム》と云はざる可からず。而して其の警策を生ずる所以を察するに、明快なるに在り、而して其の明快なるは、一刀直入其要点を穿《うが》つにあり。「約束ヲ違フルコトヲ違約ト云フ。違約ハ虚言ナリ」と云ふが如き、恰《あたか》も指先を目に突き込むが如し。

ところでフランクリンは人が名を好むの欲によって善にも進み、悪にも遠ざかるものであることを心得ていたから、余計な気兼ねをせずに、自分の『暦』がいかほどよく売れたかを『富に至る道』の前口上の中で逸話を添えて打明けた。それによると彼がその著者とは知らぬ人が「プーア・リチャードが言うように」と断って、フランクリンの面前で彼が暦に載せた諺を引く場面に何度も出会した、とのことである。自作の諺が人口に膾炙《かいしや》し、外から著者の耳にはいって来た時、フランクリンの虚栄心はいたく満足したに相違ない。

しかしそのようなことを言い出せば、福沢の無類の成功はなんと評すれば良いのだろう。福沢の名声は新文明を日本に伝える最高権威として津々浦々にひろまった。その結果、西洋に関する新知識の書物は、著者が誰であれ、ひとしなみに「福沢本」と呼ばれるにいたった。鈴木大拙は昭和三十八年、数え年九十四歳の時、上京して神田の古本屋街に寄り、『学問のすゝめ』の古本がなつかしくてたまらずに買った。そしてその本にまつわる回想を書いた。中学にはいったばかりの明治十七、八年、鈴木少年は福沢の『窮理問答』

『世界国尽』『西洋事情』『学問のすゝめ』などを手当り次第に読んだ。そしてまだ汽車も何もない北陸地方で、当時としては必ずしも安くなかったに相違ない、こうした書物を買っておいてくれた父のことを想起する。「父も、新たな知識に対しては、他に劣らぬものがあつた。惜しいことには、その頃は既に死んで居て、親しくその子供たちを教育し得なかつた。『学問のすゝめ』の古本を手にして、感慨無量のものあるを覚える」福沢という無神論者の著書を回想する鈴木大拙のこの一文[5]には一種宗教的な熱気が漂うのである。福沢の書物に感激した人は多い。山本有三の小説『路傍の石』(一九二七年)にも学問修業に燃え立つ貧乏少年吾一が『学問のすゝめ』に知らず知らず引き入れられる様が描かれている。

ここで文化史的な見地から福沢とフランクリンの啓蒙書としての意味と役割を見てみよう。徳川時代の日本は人為的に国を鎖《とざ》していた。その禁が明治維新によって解かれた。一八六八年、いわば水位の高さを異にした二つの湖の間に水路が開かれたのである。その水路の役を果したのが「福沢本」であってみれば、福沢の書物が滔々《とうとう》たる勢いで日本の片田舎にまで及んだとしても不思議ではなかった。その際「福沢本」の呼名が生れる上でいちばん力のあった冊子は『西洋事情』だったに相違ない。西洋文明こそが文明そのものと考えられた明治初年、その泰西事情万般を紹介した書物が日本国民の各層から歓迎されたのは当然といわなければならない。

一方、米国独立直後、フランクリンは「アメリカ事情」ともいうべき『アメリカへ移住しようとする人への情報』を書いた。当時の北米はヨーロッパの一部の人に対しては新天地の魅力も秘めていただろう。しかし文明の水位については、旧大陸の高さを信じて誰しも疑わなかった。北アメリカは新天地でこそあれ、それが文明上の先進国であるとは誰一人考えなかったから、フランクリンのパンフレットの欧州における売行には、福沢の場合と違って、おのずから限度があったと思われるのである。

「資本主義の父」

フランクリンと福沢が共有したさまざまな特性は――少年期の環境に対する反応にせよ、知識人として自立するために重ねた種々の修業にせよ、また社会に訴える最大の手段として磨いた文章の術にせよ――二人がそれぞれ別箇に養いながら、それでいて偶然互いに似通う特性であった。

ところがこれから取りあげる金銭に対する態度については問題が複雑になる。それは前章で『富に至る道』の諺の福沢訳を示した際にもふれたように、福沢の経済思想そのものの中にフランクリン起源の考え方がはいりこんできたからである。それでここでは、

㈠　フランクリンの金銭に対する態度
㈡　『福翁自伝』などにあらわれた私人としての福沢の金銭に対する態度
㈢　『時事新報』などで主張された公人としての福沢の金銭観や資本主義観

に分けて述べることとしたい。㈠のフランクリンの場合は、内発的な価値観がそのままウェーバーが呼ぶところの「資本主義の精神」と化しているのであるから、私人としての金銭に対する態度と公人としての態度を区別して考える必要はないのである。

フランクリンは「アメリカ資本主義の父」と呼ばれる。金銭に関する彼の一連の教訓はドイツの社会学者マクス・ウェーバー（一八六四―一九二〇）によって、「資本主義の精神をほとんど古典的といい得るまでに純粋に包含している」と評され、その見方はアメリカへも逆輸入されて定説と化した。ウェーバーは「プロテスタンティズムの倫理と資本主義の精神」の相関関係を分析するに際して、フランクリンの『若き職人への助言』（一七四八年）等を引用したが、それらの教訓は、自伝に示された彼の行動を集約的に説明する、フランクリンの生活上の原理と目された。その助言はいかにもフランクリンの思想を体現したといえるあの

有名な格言 Time is money で始まる。

　時は金なりということを忘れてはならない。自らの労働により一日十シリング稼げる者が、半日ぶらぶらしたら、その怠けている間にたとい六ペンスしか使わなかったとしても、それだけが出費と考えるべきではない。彼は実際にはさらに五シリングを使った、というかむしろ捨てたのである。

　信用は金なりということを忘れてはならない。……

　金は殖《ふ》えてゆくものだということを忘れてはならない。五シリングを回転させれば六シリングとなり、さらに回転させれば七シリング三ペンスとなり、ついには百ポンドにもなる。子を生む豚を殺す者は、千代の後までもその子孫の豚を殺したことになる。……

　信用を傷つけかねないことはどんな些細《ささい》なことにでも気をつけなければならない。朝の五時から槌《つち》の音を響かせ、夜の八時まだ働いているようなら、金を貸した方は安心してまた半年君に金を貸してくれるだろう。仕事時間中に君が玉突屋、酒屋などで話していたことが知れたら、金を貸した方は翌日にも借金の取立てに現れるだろう。君が朝早くから精出せば、君が借金を気にしていることが世間にわかり、それだけ君の信用も増すのだ。

　君の手もとにある金がすべて自分のものだと考えて、そんな気になって生活してはならない。収入支出の両方をきちんと記帳すること、そうすれば小さな支出も積れば山となること、また何を節約できたか、その先何を節約できるか見当がつくだろう。

　以上は『助言』を適当に抄して掲げたのだが、ウェーバーはその全文のみかさらに『富まんとする者への指針』（一七三六年）からも次の教訓を引いている。

慎重で正直な男だと世間に知られているならば、君は年に六ポンドの金でもって実際は百ポンドの金を運用することができる。

毎日四ペンス無駄遣いする者は年には六ポンド無駄遣いすることになり、それは結局百ポンドの資金を運用しそこなったと同じことになる。それと同様、一日四ペンス相当の時間を無為に過す者は年には百ポンド使う分の特権を失うことになる。五シリング相当の時間を浪費する者は五シリングを丸損したので、その五シリングを水中に投じたのとすこしも違わない。しかも五シリングを失うものは、その五シリングだけでなく、商売にまわして儲けることができたはずの利益もみな失ったのだから、その損失額は老齢にいたるまでには大した額になるだろう。

ダンテは高利貸を地獄の第七の谷に落した。シェイクスピアはユダヤ商人に対する非難を『ヴェネチアの商人』第一幕第三場で、

「この金は、貸してくれるというのなら、友達に貸すとは思うな」

という台詞《せりふ》にこめた。友達相手に石女《うまずめ》の金を貸して、子供を産ませたという例《ためし》があるか、というアントーニオの言葉には、金に金を生せることは不自然だ、という思想がこめられていた。それがいま新大陸では完全に覆《くつが》えされた。

「金はどんどん殖えてゆくものだということを忘れてはならない」

それがフランクリンの訓えであり、その訓えの通り資本主義はアメリカで栄えて行ったのである。

福沢の武家根性

福沢は私人としては金銭をどのように扱った人なのか。『福翁自伝』には「教員金の多少を争ふ」という節があるが、それは今日の組合の賃金闘争とは逆様の図であって、義塾の教員の間で起る争いは、

「僕はコンナに多く取る訳けはない、君の方が少ない」

「イヤ爾うではない、僕は是れで沢山だ」

という辞退のしあいなのであった。福沢はその種の情景に感動する人である。福沢は側から見て、

「ソリヤ又始まつた、大概にして置きなさい、ドウセ足りない金だから宜い加減にして分けて仕舞へ、争ふ程の事でもない」

と毎度笑っていた。

こうした愛すべき情景は、慶應義塾という共同体《ゲマインシャフト》の中で人々が無意識裡に旧来の士族的価値観に従っていたことを示している。生涯を通じて経済活動に専心したことのない福沢は、良かれ悪しかれ「資本主義の精神」の苛酷《かこく》さにさらされる機会に乏しかった。そしてまた一方、日本の読者も今日にいたるまで「一身一家経済の由来」の章に記されたような、福沢の古風な生活態度や習慣を好感をもって眺めてきた。その暮しぶりは一例をあげればこうである。

福沢の母は、頼母子《たのもし》講で掛棄てになって手に入れた金弐朱のことが気になって、十年後諭吉に命じて返済させたような気質《かたぎ》の人だった。「武家《ぶけ》が町人から金を恵まれて夫れを唯貰ふて黙つて居ることは出来ません」。家人にそうした気位があり、しかも幼少の頃から貧乏の味を嘗めつくした福沢は、恐ろしくて借金が出来ない。信用で金を借り、その資本を上手に運用して利潤を生むのが資本主義経済であるとしたら、福沢はその仕組みに参加することを自分自身は拒否した人ということになる。その間の心理を彼はこう述べている。

私は金銭の事を至極大切にするが、商売は……其道理は一通り心得て居る積りだが、自分に手を着けて

売買貸借は何分ウルサクて面倒臭くて遣る気がない。且つむかしの士族書生の気風として、利を貪《むさぼ》るは君子の事に非ずなんと云ふことが脳《あたま》に染込んで、商売は愧《はづ》かしいやうな心持がして、是れも自《おの》づから身に着き纏《まと》ふて居るでせう。

それで、維新後いちはやく「帳合之法《ちやうあひ》」と称して簿記《ぼき》法の本を翻訳しながら、福沢本人は「簿記を見るに面倒なり」という有様であった。学生から預った金も簞笥《たんす》の抽斗《ひきだし》に入れて出し入りするだけで、銀行にも預けない。福沢は生涯人から一度も金を借りたことがない人だったが、金を預けることもまた面倒がったのである。その自分の性癖を「真実封建武士の机の抽斗の会計」と戯画化して呼んでいる。もっとも、積極的に利を博するよう金銭を運用しなかった点を除くなら、福沢はそれ以外のフランクリン的美徳はほとんどすべて身につけていた人であった。例えば倹約について『福翁自伝』には世間から吝嗇《けち》と目されかねぬことも、平然と記している。下谷で雨に降られた時のこと、

和泉橋の側《わき》に辻駕籠《つじかご》が居たから、其駕籠屋に鉄砲洲まで幾らで行くかと聞いたら、三朱だと云ふ。ドウも三朱と云ふ金を出して此駕籠に乗るは無益だ、此方《こつち》は足がある。ソレは乗らぬことにして、其少し先きに下駄屋が見えるから、下駄屋へ寄て下駄一足に傘一本買て両方で二朱余り、三朱出ない。夫れから雪駄《せつた》を懐に入れて、下駄を穿いて傘をさして鉄砲洲まで帰て来た。デ其途中私は独り首肯《うなづ》き、此下駄と傘があれば又役に立つ、駕籠に乗たつて何も後に残るものはない、こんな処が慎しむ可きことだと思たことがありります。マア其位に注意して居たから、外は推して知るべし、一切無駄な金を使つたことがない。

質素、倹約、信用、勤勉、そのどの点を見ても、福沢はフランクリンを知る以前からフランクリンの徳目

に従った男だった。彼は三田の薩摩の邸が焼払われた当日、芝新銭座の有馬の中屋敷四百坪を約束通り三百五十五両で買った。百両にせよと言えば時節柄そうなったであろう物件を、信義を重んじて、口約束通りの額で買ったのである。彼は自分では、

「金銭の損得に心を動かすは卑劣《ひれつ》だ、気が餒《う》ゑると云ふやうな事を思つたものと見えます」

と回顧しているが、しかしそのような昔ながらの武家根性のあるものは、この信用といい約束といい、実は「資本主義の精神」にそのまま合致する徳目でもあったのである。それはピューリタン根性のあるものが「資本主義の精神」に合致したことと似通った現象でもあった。

福沢もまた「時は金なり」と考えていた。それは言い換えると、時の価値を心得ていたから時を無為《むい》に過さなかった、ということになる。しかしそれはさらに言い換えると、その貴重な時間を金銭のために無駄遣いしない、ということにもなる。福沢は蘭学塾の書生として、写本をしさえすれば銭《ぜに》を取ることも出来たが、「大事な修業の身を以て銭の為めに時を費すは勿体ない。吾身の為めには一刻千金の時である」と考えたことが記されている。自伝執筆当時の彼は、慶應の学生が学業に精出すことを強く望む立場にいた。それだけに『福翁自伝』の行間には後進生に対する訓戒がそれとなくこめられていたのだろう。だがそれらを勘案しても、志の高い福沢が一寸《いっすん》の光陰を惜しんで学業に励んだことは疑いようのない事実であった。このように見てくると、福沢個人を目して拝金宗の使徒と呼ぶことはおよそ不可能な事のように思われるのである。

銭《ぜに》の国たるべし

ところが論壇人としての福沢の態度はラディカルに違っていた。それは江戸時代末期、侍の家で育った福沢が日常生活裡に体得した価値観と明らかに異るものである。福沢は『時事新報』を通じて、日本は『銭《ぜに》の国たるべし』『西洋の文明開化は銭に在り』『日本は尚未だ銭の国に非ず』『日本をして銭の国たらしむるに

法あり』『尚商立国論』『富豪の要用』などmoney, money, money……と続く露骨きわまる論を次々と展開したのである。明治十八年四月二十九日に彼は言う、

西洋の文明開化は銭に在り。

殖産は国の本なり。殖産の道開けて衣食足り、衣食足りて礼譲も起り、教育も行届き、学問も進み、発明も多く、兵備も整ひ、国権も張る可しとは、人の常に言ふ所にして相違もなきことなれども、日本人が之を口に言ひながら兎角事実に行はれざるは何ぞや。其原因は様々ならんなれども、我輩《わがはい》の所見を以てするに、我同胞の人々は今日尚銭を軽ろんずるの旧慣を脱せざること其原因の大なるもの丶如し。

福沢はそう述べて、次に西洋（といっても特に米国であるが）で「銭を以て買ふ可らざるものなく、銭即ち無上の権源なるが故に、国民の銭を求るに熱心なるは殆ど其程度を知る可らず」という様を実例を混じえて語っている。そして、士農工商の順で最下位に置かれていた商の地位を高めようとして、フランクリンと似た語調で、金の数字をあげてその尊さを説いた。

斯《かく》の如く少小の時より辛苦して、一銭を得れば其一銭は正身其身に附したる一銭にして、貴きこと譬《たと》へんに物なし。漸く進て一千円の資産となれば、其権力栄誉は五百円の者に倍し、二千円となれば一千円の者に倍し、一万円より十万円又百万千万に至るまで、家に一段の富を増せば身に一段の重きを加へて曾て違ふことあるなし。

福沢は人間の尊卑《そんぴ》を評するのも銭の多寡《たか》をもって標準とすると言い切った、「銭を得ること多きものは尊

くして、寡《すくな》きものは卑し」。福沢の狙いは官尊民卑《かんそんみんぴ》の弊を打破することにあったから、彼は次のような例を掲げた。

例へば政府の書記と為りて二百円の月給を取るものと、会社の書記にて三百円を得る物とを比較すれば、会社の書記の尊きこと三と二との割合にして、世間に対するの声望も亦之に準じて軽重あり。銭の多寡に拘はらず政府の役人は尊くして会社の役人は卑しと云ふことは、日本などに久しく在留したる西洋人には分る可きなれども、其本国人に語るも到底合点し得ざることならん。

福沢はそのように西洋諸国は「今正に銭の世の中」であることを説いたばかりか、自由主義経済に対する無条件の信頼を次のような言葉で表明した。

其殖産の事たるや、特に国のためにする者とては一人もあることなし。徹頭徹尾、自から私のためにして自から利するの目的なれども、一国の公は国民の私の集りたるものなれば、私利集りて公利と為り、家財積て国財と為り、以て、今日其国々の富強を致したるものなり。

そしてさらに次のような嫌味も書き添えた。

之を彼の東洋国人が数千年前の旧教育に耽り、利を後にし銭を軽ろんずるの夢を夢みて、独り自から得々たる者に比すれば、同年の談に非ざるなり。

フランクリンの訓えはポレミークではない。『富に至る道』にしても『若き職人への助言』にしても『富まんとする者への指針』にしても、個人々々へ宛てた実際的な忠告であって、世間一般の価値観の逆転をはかったものではない。それに反して福沢は武家的価値観を破壊して、新しいブルジョワジーの価値観を日本社会の前面へ押出そうとしたのである。福沢は東洋的価値観の一つである「清貧」をも叩いた。『日本は尚未だ銭の国に非ず』の中で彼は古人の碑文にある決り文句、

「何々先生何々公多福、子孫合して幾人、其生前清貧洗《せいひんあら》ふが如くにして晏如《あんじょ》たり、死する時家に儋石《たんせき》の貯《たくはへ》なし」

を取りあげて（儋石は僅かの意）、

「此文句をして真実ならしめなば、本人の死後即日より多勢の家族は何を以て生活したるや、必ず他人の扶助を被り他人の労力を貪《むさ》ぼりたることとならん。我輩の服せざる所なり」

とも述べた。人間本心ではそうではないのであろうが、「日本の気風に於ては銭なきを愧《は》ぢざるのみならず、却て貧乏を栄とする事実」を福沢は攻撃したのである。彼は東洋的虚飾を引き剝がそうとしたのであった。

福沢はさらに慶應義塾から夥しい数の実業家を世に送り出すことで、その自説を実行に移した。福沢は塾生に向い、「学問に志して業を了りたらばその身そのまゝ即身実業の人たるべし」と勧告したのである。それは帝国大学法学部が数多の官僚を生み出したことと恰好の対照をなしていた。福沢はイデオローグとしても教育者としても「日本資本主義の父」となったのである。彼は「文明を買ふには銭を要す」とも主張した。福沢が三井に送りこんでその改革に敏腕を揮わせた中上川《なかみがわ》彦次郎は、彼が実子同様に愛した甥であった。その彦次郎が次々と採用した慶應出身者が三井財閥を育てていったのである。朝吹英二（鐘紡）、津田興二（三井銀行・富岡製糸所）、鈴木梅四郎（三井銀行）、藤山雷太（三井銀行・大日本製糖）、和田豊治（三井銀行・富士紡）、武藤山治（三井銀行・鐘紡）、池田成彬（三井銀行）、藤原銀次郎（三井銀行・王子製紙）

……それはフランクリンも作ったことのない壮観な人脈であり、一つの閥であった。

福沢の「拝金宗」

世間はこのような「拝金宗」の福沢を憎んだ。内村鑑三は明治三十年四月二十七日『万朝報』に『福沢諭吉翁』なる記事を寄せた。

天下彼の功労に眩惑《げんわく》せられて未だ彼の我邦《わがくに》に流布《るふ》せし害毒を認めず。金銭是れ実権なりといふは彼の福音なり。彼に依て拝金宗は耻《はづ》かしからざる宗教となれり。彼に依て徳義は利益の方便としてのみ貴重なるに至れり。武士根性は善となく悪となく悉く《ことごと》愚弄排斥《ぐろうはいせき》せられたり、彼は財産を作れり、彼の弟子も財産を作れり、彼は財神に祭壇を築けり、而して財神は彼を恵めり。

遠慮なく利慾を嗜みし者は薩人と長人となり。利慾を学理的に伝播《でんぱ》せし者は福沢翁なり、日本人は福沢翁の学理的批准《サンクション》を得て良心の譴責《けんせき》なしに利慾に沈淪《ちんりん》するに至れり、薩長政府の害毒は一革命を以て洗滌《せんでう》し去るを得ん。福沢翁の流布せし害毒に至ては精神的大革命を施すに非ずんば日本人の心底より排除し能《あたは》ざらむ。

その当時東京遊学を熱望して前途を夢みていた岡山の青年正宗白鳥《まさむねはくちょう》は、雑誌・新聞・刊行物によって上級学校のイメージを作っていた。「ところで、私は慶應義塾は好まなかつた」。民友社の刊行物や内村鑑三の著書によって趣味や思想を培養されていた正宗には、

慶應義塾は俗物養成所のやうに思はれてゐた。そこの学生は前垂を掛けて学校へ通つてゐるといふ噂を

聞いて、それだけでも義塾の学風は侮蔑《ぶべつ》に価ひしてゐると思つてゐた。

上京して早稲田に入り、内村鑑三の文学及び宗教の講演を一回も欠かさず聴講した正宗は、福沢の十二使徒の一人ともいうべき高橋義雄という人物の著書『拝金宗入門』を見せられて、「私はこれによつて教祖福沢翁の心の影を見てゐた」。The money is mightier than the sword. と巻頭に記されたその本は金銭の尊ぶべきことを分り易く説明した本であった。また岡山の、

山間の私塾にゐた時分に、上級生に抜群の秀才があつた。教師に代つて後進に漢籍の講義をも、英書の訳読をもしてゐたが、つひに学資の工面をつけて東京留学の途に就いた。その噂を聞いた時に、私は「あの男は、東京で学問したら、将来えらい学者になるであらう」と大なる望を掛けた。その男は慶應義塾に入学したのであつたが、私が上京後何年か経つて聞いたところによると、義塾を卒業すると兜町の株屋の店員になつて間もなく病気になつて死んだのであつた。「福沢翁の感化を受けて拝金宗になつて、柄《がら》にない相場師なんかになつたのがいけないのだ」と、私は断定して、ますく〱義塾の学風に反感を抱くやうになつてゐた。

世間の噂を聞き内村の記事を読む多感の青年なら、福沢とその慶應義塾に反感を抱くのは当然だろう。だがここで興味深い事は、正宗が右の一連のエピソードを引いたのは、彼が青年時代内村等によって吹きこまれた福沢像とは違って、『福翁自伝』の福沢は「あくまでも人間らしい人間である」という感嘆を語るための前置きだったということである。「あの時世に生れながら、のびやかな世界人たる面影を、福沢翁は具《そな》へてゐた」

この『福沢翁自伝読後感』は昭和十年四月の『文芸』に発表されたが、正宗白鳥は引続き六月の『中央公論』にも福沢の文章を論じた長文を寄せた。白鳥は福沢の文章が、明治初年の他の識者と呼ばれた人々の文章と違って、古びることのない魅力に驚嘆《きょうたん》したのである。「旧習を脱却《だっきゃく》して直ちに事物の真相を見てゐる点では、世にも稀《ま》れなる人であつたと、私は今になつて感じてゐる」

正宗白鳥は若い時の自分が福沢に対して誤った偏見を抱いていたことを五十代も半ばになって悟ったのである。内村は明治二十六年『基督信徒の慰』の中で、福沢のいわゆる楠公権助《ごんすけ》論を否定し、楠木正成の忠死が後世にいたって勤皇思想を呼び興したことを強調して、「一楠氏死して、慶応明治の維新に百千の楠公起れり。楠公は実に七度人間に生れて、国賊を滅せり。楠公は失敗せざりしなり」と断じた。その内村の『基督信徒の慰』は青年時代の白鳥の愛読書でもあった。ところが昭和十年になって初めて福沢の一連の著作を読み始めた白鳥は、福沢の行動、言説、感想がいかにも清新なことに驚かされるのである。やや長きにわたるが『文章論』と題された白鳥のこの『中央公論』の文章を引かせていただく。

> 時に感じては花にも涙を濺《そそ》ぐのを常例とした支那の大詩人杜甫《とほ》は、……諸葛孔明《しょかつこうめい》の祠堂に詣でて、「丞相の祠堂何れの処にか尋ねん。錦官城外柏森森《はくしんしん》。……師《いくさ》を出して未だ捷《か》たず、身先づ死す。長く英雄をして涙襟《きん》に満たしむ」云々と詠じ、漢詩特有の対句、「階に映ずる碧草」「葉を隔つる黄鸝《くわうり》」などを、真中に挿入して、格調を整へ、過去の英雄を追懐《ついくわい》して涙を流した。有名な七言律詩である。
>
> 「権助が主人の使に行き、一両の金を落して途方に暮れ、旦那へ申訳なしとて思案を定め、並木の枝にふんどしを掛けて首を縊《くく》るの例は、世に珍らしからず。今この義僕が自から死を決する時の心を酌んで、其情実を察すれば亦《また》憐むべきに非ずや。使に出でて未だ返らず、身先づ死す。長く英雄をして涙を襟に満たしむべし。主人の委託を受けて自ら任じたる一両の金を失ひ、君臣の分を尽すに一死を以てするは、古

今の忠臣義士に対して毫《がう》も恥づることなし。其誠忠は日月と共に輝《かがや》き、其功名は天地と共に永かるべき筈なるに、世人皆薄情にしてこの権助《ごんすけ》を軽蔑《けいべつ》し、碑の銘を作つて其功業を称する者もなく、宮殿を建てて祭る者もなきは何ぞや」云々は、福沢諭吉が明治の初年に出版した『学問のすゝめ』のうちの一節である。「権助首縊り説」として当時世を騒がせたものであるさうだが、杜甫《とほ》の名詩の詞句がここに活用されたところに、ユーモアがあり、皮肉があり、諷刺があるのではないか。支那思想支那趣味を極度に排斥《はいせき》してゐた当時の福沢の面目が、かういふ隠約の間にも却つてよく察せられるのである。「人皆云はん、権助の死は僅かに一両のためにして、其事の次第甚だ些細なりと。然りと雖ども事の軽重は、金高の大小、人数の多少を以て論ず可らず。世の文明に益あると否とに由て其軽重を定む可きものなり」と云つてゐるが、明治の初年に「文明」といふ文字の有つてゐた魅力は、我々の想像し得られないほどに強かつたらしく、すべてを「文明主義」から割出して説を述べた福沢の著書が、非常の勢ひで世に迎へられたのであつたが、私は今日はじめてそれ等の書物を読んで、さして陳腐鈍昧《ちんぷどんまい》幼稚浮浅の感じのしないのを、案外に思つてゐる。

正宗白鳥は有名な『内村鑑三』論の第七章結論の部分で内村と福沢とどちらが「本当に頭の新らしい」人であったかと問うて、ためらうことなく福沢に軍配をあげている。『教育勅語』に反対し、日露戦争に反対した内村、「彼は福沢ほども、時代に対する精神的反逆者ではなかった。彼には、俗人福沢ほども思想の新らしさはなかつた」。佐伯彰一氏は『日本人の自伝』で、白鳥のこの福沢評価は「いわば一種の当て馬であり、内村に物言いをつけるための便利なきっ掛けというにすぎない」のではないかと疑問を呈した。しかしそれは佐伯氏が白鳥の福沢観全体を十分検討していなかったために生じたところの疑問であって、白鳥の福沢評価は決して内村における「甚しい古さ」に一矢《いっし》を酬いるための便宜上の比較だけではなかったのである。

白鳥が、

「内村だけではない、あの頃の日本の秀才には、その頭脳の半面に甚しい古さが潜んでゐる。鷗外然り、漱石然り、本当に頭の新らしかつた人と云ふと、それより一時代前の福沢諭吉たつた一人であつたやうだ」と言ったのはやはり本気だったのである。さもなければあの誇張することのおよそ少い白鳥が「世にも稀れなる人」などという最上級の敬意を福沢に寄せるはずがないではないか。英訳本でもって『福翁自伝』に初めて接した白鳥は、自分が過去四十年来、内村の言説によって惑わされていたことを痛感したに相違ない。だが世間では「福沢の拝金宗」「町人諭吉」に類した非難が実にさまざまな人士によって繰返し唱えられた。福沢という存在は日本ではあるいは文人や三文文士によって、あるいは軍人や修身教師によって、もっぱら敵視されてきたのである。

明治三十四年二月、福沢が亡くなった時、雑誌『太陽』は「福沢先生哀悼録」を特輯した。日本では普通、有名人が逝去《せいきょ》した時は弔慰を表しこそすれ、批判めいた言辞はその場では謹しむものである。しかし大町桂月《おおまちけいげつ》は一面では哀悼《あいとう》の意を表しつつも他面でははっきりとこう述べた。

> 明治の初より既に富といふことに注目し、爵位よりも、虚名よりも、金が第一と喝破《かっぱ》し、個人を富まし、社会を富まさむとつとめたりしは、時務《じむ》を知れるものと云ふべけれども、其弊黄金崇拝を醸《かも》し、銅臭社会に満ち、廉潔《れんけつ》の風地を払ふに至りぬ。翁亦其責なしと云ふべからず。

今日の豊かな物質主義的な経済大国日本で、福沢に向けてこの種の非難を発する人の数はよほど減ったように思われるが、戦前の貧しくて精神主義的な日本では福沢の評判は甚だ芳しくなかったのである。三宅雪嶺の『同時代史《どうじだいし》』第三巻二四六頁は福沢の死を報じて次のような寸評を加えている。

福沢は学才あれど、読書より知識を活用するに長じ、官立学校の整ふまで、全国第一の学校たる観を呈す。権力に対して頗る強硬、金力に対して然らず、或は学商と呼ばる。

明治初年のフランクリン熱

日本における後年の二人の運命を語るに先立ち、ここで明治初年におけるフランクリンの受容について一言ふれておきたい。明治維新直後の日本で福沢の『西洋事情』についでもっともよく売れた書物は、中村正直が明治三年に訳した『西国立志編』（原名「自助論《セルフ・ヘルプ》」）であった。著者はサミュエル・スマイルズで、十九世紀英国における最大のフランクリン主義者であった。

人……後来《こうらい》ノ福祉安寧《ふくしあんねい》ヲ望マバ、各自一箇ノ人、タヾ自己ニノミ依頼スベシ。詳《つまび》カニコレヲ言ヘバ、自己ノ勤勉ナル自修《じしう》ノ力、及ビ自己ノ定ムル規法、及ビ自《みづか》ラ検束スル行事《かうじ》ニ依頼スベシ。就中《なかんづく》ソノ最要ナルモノハ、人タルモノ、各々《おのおの》ソノ職分ヲ尽スニ、正直誠実ナルベシ。コレ実ニ男子品行ノ尊栄《そんえい》ナルモノナリ。

この第一版（一八五九年）の序の言葉はフランクリンの勤労倫理をそのまま説いたものである。

天ハ自《みづか》ラ助クルモノヲ助ク（Heaven helps those who help themselves）ト云ヘル諺《ことわざ》ハ、確然経験《かくぜんけいけん》シタル格言ナリ、僅《わづか》ニ一句ノ中《うち》ニ、歴《あまね》ク人事成敗《じんじせいばい》ノ実験ヲ包蔵セリ。

スマイルズが巻頭に引いた右の諺はフランクリンが『暦』で貧福太郎《プーア・リチャード》に言わせたものである。正確にはフランクリンは、

神ハ自ラ助クルモノヲ助ク（God helps them that help themselves）

と言った。それが百余年の間に語句が僅かに変ったのである。フランクリンにとって「神」は人格神である必要はなかった。世間もそれを感得していたから、理神論的なGodは容易にHeavenに置き換えられたのであろう。それは英米人にとってはさしたる意味を持たぬ変化であったろうが、しかし実にこの一語の違いがあったために、スマイルズの『西国立志編』は明治日本で前後百万部を越す一大ベストセラーに化し得たのだという点は特記しなければならない。デウスやGodになお惧《おそ》れや反感を抱いていた明治初年の読者は「天ハ自ラ助クルモノヲ助ク」の訳文に接し、その「天」にキリスト教の神でなく、儒教的な含意《がんい》を感じたからである。その際、日本人にとって「天」とは西郷隆盛も口にした「敬天愛人《けいてんあいじん》」の「天」と同義語なのであった。

スマイルズはこの書物の中で尊敬するフランクリンの逸事を再三引いた。まず科学者として、

フランクリン、電《いなづま》ト、エレクトリシティノ同一ナルコトヲ、始メテ発明シタル時、世人ニ笑ハレタリ。コノ発明、何ノ用ヲ為《な》スヤト問ヒケレバ、フランクリン対《こた》ヘテ「小児ハ何ノ用ヲモ為スマジ。然レドモ後ニハ大人ト成ルナリ」ト答ヘシトナリ。

また信用の置ける人物として、

フランクリンハ、亜米利加《アメリカ》ノ慷慨《かうがい》義烈ノ士ニシテ、亦タ理学者ナリ。崇高ノ職ニ居リ、国ニ勲労アリシ

ガ、常ニ自ラソノ功績ヲ成シタルコトヲ、才能智弁ニ帰セズシテ、ソノ品行ノ信実ナルコトニ帰セリ。故ニソノ言ニ曰ク、「予タヾ品行信実ナルヲ以テ、吾ガ国人ニ重ンゼラレタリ。予言語拙悪ニシテ、一句ヲ道出《いひだ》スニモ、多少ノ揀択《れんたく》ヲ費ヤセリ。然レドモ吾ガ志願スルトコロノモノハ、常ニ能ク行ハル、コトヲ得タリ」ト云ヘリ。蓋《けだ》シ品行能ク他人ノ信任ヲ得ルコト、尊卑上下ノ別アラズ……

そしてフランクリンの『自叙伝』そのものの価値について、

フランクリン、少年ノ時、亜米利加《アメリカ》有名ナル上帝道士コットン・マザアノ *Essays To Do Good*（作《なす》レ善《を》文）即チ自《みづか》ラソノ生平ノ事ヲ録セル書ヲ読ミシコト、後来卓犖《たくらく》ノ傑タル基礎トハナレリ。サミュール・ドリウハ、ソノ一生、職事ニ勉強スルコト、慣フテ性トナリタルハ、フランクリンノ著述ニ遺《のこ》セル儀範ヲ師トシテ学ビシニ由レリ、ト云ヘリ。カクマザアヨリフランクリンニ伝ハリ、フランクリンヨリドリウニ伝ハルガ如ク、好儀範ノ将来ニ伝ハルコト、何ゾ底極《いたりきは》マルトコロアランヤ。コノ故ニ書ヲ読ムハ、友ヲ取ルガ如シ。ソノ極善ナルモノヲ択《えら》ンデ、コレト親熟シ、ソノ中ニ含ミタル嘉言偉績ヲ師法トシ、コレニ跂及《ききふ》センコトヲ期スベキナリ。

フランクリン等の先人の教訓に学んで、秀れた模範に追いつくよう企てるべきだ。そうスマイルズに言われ、そう中村正直から諭された時、明治の青年がフランクリンの『自叙伝』に飛びついたのは当然の成行きだった。しかもその中には「十二の徳目」という「儀範」がフランクリン自身の手で書き出されていたのである。

ところで明治の時代の面白さを強く感じさせる一逸話は明治天皇のお妃《きさき》であった美子《はるこ》皇后が、そのフランクリンの徳目をもとに和歌を詠まれていたことであろう。それは『昭憲皇太后御集』のはじめに並んでいる「明治九年、弗蘭克林《フランクリン》の十二徳によませたまへる」歌十二首である。いまフランクリンの徳目がどのようにして若き日の美子皇后のお歌と化したのか、その間の経緯をあらためて説明しよう。

美子《はるこ》皇后には洋学や洋書についての御歌がいくつかある。「文明開化」をうたった三十一文字《みそひともじ》も多い。しかしだいぶ後の明治三十二年の御歌には、

洋書
外国《とつくに》にまじらひながら横文字のふみもまなばで年たけにけり

と残念の気持を洩していらっしゃる。聡明な美子皇后は横文字の書物をお読みになりたかったのだが、しかしついに英語は御上達にならずに終った。皇后は御自分で Franklin : *The Autobiography* をお読みになったのではない。若い皇后にフランクリンの徳目について講義したのは、洋学者ではなく意外にも年老いた儒者の元田永孚《もとだながざね》（一八一八―一八九一）なのであった。

元田永孚（号は東野）といえば、教育勅語《きょういくちょくご》の草案者ということもあって、戦後の日本史学界ではどちらかといえば反動視されてきた人物ではあるまいか。しかし熊本細川藩出身のこの儒者がフランクリンを尊重した気持は、私にはわかるような気がする。それは儒者の中村正直がスマイルズを尊重した気持とほぼ同質のものだったからにちがいないからである。スマイルズという十九世紀スコットランド人がフランクリンという十八世紀アメリカ人をいかに尊敬していたかについてはすでに見た。その原名『自助論《セルフ・ヘルプ》』こと『西国立志編』を愛読した人たちは、洋学者であろうと漢学者であろうと、その中で西洋立志伝中の人として描かれているフランクリンをも当然偉人視したに相違ないからである。

侍講の元田永孚もそのような一人であった。明治八、九年、元田は当時まだ二十四、五歳であった美子皇后に向けてフランクリンについて御進講したことは『元田先生進講録』（民友社刊）に、

弗蘭克林《フランクリン》ハ徳行ヲ好ミ、嘗《かつ》テ十二ノ徳ヲ撰ビ、壁ニ書シテ自誡ス。

と出ている。いまその Virtues を参考までにまず英文から引用しよう。フランクリンの十八世紀の英語には多少古風な綴りもまじっている。

1. Temperance. ——Eat not to dullness; drink not to elevation.
2. Silence. ——Speak not but what may benefit others or yourself; avoid trifling conversation.
3. Order. ——Let all your things have their places; let each part of your business have its time.
4. Resolution. ——Resolve to perform what you ought; perform without fail what you resolve.
5. Frugality. ——Make no expense but to do good to others or yourself; *i, e.*, waste nothing.
6. Industry. ——Lose no time; be always employ'd in something useful; cut off all unnecessary actions.
7. Sincerity. ——Use no hurtful deceit; think innocently and justly, and, if you speak, speak accordingly.
8. Justice. ——Wrong none by doing injuries, or omitting the benefits that are your duty.
9. Moderation ——Avoid extremes; forbear resenting injuries so much as you think they deserve.
10. Cleanliness. ——Tolerate no uncleanliness in body, cloaths, or habitation.
11. Tranquillity. ——Be not disturbed at trifles, or at accidents common or unavoidable.
12. Chastity. ——Rarely use venery but for health or offspring, never to dulness, weakness, or the injury of your

own or another's peace or reputation.

13. HUMILITY. —— Imitate Jesus and Socrates.

岩波文庫本（松本・西川訳）によって日本訳を掲げると、

第一　節制　飽くほど食うなかれ。酔うまで飲むなかれ。

第二　沈黙　自他に益なきことを語るなかれ。駄弁《だべん》を弄《ろう》するなかれ。

第三　規律　物はすべて所を定めて置くべし。仕事はすべて時を定めてなすべし。

第四　決断　なすべきことをなさんと決心すべし。決心したることは必ず実行すべし。

第五　節約　自他に益なきことに金銭を費《ついや》すなかれ。すなわち、浪費するなかれ。

第六　勤勉　時間を空費するなかれ。つねに何か益あることに従うべし。無用の行いはすべて断《た》つべし。

第七　誠実　詐《いつわ》りを用いて人を害するなかれ。心事は無邪気に公正に保《たも》つべし。口に出だすこともまた然《しか》るべし。

第八　正義　他人の利益を傷つけ、あるいは与うべきを与えずして人に損害を及ぼすべからず。

第九　中庸《ちゅうよう》　極端《きょくたん》を避くべし。たとえ不法を受け、憤《いきどお》りに値すと思うとも、激怒《げきど》を慎《つつし》むべし。

第十　清潔　身体、衣服、住居に不潔を黙認すべからず。

第十一　平静《へいせい》　小事、日常《にちじょう》茶飯事《さはんじ》、または避けがたき出来事に平静を失うなかれ。

第十二　純潔　性交はもっぱら健康ないし子孫のためにのみ行い、これに耽りて頭脳を鈍らせ、身体を弱め、または自他の平安ないし信用を傷つけるがごときことあるべからず。

第十三　謙譲《けんじょう》　イエスおよびソクラテスに見習うべし。

元田永孚が具体的にどのように講義したのか、いかなる解釈を施したのかその詳細はわからない。ただ元田の東野先生詩鈔に、

臣侍講シテコレニ及ブ。皇后コレヲ愛《め》デテ、親シク国詩ヲ製シテ以テコレヲ賜フ。

と出ている。若くて才気煥発の美子《はるこ》皇后はその講義を喜ばれて、フランクリンの修身の徳目を御自分から「国詩」、すなわち和歌にされて、それを師の元田に示されたというのである。いま右の徳目の順に皇后の御歌を掲げる。

節　制
花の春もみぢの秋のさかづきもほどほどにこそくままほしけれ

沈　黙
すぎたるは及ばざりけりかりそめの言葉もあだにちらさざらなむ

順　序
おくふかき道もきはめむものごとの本末をだにたがへざりせば

確　志
人ごころかからましかば白玉のまたまは火にもやかれざりけり

節　倹
呉竹のほどよきふしをたがへずば末葉の露もみだれざらまし

勤　労

みがかずば玉の光はいでざらむ人のこころもかくこそあるらし

誠　実

とりどりにつくるかざしの花もあれどにほふこころのうるはしきかな

公　義

国民《くにたみ》をすくはむ道も近きよりおし及ぼさむ遠きさかひに

温　和

みだるべきをりをばおきて花桜まづゑむほどをならひてしがな

清　潔

しろたへの衣のちりは払へどもうきは心のくもりなりけり

寧　静

いかさまに身はくだくともむらぎもの心はゆたにあるべかりけり

謙　遜

高山のかげをうつしてゆく水の低きにつくを心ともがな

金剛石も磨かずば

教訓歌というジャンルそのものにたいする価値評価はくだすまい。ここではフランクリンの徳目を和歌によみかえた美子《はるこ》皇后（昭憲皇太后）の才気煥発ぶりに注目しよう。

第一の「だるくなるほど食うな、はめをはずすほど飲むな」というアメリカ人の「節制」についての説教が日本の皇后の手にかかると「花の春もみぢの秋のさかづきも」という季節や風物のはいったみやびな歌となった。皇后の「すぎたるは及ばざりけりかりそめの言葉もあだにちらさざらなむ」という「沈黙」の徳の歌も、翻案として正確でありかつ立派だと思う。皇后という人の上に立つ身分の方の心構えもおのずと示されているようだ。ところで皇后から「弗蘭克林《フランクリン》の十二徳をよませたまへる」歌を賜った六十近い儒者の侍講、元田永孚は師として感激し光栄に思った。それで「臣スナハチ十二絶句ヲ賦シテ、恭々シク奉和ス」。漢学者の元田は十二徳に十二の七言絶句を賦して皇后の和歌に和し奉ったのである。しかし皇后のお歌の後で元田の漢詩を読むと、師であるこの漢学者の七言絶句の方がフランクリンの趣旨から離れて、月並みな説教に化していることに気づかれる。

沈　黙

厭㆑聞㆔喋喋説㆓文明㆒　喋喋と文明を説くを聞くを厭ふ、
不㆑若沈潜先養㆑誠　しかず沈潜して先づ誠を養はんに。
桃李無㆑言何減㆑色　桃李もの言ふなきも何ぞ色を減ぜん、
満蹊光彩簇㆓人行㆒　満蹊の光彩に人行むらがる。

これは儒者元田の文明開化の軽佻《けいちょう》浮薄《ふはく》に対する反撥をこめた七絶だろう。しかしそれにしても漢語表現が陳腐《ちんぷ》に過ぎはしまいか。

儒教倫理との対比において考えるとフランクリンなどの功利主義的な清教徒の倫理の特徴は、むやみに義憤を発さない点にあった。それは第九の（岩波文庫本にはなんと孔子の言葉を借りて「中庸」と訳されている）MODERATION の考え方にもはっきり示されている。フランクリンの発想の基盤は最小の労力で最大の効果をあげようとする合理的・実利的な考え方である。それだからこそ「極端をさけよ。かえりみて自分に正義があると思うとも、激怒を慎しむべし」というモデレートな考え方になるのだ。その訓えを美子皇后はいかにも日本婦人の優しさと智恵を生かして三十一文字《みそひと》にやわらげたが、この歌をよむと、気難しい夫を上手にあやす、自分をぐっと抑えた、日本婦人の表情が私の眼前には浮ぶのである。

温和

みだるべきをりをばおきて花桜まづゑむほどをならひてしがな

フランクリンの徳目が妥協が大切な政治家や実業家の訓えだとするなら、「花桜」という言葉がいかにも利いているこの歌は大和撫子《なでしこ》の心根といおうか Japanese womanhood がよくあらわれた、みやびな歌だと思う。

このように比べてゆくとフランクリンの十二徳が美子皇后の手で和歌になる時、文化変容をおこしていることに気づかれてくる。それはフランクリンが実際に自分の体を使う人であったのに対して、美子皇后が非労働者階級の、いわゆる雲居の庭のやんごとない方であったために生じた差違《さい》であったかもしれない。たとえば「清潔」という徳目はフランクリンにとっては「身体、衣服、住居に不潔を黙認すべからず」という大学の寮内や駅の構内に実際に貼り出してもいいような標語だった。それに対して美子皇后にとっては「しろたへの衣のちりは払へどもうきは心のくもりなりけり」というように「心の清潔」の方が関心を惹いたのである。「心」という言葉の使用回数が多いのは（十二の歌の中で六回）美子皇后の御歌の特色だが、しかしそれは階級的立場の違いというより、和歌という詩的伝統がもともと心と結びつくものであり、皇后の周辺の倫理的雰囲気がなにかといえば問題を心へ結びつけたからだろう。同じことは第六の勤勉の徳目についてもいえる。Industry は、フランクリンにとっては「時間を空費するなかれ。つねに何か益あることに従うべし」という〈Time is money.〉「時は金なり」という考えに直結する、ラショナルな現実の世界で戦う人の行動規範だった。それが日本の皇后様のお手にかかると人格陶冶《じんかくとうや》の心の問題を第一義とする教訓歌に変った。

勤　労

みがかずば玉の光はいでざらむ人のこころもかくこそあるらし

そして美子皇后はその歌に手を入れて次のような一首も詠まれた。

みがかずば玉も鏡も何かせむまなびの道もかくこそありけれ

そしてこの御歌を明治九年二月、先にその開校式に行啓した「東京女子師範学校にくだしたまふ」たのだった。

ここまで述べると、戦前・戦中に育った読者にはぴんとくる歌があるだろう。それは「金剛石」の小学唱歌である。明治二十年、美子皇后のお歌は奥好義《よしいさ》の作曲にあわせて敷衍《ふえん》され、やがて日本国中津々浦々に愛唱された。

金剛石も　　　　みがかずば
珠《たま》のひかりは　　そはざらむ
人もまなびて　　のちにこそ
まことの徳は　　あらはるれ

時計のはりの　　たえまなく
めぐるがごとく　時のまの
日かげをしみて　はげみなば
いかなるわざか　ならざらむ

こうして「勤勉」の徳目（「光陰ヲ無益ニ過スコトナク常ニ必ズ有益ノ事ヲ勉ム可シ」――後述の箕作麟祥訳）は日本化された。この「時計のはりの　たえまなく」という小学唱歌ほど見事にフランクリン風の市民道徳をアジアの国に広めたものは他になかったのではあるまいか。明治日本におけるフランクリン道徳の宣布には先の『童蒙をしへ草』や『西国立志編』とならんで年若い歌人皇后美子《はるこ》陛下のお歌も貢献するところがまことに多大だったのである。

皇后がフランクリンへ寄せる思いはその後も長く引き続いた。明治二十二年、宮中にはじめて電気が引かれ電灯にあかりがともされた時、皇后は文明開化を祝して次のような歌をよまれた。

いなづまの光をかりしともしびによるもさやけき宮のうちかな

明治末年『世界偉人伝』を著してフランクリンを紹介した福田琴月は、明治初年を回顧して、

電光一閃暗を衝いて眼を射す時悠々たる一洋人の紙鳶を飛揚せしむる図は、予輩幼時より脳底に印して忘れざる処、

と語っている。皇后美子の脳裏にも当時の理科教科書の挿絵は深く印象されていたのであった。

女

ところで明治皇后がフランクリンの修身箇条を和歌に移されたについては多少きわどい余談がある。それはフランクリンの徳目が十三あるのに皇后の御歌が十二しかなく、「純潔」CHASTITY が抜かれていたからである。それはその徳目の内容が露骨で皇后が歌にするにしてはさしさわりがあったからというよりも、侍講元田永孚とともに読まれた日本語訳そのものに「純潔」の徳目が略されていたためでないかと思われる。二人が読んだ書物はフランス人ボンヌ作箕作麟祥訳『泰西勧善訓蒙』であったらしいが、その第二百十八章「徳ニ進ムノ法〇フランクリン教誨」には十二徳しか示されていなかったのである。『フランクリン自伝』の本邦初訳は明治二十年、御手洗《みたらい》正和訳『名華之余薫』であったが、御手洗もフランクリンの「純潔」の徳目を訳しかねた。それは彼が次の英文を理解できなかったからではない。

CHASTITY. ――― Rarely use venery but for health or offspring, never to dulness, weakness, or the injury of your own or another's peace or reputation.

純潔　性交はもっぱら健康ないし子孫のためにのみ行い、これに耽りて頭脳を鈍らせ、身体を弱め、または自他の平安ないし信用を傷つけるがごときことあるべからず。

御手洗はさりげなくその徳目を「潔白」に改め、内容も右とは全く別の「言行須らく潔白なるべし」の一行を差しかえてその場を繕《つくろ》った。

ところでそのような教訓を垂れたフランクリンは、彼自身その徳目を守ることが非常に難しかったことを告白している。商売女と関係したこともあった。友人の女に言い寄ったこともあった。しかしフランクリンの自己の不行跡に対する自己批判はあくまで功利主義的である。

「これはなかなか費用がかかり、たいそう不便も伴ったし、おまけに悪い病気にかかりはせぬかという衛生上の心配がいつもいつもついてまわり、それがなによりも怖ろしかった」

フランクリンは愛情よりも衛生上の理由から結婚した男かもしれない。彼はまた「若い女より年増《としま》を相手にしろ」と情婦の選び方についても一七四五年、次のような助言風の、その実、快楽主義的な一文を書いている。年増が良い理由は次の通りである。

一　年増の方が、世の中のことをよく知っており、経験に富んでいる。それでその話もためになり、いつまでも好ましいものだから。

二　女は色香《いろか》が衰えると、心ばせをよくしようとするから。……こちらが病気にでもなると、たいへんやさしくしてくれ、役に立ってくれる。このように彼女たちは、たえずやさしい。したがって、年増女に悪女などあり得ない。

三　子供の危険がないから。私生児などできてしまうと、大変厄介なことになる。

四　年増女は経験豊富だから、関係を結んでも、人にけどられぬよう、慎重で用心深い。したがって、ことがたとえ表沙汰になっても、世慣れた人なら、その女が親切に若い男の面倒を見、適切な助言を与えてよい作法を身につけさせ、欲得ずくの商売女によって健康や財産を台なしにすることから若い男を守ってやったということで、年増女なら赦す気持になる。

五　直立歩行するすべての動物にあっては、筋肉を満たす分泌液の欠乏は、まず一番上の部分に生じるようであるから。つまり、顔がまずたるんで皺だらけになり、次に首、その次に胸と腕が来る。下半身は最後まで以前同様まるまるとしている。だから上半身を隠してガードルの下の部分だけを見れば、二人の女の老若の区別はつかない。暗闇《くらやみ》では猫はみんな灰色に見えるのだから、年増女との肉体の楽しみは若い娘《こ》にひけをとらず、技巧という点からいえば、これはすべて実践によって進歩するものだから、年増女の方がおおむね上手なものである。

六　罪が少いから。処女を誘惑すれば、彼女の身の破滅となり、一生不幸にしてしまうかもしれぬ。

七　悔いが少くて済むから。若い娘を不幸にしたとなると、絶えず後悔することになろうが、年増女を幸せにしたとなると、後悔などはあり得ない。

八　年増女たちが、大変感謝してくれるから。

小生の奇説はこの辺にしておきます。それでもなお一つ貴君に忠告、すぐに結婚し給え。

この『情婦の選び方についての若者への助言』——この戯文は一九二六年までは『フランクリン全集』から削除されていた——をここに引いたのはほかでもない。フランクリンは修身十三箇条から連想されるような堅物《かたぶつ》だけの男ではなかったということである。彼の自伝は息子ウィリアム宛に書かれたが、そのウィリアムの母が誰であるかはわからずじまいであるという。フランクリンはフィラデルフィアへ着いた当初デボラ・リードと親しかった。しかし彼が英国へ渡り、手紙も帰国の意を示さぬ一通しか寄越さなかったため、デボラは母のすすめに従って、ある陶工と結婚した。しかしその男はやがて家出して消息を絶った。帰米したフランクリンはそうした不幸な境遇にあったデボラと再会し、結婚すると、一家に私生児ウィリアムを引取ったのである。自伝中にフランクリンはデボラを「善良で忠実な伴侶」で「いつも互に相手を仕合せにするよう努めてきた」と書いている。しかし晩年デボラはヨーロッパに長期滞在するベンジャミンと十年の間一度も顔を合わせることなく世を去った。

フランクリンはその後もパリ近郊パシーに居を定め、社交界のフランス婦人たちとの交際を楽しんだ。フランクリンは哲学者エルヴェシュスの未亡人に言い寄ってこんな手紙を書いた。――自分は天国へ行った夢を見た。するとそこでエルヴェシュスの姿を見つけたが、彼はそこで再婚している。そして彼の昔の妻が地上でまだ自分に貞節《ていせつ》を尽していると聞いて、大いに驚いたような顔をした。フランクリンがエルヴェシユスと楽しく話をしている間に、エルヴェシュスの新夫人がコーヒーを持ってはいって来た。「その瞬間私は、そのひとが私の昔のアメリカでの伴侶であったフランクリン夫人だということに気づきました」。そして諧謔《かいぎゃく》に富んだフランクリンは続けてこう書いた。

「私は苦情を言いました。しかし彼女は冷たい態度で『私は四十九年四ヵ月の間、ほとんど半世紀近くもあなたの良き妻として過してきたのですから、それで満足なすってくださいな。私はここで新しい御縁に結ばれましたが、この幸福は永遠に続くことでしょう』と私に申しました。私は彼女のこのすげない態度に不満だったので、ただちにこの恩知らずの亡霊どものところを去って、太陽とあなたに会うために、決心してこの地上へ帰って来たのです。そういうわけで私はここに来ているのですから、二人で仇討《かたきう》ちをしてやろうではありませんか」

このスタイル、この社交界のおだやかな諧謔にみちた調子が、フランクリンをパリのサロンの人気者としたのである。それはエルヴェシユス夫人の心を喜ばせた。彼女がフランクリンの求婚に似た申込みを断ったとしても、なおお互いに傷つくことのない、ギャラントな手紙であった。

しかしこれはピューリタンが書いた手紙とはいえない。これは新大陸アメリカから古都パリに現れたフランクリンが、ブルボン王朝の社交生活を良しとし、その宮廷文化の擒《とりこ》となった姿である。それは酸いも甘いも嚙みわけたフランクリンの老年の姿であった。

福沢は女性関係がいたって淡泊な人であったらしい。しかし福沢はフランクリンのように考課表に黒点一つ打ちようのない無欲無情の理想像などを勝手に想定はしなかった。『福翁百話』中の『情慾は到底制止す可らず』の中で「渾身《こんしん》洗ふが如く無慾無情なる者はある可らず。色に耽《ふけ》らざれば酒を好み、酒を呑まざれば煙草を喫《きつ》し」と述べている。これは福沢自身の生来の酒好きと、酒を断った後の煙草好きの体験に基いた話のようだが、人間性の何たるかをよく見た人の批評ではあるまいか。

福沢はそれだから、フランクリンと違って、道徳考課表のようなものは作ろうとも思わなかった。そのような真似はせずとも、福沢は明治初年の日本の男にあって珍しく家庭を大事にし、妻をいたわったのである。福沢は西洋で見かけた十九世紀風の「ホーム」の理想を尊重してそれを良しとしたから、旧幕以来の男尊女《だんそんじょ》卑《ひ》の弊《へい》を激しく非難した。すでに『学問のすゝめ』第八編でも貝原益軒の『女大学』は「男子のためには大に便利」な片手落の議論であるとして批判したが、蓄妾《ちくしょう》の風を攻撃する言辞は猛烈をきわめ、「一夫にて二、三の婦人を娶《めと》るのは、固《もと》より天理に背《そむ》くこと明白なり。これを禽獣と云ふも妨《さまたげ》なし」と断じた。また、妾を養うのは子孫をあらしめんが為で、後なきを以て不孝の大なるものとする孟子《もうし》の言を引く人々に対しては、「天理に戻《もと》ることを唱る者は、孟子にても孔子《こうし》にても遠慮に及ばず、これを罪人と云て可なり。妻を娶り子を生まざればとて、これを大不孝とは何事ぞ。遁辞《とんじ》と云ふも余り甚しからずや。苟《いやしく》も人心を具《そな》へたる者なれば、誰か孟子の妄言を信ぜん」と罵った。

福沢の婦人論は西洋の風習を理想化して、それで一夫一婦制を良しとしたのであろうが、実際の家庭生活においても福沢は団欒《だんらん》を大切にした人であった。福沢が脳溢血で倒れる直前に脱稿したものに『女大学評論』『新女大学』があるが、後者の始めにはこう記されている。

一　婦人の妊娠出産は勿論、出産後、小児に乳を授け、衣服を着せ、寒暑昼夜の注意心配、他人の知らぬ所に苦労多く、身体も為めに瘠《や》せ衰ふる程の次第なれば、父たる者は其苦労を分《わか》ち、仮令《たと》ひ戸外の業務あるも、事情の許す限りは時を偸《ぬす》んで小児の養育に助力し、暫くにても妻を休息せしむ可し。世間或は人目《ひとめ》を憚《はばか》りて態《わざ》と妻を顧みず、又、或は内実これを顧みても、表面に疎外《そぐわい》の風を装ふ者あり。たわいもなき挙動なり。夫が妻の辛苦を余処《よそ》に見て安閑たるこそ人倫の罪にして、恥づ可きのみならず、其表面を装ふが如きは、勇気なき痴漢《ばかもの》と云ふ可し。

そのような説を唱えた福沢はその通り家庭で振舞った人だった。徹底して妻をいたわった四男五女の父諭吉が語った思い出に次のような話がある。

自分は家内の病気のときに其世話を人にさせたことなく、時には徹夜して看病したものだ。又少しいひにくい事であるが、婦人といふものは産褥《さんじよく》の汚れ物を人に見られることを好まないものであるから、私は家内の出産の場合に産褥の始末は人手に掛けず一切自分でした。

USEという観念

フランクリンの女に対する態度を福沢のそれとの対比において見たのはほかでもない。女の件でフランクリンに猛然と反撥した一人に『チャタレー夫人の恋人』のD・H・ロレンスがいたからである。彼の『古典アメリカ文学論』は、ロレンスがアメリカに対して覚えた一連の違和感を強烈な筆致《ひっち》で叩きつけた文章で、フランクリンを真先に槍玉にあげた第一章は、単なるフランクリン批判の章たるにとどまらず、彼によって象徴されるアメリカの社会システムそのものに対する告発ともなっている。

ロレンスにとってアメリカは許しがたい土地であった。合衆国は移民に対して強烈な圧力を加える。移民をその母国の根から切り離し、その人格を融かしてアメリカ人として再生することを求める。アメリカが坩堝《るつぼ》melting potと呼ばれるのはその破壊作用のためである。人間は融かされて、規格化され、社会組織の一齣《ひとこま》として機能することを求められる。これではまるで自動車の部品だ！　ロレンスは叫んだ。

なんだと、人間の完成可能性だと！　なんという嫌な話題だ。フォードの自動車の完成可能性ならばともかく、一体俺の人間の中のどの人間を引出したら完全に仕立てることが出来るのだ？　俺の中には沢山の人間がいるのだぞ。そのどれを完全なものに仕立てようというのだ。いいか、俺は機械仕掛じゃないのだぞ。

フランクリンの発想の中にはもともと人間機械論の見方が存在した。彼は人間という機械装置を修身十三箇条によって毎日点検し、自分自身の行動を規制して、それによって自己を役に立つ人材に仕立てようとした。そしてそのような自分の行き方を良しとする者は、反射的にその種の行動規範に外れる者を社会の落伍《らくご》者《しゃ》と認定してしまう。社会の有用な一駒とならぬ者は逆にはじき飛ばされてしまうのだ……

ロレンスはそのような、人間をその有用性において判定する合衆国の社会に脅威を感じた。チャタレー夫人の情人がイギリスからの駈落ち先を考えた時、大西洋の向うでありながらカナダのブリティッシュ・コロンビアを念頭に浮かべたことは象徴的である。アメリカは移民が星条旗に忠誠を誓いアメリカ化することを強要するが、カナダはその土地へ逃れて来た人にカナダ的人格を求めたりはしないからである。ロレンスはフランクリンという理念の共和国の代表的イデオローグに嚙みついた。それは八つ当りに似た反撥で——小男と呼んだが実際のベンジャミンは肉体的には大男であった——彼はフランクリンの信仰箇条にも言いがかりをつけずにはいられなかった。

この狡猾《こうかつ》な小男のベンジャミンは、「あらゆる宗教の信者を満足させ、誰をも傷つけない」ために一つの信条を自分のために作製した。これこそまさに真のアメリカ人がやりそうなことではないか！

「万物を創造した唯一の神がある」

（しかしこの神を創造したのはベンジャミンだぜ）……

「神は、現世あるいは来世において、必ず徳には報いを、罪には罰を与える」（カーネーギーさんにしろどなたか別の百万長者さんにしろ、自分の御都合のために神様を発明しようとしたとして、これ以上うまくはやれまいな）

そう言うロレンスにとって神々とは自分自身の内部に宿るものである。彼は自己の内なる神々および他の男女の神々を認め、その神々の声に進んで従おうとする。ロレンスはその神々をあえて聖霊と呼んだ。人間には内なる衝動《しょうどう》があり、暗い自我がある。しかも一つでない幾つもの自我がある。その暗闇の声にじっと耳を傾けてこそ、人間は真に自分の生を生きることが出来る。そのようなロレンスにあっては社会的存在としての人間に対する顧慮《こりょ》は、当然のことながら、きわめて薄い。フランクリンにとって「勤勉」はもっぱら社会的有用性との関連においてのみ美徳とされた。ロレンスにとって「勤勉」は自己の内なる神々の声に耳を傾けることにおいてのみ意味があった。それだからロレンスはフランクリンの徳目を自己流に次のように書き改める。

勤勉　理想などのために時間を空費するなかれ。聖霊に仕えよ。人類に奉仕するなかれ。

ロレンスがフランクリンの修身十三箇条に対して反逆するのは、アメリカ社会は人間を歪めると彼が感ずるからである。ロレンスの言葉を借りるならば、「人間から全体性と暗闇の森、自由を奪い去ろうとするから」である。個人をもっぱらその部分的な社会的有用性という機能においてのみ評価することは、とりもなおさず全体性を奪うことであり、魂の暗闇の森を破壊することだからである。アメリカという産業社会は人間を有刺鉄線《ゆうしてっせん》の囲いの中に押込め、じゃが芋を作らせ、シカゴのような大都市を次々と作らせる。だが人間をそのような規格化した作業上の一単位として扱い、有用性の観念で一切を判断してよいのか。

ところでそのUSEという観念にロレンスがいちばん激しく反撥したのは、フランクリンが「純潔」の徳目で、こともあろうに「健康ないし子孫のためにのみ性交を利用し」use venery という「使う」という言い方をした時だった。ロレンスは叫んだ、「俺は奴が好きになれない！」そしてロレンスはフランクリンに代って彼自身の「純潔」の徳目を書いた。それはフランクリンに対抗する Never ‘use’ venery at all. という言い方に始る。

> 純潔　性交を「利用する」ようなことはけっしてするな。自分の情熱的な衝動に、他人が応じ相感《あいめ》でる場合、それに従うのであって、けっして、子孫のこととか、健康とかを、いや、快楽、他人へのサーヴィスですらもその動機として心にいだいてはいけない。「性交」は、偉大な神々のものであることを心得るべきである。自分自身を暗黒の神々、偉大きわまりない神々に捧げること、それが性交であって、それ以外のなにものでもないのだ。

『チャタレー夫人』の中で夫の準男爵は第一次世界大戦で負傷し、半身不随となった性的不能者である。だが彼の家門に対する誇りと執着は異常に強い。彼は名門チャタレー家のために世嗣《よつぎ》を儲けたいと思う。そして夫人コニーに男と関係することをそれとなくすすめる。「かりにお前が誰かとセックスしたとして、私たちはこれから先も長い間ずっと一緒に暮すのだ。だからどうということはないではないか。長い人生の必要とあれば、そのためにセックスをするということもあろうじゃないか。Just use it.」

しかし「子孫のために利用する」ということはロレンスの修身十三箇条に従えば、決してしてはならないことだった。コニーは結婚前から男関係はあって、自分の性《セックス》を利用して男を支配したこともあった。そのコニーと樵番メラーズの愛が著者によって肯定的に描かれているのは、その二人が森の中で会う時、二人が「偉大なる神々、暗黒の神々」に自分自身を捧げ、相感《あいめ》で、恍惚《こうこつ》を体験しているからである。彼等二人は、ドイツの哲学者カントが結婚を定義したような、男女両性が互いに相手の生殖器を利用する make use of という関係ではなかった……

ロレンスは知性に先行して暗黒の中で生き続ける力を尊重した人である。その態度は、信仰であれ性交であれ、それを社会的有用性において評価しようとするフランクリンの態度と、当然衝突する運命にあった。彼がフランクリンの教義にいらだち、むきになって反駁したことはやはりそれだけの理由があってのことだと思う。

ただし本物のフランクリンは教訓のフランクリンとはまた別物である。世間が修身十三箇条から受けがちなピューリタンというイメージと違って、フランクリンは女性関係においても、前述のようにしたたか者であった。パリの社交界もそうした女性関係について世故《せこ》にたけた人、homme du monde としてのフランクリンを愛したのであろう。エルヴェシユス夫人やブリヨン夫人と交際するフランクリン……私たちは彼のそうしたわけ知りの面を知っているだけに、ロレンスがフランクリンの修身十三箇条を額面通りに受取って難詰《なんきつ》する姿に二十世紀のアルセストを認めて、逆に一種の違和感を覚える。その躍起となって噛みつく姿に、別個の教訓家、別個の説教家を見る思いさえするのである。

D・H・ロレンスによる福沢批判

フランクリンと福沢には多くの共通点があった。それだから前者に対するプラス評価は後者に対するプラス評価にもまた成り得たのである。だが両者がそのように平行する間柄であるとすれば、後世のフランクリン批判のあるものはそのまま福沢批判に応用できるのではないだろうか。なるほど女性関係については福沢は淡泊で、落度の少い人だった。「純潔」の徳目を振りかざして福沢の偽善性や功利性を難詰することはできない。だがロレンスが痛烈に攻撃したフランクリンのインディアンに対する見方などはどうだろう。アメリカは人間を有刺鉄線の囲いの中に押込め、じゃが芋を作らせ、無理強いに働かせる、とロレンスは観察した（それがアメリカの心理的実態であるという謂である）。その強圧を加えられた人間の中には白人の移民もいたが、土着の人インディアンもいた。ロレンスは自分の身をインディアンの側に置いてアメリカ文明の偉大と悲惨をかいま見た人だともいえる。『古典アメリカ文学論』の中でロレンスはアメリカにおける新秩序建設者のベンジャミン・フランクリンとその有刺鉄線の囲いとをこう呪った。

ベンジャミンめ、アメリカめ！

道徳的アメリカめ、最も道徳的なるベンジャミンめ！　健全なる自己満悦のフランクリンめ！

彼はインディアンの騒動を静めるために、ペンシルヴェニア州の辺境にまで出かけなければならなかった。その時こう書いている。

「われわれは彼らが広場の中央に大篝火《おおかがりび》を焚《た》いているのを見出した。男も女もすっかり泥酔《でいすい》して、ののしり合い殴り合っている。半分裸《はだか》の暗黒色の肉体が、薄暗い炎に照らされ、燃えた木を振りまわして相手を追いかけ、殴りつけ、恐ろしい叫びを立てている様は、まさに地獄図絵だった。そうなると騒ぎはもう鎮《しず》めようがないので、われわれは宿舎へ引揚げた。真夜中過ぎ、割れるほど戸口を叩いて『ラム酒をもっと寄越せ』と怒鳴ったが、われわれは取りあわなかった。

翌日、騒ぎを起して済まなかったと思ったのだろう、インディアンは長老を三人詫びを言いに寄越した。口上を述べた男は過ちは認めたが、それはラム酒のせいだと言い、さてその上でラム酒に罪のないことを次のように説いて聞かせた。

『万物の創造主である偉大なる霊は、すべてのものを何かの役に立つように作り給うた。神が工夫して作り給えるものは何であれその目的に沿って用いねばならぬ。さて神がラム酒を創り給うたのは〈これはインディアンが酔うためなり〉という仰せであった。よってその通りにせねばならぬ』

まことに大地を耕作する者にその土地を与えるために、これらの野蛮人を絶滅させることが神の御旨《みむね》であるならば、ラム酒こそ神の定め給うたそのための手立《てだて》であると思えぬこともない。以前大西洋の沿岸に住んでいた土人たちはすでにみなこの酒のために絶滅してしまったのである」

白人の新国土建設者たちは新大陸に自分たちの新秩序を押しつけた。インディアンにとっては迷惑千万な話だったが、しかし十八世紀人フランクリンを始めとするアメリカ人にとっては、それが正義であり進歩であり文明であったのである。そのフランクリンに対して今日的価値観を直ちに当てはめて、正義の旗を振りかざし、人道の名においてマイナス評価を下すのは、やはり片手落で酷《こく》というものではあるまいか。

だが興味深いことは明治八年の福沢が、一面では文明史観を奉じながらも、他面では彼自身が欧米列強の脅威にさらされた非白人の一人として、インディアンの立場からアメリカを見ていたということである。

今の亜米利加は元と誰の国なるや。其国の主人たる「インヂヤン」は、白人のために逐はれて、主客処を異にしたるに非ずや。

福沢は「欧人の触るゝ処にてよく其本国の権義と利益を全ふして其の独立を保つものありや」と問うた。福沢は列強が「文明の名において」独善的に振舞うことに対し、非常なる警戒心を抱いていたのである。福沢の『覚書』明治九年の項には、

野蛮の人民は決して文明の人を嫌ふものに非ず。……野蛮の者が外国人を嫌ふは実に然りと雖ども、其然る所以の原因は、野人に在らずして文明と称する外人に在り。

と書かれていた。適切な洞察《どうさつ》ではあるまいか。ロレンスは文明と称する白人がアメリカ大陸の原住民に新秩序を有刺鉄線の柵で押しつけたと非難した。それは精神上の囲いでもあった。ロレンスはその種の開化の指導者がフランクリンであるとして彼を難詰《なんきつ》した。そして考えてみるとそれと同じように、文明を唱える日本人もまたアジア大陸の住民に新秩序を有刺鉄線の柵でもって押しつけたのである。その種の開化の唱導者《しょうどう》が福沢諭吉ではなかっただろうか。

十八世紀も「力は正義なり」Might is right の世界だったのであろう。そして十九世紀は弱肉強食が社会進化論によってさらに正当化された時代である。ダーウィンの進化論は国際社会における適者生存の理論的裏付けに転用されようとしていた。そのような世紀にあって福沢が心したことは第一に、日本が「インヂャン」の立場に追いこまれてはならない、ということであった。彼は日本国民の生存のためにも、日本が文明の側に立たねばならない、と確信した人である。いや日本ばかりでなく朝鮮の民衆も清国の人民も文明開化の側に立って奮起してくれなければ困る、と心から憂慮した人であった。朝鮮が遅ればせに国を開き、留学

生や開明派の志士策士等が来日すると、当時の他のいかなる日本人よりも彼等のために力を貸し、金を貸したのは福沢で、彼は自分がかつて西洋文明に学んで得た恩恵を進んで東アジアの他の地域の人々にもわかち与えようとして非常なる熱意を傾けたのである。

「朝鮮は渠《かれ》（福沢）が最初の政治的恋愛にして、また最後の政治的恋愛なり」

という竹越与三郎《たけこしよさぶろう》の批評は福沢のこの問題への打込み様を語ったものである。そのような福沢が金玉均《きんぎょくきん》に対して示した友情などについては将来必ずや半島の人々によって評価される時も来るだろう……

しかしここで注意せねばならぬ点は、福沢が朝鮮の開明派に援助の手を差し伸べたということは、彼がいわゆるアジア主義に転じたことを意味するものではない、という点である。彼はあくまで朝鮮・中国の文明開化を期待したのであって、もし従来のアジアが迷蒙《めいもう》を意味するのであるなら、アジアがその旧態《きゅうたい》から脱皮すること、またもしアジアが旧態然のままに留るのであるなら、その種の古きアジアとは訣別することをもって、日本にとっての善であるとしたのである。ちょうど、いかに善意の人であれ、人道主義者の立場はインディアンとともに泥酔《でいすい》便溺して狂態《きょうたい》を演ずることではないように、福沢は文明主義者としていわゆるアジア主義者とともに反西洋のイデオロギーに陶酔《とうすい》便溺することはなかったのである。当時の東アジア大陸地域の後進性を考えるならば、欧化主義——その裏返しが「脱亜」である——の主張はそれが進歩であり文明であったといえるだろう。その福沢に対して今日的価値観を直ちに当てはめて、マイナス評価を下すのは、フランクリンの場合と同様、やはり片手落で酷というものではあるまいか。

とは言っても、その際、日本の進展のために犠牲を強いられた側から見れば、日清戦争の勝利を手放しで喜ぶ福沢の姿は不愉快に映ずるに相違ない。『福翁自伝』の中での朝鮮人に関する福沢の発言には、彼にはそれなりの言い分もあったに相違ないが、しかし民族的《エスニック》な問題について敏感になった今日の読者にとってはいかにもどぎつい箇所がある。だが福沢も、フランクリンと同じく、佐伯氏のいわゆる健康すぎる動物の無意識の残酷《ざんこく》さといったもので、明治二十七八年戦役における日本の官民一致の勝利を心から祝福し、感涙《かんるい》のうちに『福翁自伝』を結んだのである。

このように時代と調和した、自足した人々に対しては、後世の非難は得てして空振りに終らざるを得ない。仮にインディアン問題で難詰《なんきつ》してみたところで、政治家フランクリンは白人移民にも生存権はあると主張してたじろぎもしなかったことだろう。植民主義は当時にあっては健康な膨張《ぼうちょう》であったからだ。一七九〇年四月十七日、フランクリンが死去した時、米国議会は喪に服し、決議により国葬に付した。ちょうどそれと同じように福沢が一九〇一年(明治三十四年)二月三日、三田で死去した時、帝国議会は満場一致で次の決議案を可決した。

衆議院は夙《つと》に開国の説を唱へ力を教育に致したる福沢諭吉君の訃音《ふいん》に接し茲《ここ》に哀悼の意を表す。

国木田独歩の場合

日本にもフランクリンと、その延長線上に位する福沢等に対して、性格的に馴染《なじ》もうとして馴染めず、ついに違和感を洩した青年がいた。ロレンスが自己の思想に基いて積極的にフランクリンを攻撃し批判したのと違って、その日本の青年は、自分に欠けているなにかがフランクリンによって代表されていることに気づいて不安を覚えた文学青年なのであった。彼の名前は、自分では生活的に独立独歩することのできない性格でありながら、不幸にも独歩《どっぽ》と号した国木田哲夫《くにきだてつお》である。明治四年生れのこの明治第二世代の青年は、第一世代の雄、徳富蘇峰《とくとみそほう》に一夕呼ばれた。独歩の日記『欺かざるの記』明治二十八年九月の項には次のように出ている。

昨夕徳富（蘇峰）氏に晩食の饗応あり。夜半まで語り、氏わが性質を説きて大に戒むる所ありたり。氏は余にフランクリン的教訓を与へたるなり。処世成功を教へたるなり。

蘇峰はまだ三十二歳にしか過ぎなかったが、その盛名は天下を圧していた。白鳥は『福沢翁自伝読後感』で、蘇峰が福沢に取って代った当時を回顧して、「福沢翁の啓蒙的著書は、最早《もはや》我々に何の魅力もない者となつてゐた。……明治二十年代のその時分に、知識慾に目醒めて、清新な目で周囲を眺めてゐた私などの心を捉へてゐた刊行物は、徳富蘇峰氏を盟主とした民友社の雑誌や新聞や著書であつた」

ここで注意せねばならぬ点は、蘇峰が福沢に代ったとしても、蘇峰はあくまで第二の福沢として、福沢の文明開化路線をさらに推し進める人として登場してきた、ということである。当然の事ながら、雑誌『国民之友』を経営する蘇峰は、勤勉で規律ある実務家として、フランクリン的美徳を有していた。説諭を受けた平社員の独歩も、蘇峰と自分との性格の違いを前々から自覚していた。すでに明治二十六年八月二十九日の日記に独歩は次のような蘇峰評を書いていた。

平民主義の自践者としては徳富氏は大なる人物也、されど氏は経世家風の尺度を以て凡ての後進を導かんとす。氏の前に立つては人間は只だ社会の忠実なる一員として立てば足る也。氏が「実際」、「実行」、等を以て後進を鼓吹せんとするは第二の福沢なり。第二の新嶋に非ず。

実際的行動に長じない独歩は徳富蘇峰の前に立つと、先生の前に立たされた出来の悪い生徒に似た感情をいつも抱かされたのである。しかし蘇峰はそのような独歩の内面的性向はとくに顧慮《こりよ》せず、一つには自分が経営する民友社のために、一つは社員の独歩を教化するために、独歩に『フランクリン自伝』を翻訳翻案する仕事を与えた。独歩がその仕事に従事している旨を内村鑑三に伝えると内村も喜んだ。明治二十八年十二月四日の日記には次のように出ている。

今はフランクリンの自叙伝を読みつゝあり。已に其の過半を終へたり。『フランクリンの少壮時代』と題して、彼の立身の歴史のみを著はし、以て伝記叢書の第一巻となすの予定なり。

内村鑑三君より来状あり。曰く、フランクリンは常識《コンモンセンス》の使徒なりと。実に然る可く見ゆ。日本には類の稀なる人物也。

ここに「伝記叢書」とあるのは徳富蘇峰の民友社の伝記叢書を指すので、独歩は十円の謝礼を貰ってその下訳まがいの仕事を引受けたのである。それは訳者としての独歩の名前が表にも出ない仕事であった。独歩はフランクリンをほぼ正確に理解していた。翌五日の項には次のように記入している。

フランクリンは宗教的直感を有せず。常識的推理と世間的剛勇と商估《しやうこ》的計算と市民的道徳とを有する人なり。宗教的天才を以て世を清め人の血を熱することは其の能に非ず。彼は市人の大模範なり。

独歩はフランクリンやスマイルズに対して敬意は表するが、しかし彼等だけでは物足りない。ワーズワースのような詩情、カーライルのような熱情が欠けていることが、独歩のような明治の第二世代にとっては不満なのである。十八世紀人の後には、人間の心理的必然からいっても、ロマン派が出て来てしかるべきことなのだ。独歩は、フランクリンに対する時と同じような両義性を有する感情を蘇峰に対しても、福沢に対しても、抱かずにはいられなかった。次の蘇峰評は『フランクリン自伝』を読む二年前に記された記事だが、そこに用いられている批評上の語彙《ごい》は奇妙なまでに先に引いたフランクリン評と一致している。

時計の如く綿密なる経論家なり。商估の如くぬけめなき打算家なり。氏が成功の秘訣は他に非ず。此打算と此経論とをやるに絶へざる根気を以てするに在り。故に批評家が彼の周囲にがや〳〵する間に彼は着々として成し、着々として進む。実に新日本の社会的人物としては当代氏を以て第一となさゞる可からず。氏は決して空想に住まず、高遠深玄《かうゑんしんげん》なる理想の猛火の中に住まざる代りには決して空想に住まず。之れ氏が最も長所にして一層高き眼よりすれば実に氏が短所なり。

この文章の中の「時計の如く綿密なる」というたとえはそのままフランクリンの修身十三箇条の「勤勉」を想起させずにはおかない。「時計のはりの　たえまなく」という小学唱歌の故事はすでに紹介したが、蘇峰はその徳目の実践者だと独歩は言うのである。独歩はそれから二年後、その蘇峰に依頼されて民友社のために『フランクリンの少壮時代』を著し、INDUSTRYの徳目を訳すに次の言葉をもってした。

力作《りよくさく》――時を失ふ勿れ。不断に有用の事を働け。すべて不急の行動を擲《なげう》て。

独歩は真面目に、自分の生き方の模範として『フランクリン自伝』を読んだ。しかしその生真面目さにはなにか不自然な窮屈《きゆうくつ》さが伴った。明治二十年に『フランクリン自伝』を初訳した御手洗正和の場合も同じことだが、儒教的先入主が強過ぎた彼等は、英語の力が弱いこともあって、フランクリンの笑いやユーモアを解することはできなかったのである。独歩は明治二十九年一月十四日、フランクリンの日課表にならってさらに次のような時間表まで定めた。

午前五時　聖会
迄六時　独乙語（一時間）
迄七時　食事、雑務、運動（一時間）
迄十一時　業務（四時間）
午後迄一時　食事、雑務、運動（二時間）
迄五時　業務（四時間）
迄七時　食事、雑務、運動（二時間）
迄九時　業務（二時間）
迄十時　漢書、聖会
迄明朝五時　睡眠

「迄」の位置が日本語としておかしいが「迄」を英語のtillと解せば前置された意味もわかるだろう。ちなみにフランクリンが自伝に記した「時間表」は次の通りである。独歩の起床、仕事、睡眠などの時間が全く同じであることに気づかされる。

朝	設問「今日はいかなる善行をなすべきか」	5 6 7	起床、洗顔、「全能の神」への祈禱。 一日の計を立て、決意をなすこと。 現在の研究を遂行すること。朝食。

昼		8 9 10 11	仕事。
		12 1	読書、または帳簿に目を通すこと。昼食。
午後		2 3 4 5	仕事。
晩	設問 「今日はいかなる善行をなしたか」	6 7 8 9	整頓。夕食。音楽、娯楽、または雑談。一日の反省。
夜		10 11 12 1 2 3 4	睡眠。

しかし国木田独歩はこの種の時間表に従って自己自身の生活を律して行くことに不適の人であった。彼にはまた別種の煩悶《はんもん》もあった。独歩は前年の十一月十一日、佐々城《ささき》信子と結婚したが、佐々城家とは絶縁した形で結婚生活を送っていた。独歩には定収入がなかった。彼はその生活費を稼ぐために「時間表」に定めたところの「業務」、すなわち『フランクリンの少壮時代』の執筆に従事していたのである。その信子との結婚生活は半年後の明治二十九年四月には破綻《はたん》をきたすこととなる。信子は失踪《しっそう》し、独歩はその復帰を切望したが、信子は応じなかったのである。その直前の三月『欺かざるの記』に記された次の感想は、破局を予感した独歩が、自分がフランクリン的人間ではないことを認めたものである。

余は研究と云ふ程にあらねどフランクリンの伝を草し……発明する処少からざるなり。其の一を左に記す。私生活と公生涯との関係なり。此の関係を見るにフランクリンの為したること、其の性情とは大に教ふる処あるなり。公生涯と私生活とはコンモンセンスに非ずんば調和せず。野心深くては調和せず、誠実ならでは調和せず。私生涯に於て独立の人、公衆の前に於て信用の人、乃ち始めて大なる調和なり。

これは自己自身の私生活がうまく行かず、結婚に破綻《はたん》した独歩の「我が懺悔《さんげ》」に類したものである。私生活のうまく行かなかった人の公生涯がうまく行きようはずもなかった。

その独歩は七年後の明治三十六年、『中等教育』誌上に『福翁自伝』の読後感を記した。『福沢翁の特性』と題されたその一文の中でフランクリンと福沢が並んで念頭に浮んだのはごくすなおなことであったろう。それが「こくめいの人」という先天的かつ固定的な人間類型論で両者をくくったものであることはすでにふれた。生れつきである以上、後から努力を重ねたり修養を積んだりしたところで、自分が「こくめいの人」になれるものではない。そんな逃げ口上が見え隠れする国木田の一文であった。

蜉蝣《かげろう》

実務の人フランクリンや世俗の人福沢に世を清める宗教的天才を求めることは見当はずれであり、ないものねだりに類しよう。福沢が新島襄《にいじまじょう》でないからといってそれで批判となるわけのものではない。それに近代の特色は、一人の宗教的天才によって納得の行く答えが与えられる時代ではないところにある。

しかしそれではフランクリンや福沢が生死の問題に思いをひそめたことがなかったかと言えば、彼等も彼等なりに考えた時はあったのである。ただしフランクリンが一七七八年に書いた小品や、福沢が明治三十年『福翁百話』として公刊した書物にあらわれた死生観をもって彼等の哲学と呼ぶことは不正確のおそれもあろう。それらはいずれも彼等の最晩年の感慨だからである。しかしフランクリンのパリ時代の文章に鴨長明《かものちょうめい》を思わせる諸行《しょぎょう》無常《むじょう》の感懐《かんかい》が示されていること、洋学者福沢の人生末年の講話にあくまで日本武士風の実存的な死生観が示されていることなど一考に値いしよう。とくに二人が用いた蜉蝣《かげろう》の比喩が同一であることには驚きを禁じ得ない。それに気づいた時、一瞬福沢がフランクリンを模写したか、という疑念が私の頭をかすめたほどであった。話はざっとこうである。

一七七六年から八五年にかけてパリ郊外（いまは市中となっている）パシーに滞在したフランクリンは、新しく独立した合衆国を代表する使節として、パリの外交界に限らず、学者世界でも社交界でも非常な人気を博した。このアメリカ人はくすんだ黄色の質素な服を着、白い帽子をかぶって、髪をその帽子の下からまわりへひろがらせていた。彼は、十八世紀フランスの啓蒙主義者たちが勝手に空想した新大陸の「善き野蛮人」――いまだに文明の汚れに染っていない人――のイメージにあわせて巧みに bon sauvage を自己演出したのだ、ともいわれる。

一七七八年、ヴォルテールが長い亡命生活を了えてパリへ戻って来た。フランクリンは八歳になる孫のべンジャミン・フランクリン・ベイチを連れてヴォルテールを私宅に訪問し、衆人環視の中でヴォルテールに少年に祝福を与えてくれるよう頼んだ。ヴォルテール自身の手紙によると「神と自由を」と言って祝福を垂《た》れた由だが、この二人の哲人がはなはだ不信心なしぐさをしてみせた、フランクリンの依頼は不敬かつ低俗で、見るに耐えぬものであった、と報じた人もいた。しかしその光景は一般には旧世界が新世界に祝福を授ける図として広く欧州各地に喧伝《けんでん》されたのである。二人はその後も学士院の公式の席上でこの「歴史的出会い」を繰返してみせたが、フランクリンの巨《おお》きな肥満した体軀《たいく》とヴォルテールの小さな憔悴《しょうすい》した痩身《そうしん》が、際立った対照をなした。二人が互いに抱擁《ほうよう》する様を見とどけるまで群衆は拍手喝采《はくしゅかっさい》、鳴りも止まなかった……

フランクリンは華やかに公的にも私的にも外交活動を繰りひろげた。独立を宣言したばかりのアメリカ合衆国にとってヨーロッパ最大の王国フランスによって承認され、好意的な扱いを受けることほど国際社会において力となることはほかにない。フランクリンはその承認を獲得した。パリ郊外の彼の家には義勇兵《ぎゆうへい》としてアメリカのために戦いたいという義侠の士が押しかけて、秘書もいないフランクリンはその応対に忙殺《ぼうさつ》され、悲鳴《ひめい》をあげた……

しかしヴォルテールもフランクリンも予覚しなかったことは、一七七六年のアメリカ独立革命が引金となって一七八九年フランスで大革命が起り、それに恐怖政治が引続いたことである。フランクリンは一七九〇年に亡くなったから、ラヴォワジエをはじめ多くの旧友が断頭台《だんとうだい》に送られた悲惨を聞かずに済んだ。だがサント・ブーヴの『フランクリン論』の結びに列挙された虐殺《ぎゃくさつ》されたフランクリンの旧友の名前ほど、革命よりは改革を、というアングロ・サクソン風の漸進主義や市民道徳をたくまずして讃えた文章はないように思われる。それはフランス人読者にラディカリズムの恐怖政治の非をさとらせることにより、おのずから常識の詩人への讃歌と化するサント・ブーヴの結論でもあったのである。

しかし大革命の十年前、旧体制下の貴族たちはそうした明日も知らぬげに、生きる喜びに浸っていた。フランクリンもパリのサロンに出入りして、その何人かの女性とはとくにねんごろであった。哲学者エルヴェシュスの未亡人へ宛てた手紙はすでに紹介したが、週二回の逢瀬《おうせ》を楽しむ仲のブリヨン夫人には『蜉蝣《かげろう》——人生の象徴』という一文を送った。その小品はフランクリンがパリ滞在中、自宅に設けた印刷所で印刷に付したもので、作者は「お笑い草《バガテル》」と呼んだが、福沢との比較が話題となる一文（原英文）はおよそ次の通りである。

先日、セーヌ川の小島の庭園に遊んだ時、私が散策の足をしばらく止めて、お連れの皆様より遅れましたのを御記憶でしょう。実は蜉蝣を見かけたのです……

生れた日に死んでしまう蜉蝣は英語で ephemera と言い「束の間の、はかない、線香花火的な」を意味する形容詞 ephemeral と同じギリシャ語の語源に由来する。その虫の殻をたくさん見かけた老フランクリンは、蜉蝣たちがこんな話をするのを聞いた。そしてブリヨン夫人にこう書いた。

——奥様、あなた方のすばらしいフランス語が、いつまで経っても私に上手に話せませぬのは、実はこんな下等生物の言葉の研究に身を入れ過ぎたせいなのでございます。その虫けらの一匹で、もう白髪頭《しらがあたま》をしたのが、こんなことを申しました。

——自分はこの世に生きて、なんともう七時間も過してしまった。ずいぶん年を取ったものだ。四百二十分、そんなに長生きできる者は自分たちの間で古来稀だ。何代もの蜉蝣が生れ、栄え、滅びるのを自分はこの目で見てきた。いま自分の友人は、自分が若いころの友人の子供や孫たちで、悲しいことに昔からの旧知はもう誰もこの世に居らぬ。そして自分も皆のあとを追わねばならぬ。まだ元気とはいえ、自然の成行きからして、もうこれから先、七、八分以上生きることは出来まい。あくせく働いて、甘露《かんろ》をせっせとこの葉に集めたところで一体それがなにになろう。それを味いつくすまで自分は生きておりはすまい…… この茂みの同胞のために自分がしてきた政治上の仕事や争い、この種族全体のためにしてきた理学上の仕事、学問、それが一体なにだというのか。……この蜉蝣の種族も、前代の、別の茂みにいた他の種族と同様、やがて滅び、朽ちはててしまうだろう。学問における進歩とはなんと小さなことか。芸術は長く、人生は短し。あなたは私を慰めて、後世に名を残したと言ってくださる。よく長く生き、神の栄光もかち得たと言ってくださる。だがもはや寿命のつきた蜉蝣にそんな名が一体なにになりましょう。この世そのものが十八時間経てば、日は沈み、すべてが尽きてしまいます。このセーヌの美しい小島の私たちの世界が滅び尽きてしまう時、歴史など一体なにを意味しましょう……

古稀《こき》をはるかに過ぎたフランクリンはそんな寓話を書いて、それでも文末に御愛想《コケトリー》を書き添えた。

そうした次第でありますから、一生懸命に生きてきた私にとりましては、善意で過した長い生涯を振返ったり、二三の素晴らしいかげろう夫人の気の利いたお喋りを聞いたり、時折、あなた様の光輝く笑顔と御声を頂戴したりします他は、もうこれといった楽しみはないのでございます。

この小品についてフランクリン研究家ホーンバーガーは、「名声と老齢とについてのつつましやかな解説において、フランクリンは自伝におけるよりももっと生き生きとしている」と褒《ほ》め讃《たた》えた。

一体に米国人は死を思うことを避けて生きてきた国民のようである。人生の諸行無常について語ることもまた少い。ましてやその想念を、十八世紀ヨーロッパのサロン文学風な軽やかな口調で、その実しみじみと、述懐することなど絶えてない。そのこともあって（というのはアメリカの国文学史家のヨーロッパ宮廷文化に対する劣等感の表白でもあるのだが）、この文章は文学史的に滋味掬《きく》すべき佳品として高く評価されてきた。

アメリカ知識人のヨーロッパに対する感情は二律背反的である。彼等は一面では新大陸ならではの新しい人間像として、言い換えれば旧大陸には存在しなかった人間像として、フランクリンを高く評価する。しかしその同じアメリカ知識人はフランクリンがヨーロッパによって受け容れられたこと、フランクリンが本来ピューリタンのアメリカ人なら厭《いと》うべきはずの軽薄《けいはく》な口調で、夢物語をエルヴェシユス夫人やブリヨン夫人に送ってもてはやされたこと――それをやはり嬉しく思うのだ。bagatelle《バガテル》は英語に直せばfrivolous thingというほどの意味である。お笑い草、取るにも足りぬ事、と言いながらその実、人間の生死の重大事を語っているところに、社交の粋《すい》があろうというものだ……

だが米国の文学史家が口を揃えて褒めるほど『蜉蝣』は傑作であろうか。この人生のはかなさを語る術にかけては――そのはかなさを口上に女性に言い寄るギャラントリーを除くならば――私たちの日本にこそ昔からすぐれた例は多かったのではないだろうか。

朝《あした》に死に、夕に生るゝならひ、たゞ水の泡にぞ似たりける。知らず、生れ死ぬる人、何方《いづかた》より来たりて、何方へか去る。また知らず、仮の宿り、誰が為にか心を悩まし、何によりてか目を喜ばしむる。

これはいうまでもなく『方丈記』第一段である。蜉蝣の代りに水や泡が引かれ、あるいは「花しぼみて露なほ消えず。消えずといへども夕を待つことなし」とかりそめの命がうたわれていた。王朝文学の古典にも(生物学的分類に従った場合フランクリンのephemeraと同じ蜉蝣目《ふゆうもく》に属する昆虫であるかいなかは定かでないけれども)「かげろふ」そのものを題に冠した日記もあった。

それではそのような日本的伝統の中に位置づけて福沢の死生観を見てみよう。『福翁百話』の一つ『人間の心は広大無辺なり』の中で、福沢も人間存在を束の間の生を送る虫にたとえた。

人生は見る影もなき蛆虫《うじむし》に等しく、朝の露の乾く間もなき、五十年か七十年の間を、戯れて過ぎ逝くまでのことなれば、我一身を始め万事万物を軽く視て、熱心に過ぐることある可らず。

福沢もフランクリンや鴨長明《かものちょうめい》とほぼ同じ表現を用いている。福沢は『人間の安心』の中ではこうも言った。宇宙の間に地球が存在する様は大海に浮ぶ芥子《けし》一粒と言うもおろかなほど微小なものである。しかも、

吾々の名づけて人間と称する動物は、此芥子粒の上に生れ又死するものにして、生れて其生るゝ所以《ゆえん》を知らず、死して其死する所以を知らず、由て来る所を知らず、去て往く所を知らず、五、六尺の身体、僅に百年の寿命も得難し、塵の如く、埃の如く、溜水に浮沈する孑孑《ぼうふら》の如し。

福沢が人間存在を卑小《ひしょう》化して描く口調には滑稽《こっけい》さえ感じられる。そしてその次に、

蜉蝣《ふいう》は朝《あした》に生れて夕に死すと云ふと雖も、人間の寿命に較べて差したる相違にあらず。

同じ蜉蝣が出てきた。だが考えてみると、この種の言い廻しは平安朝の昔から繰返し用いられてきたものであり、福沢は『方丈記』を念頭に置いてもじっているのだから、フランクリンと福沢が同じたとえを用いたのはやはり単なる偶然の一致と見るべきだろう。

しかし無常観については過去に連る福沢も、物理学的宇宙観については仏教の須弥山《しゅみせん》思想と完全に断絶していた。「宇宙の間に我地球の存在するは」に始るこのパスカル風の宇宙観は当然近代科学的なのである。

左《さ》れば宇宙無辺の考を以て、独り自から観ずれば、日月も小なり、地球も微なり。況《ま》して人間の如き……見る影もなき蛆虫同様の小動物にして、石火電光の瞬間、偶然この世に呼吸眠食し、喜怒哀楽の一《いち》夢中、忽ち消えて痕なきのみ。

福沢も人間存在の微小、その無智無力を説くあたりはパシーの老フランクリンと似ていた。福沢も実人生に積極的に参加して活動してきた人であったから、その感懐はおのずからフランクリンの小品中の白髪の蜉蝣の言《げん》のごとくなった。

然るに彼の凡俗の俗世界に、貴賤貧富栄枯盛衰《きせんひんぷえいこせいすい》などとて、孜々《しし》経営して心身を労する其有様は、庭に塚《つか》築《つ》く蟻の群集が驟雨《しゅう》の襲ひ来るを知らざるが如く、夏の青草に翻々たる蟀蚚《ばった》が、俄に秋風の寒きに驚くが如く、可笑しくも亦浅まし……

フランクリンは蜉蝣に人間の栄枯盛衰を見た。福沢はあくせく働く蟻やばったに人間の身上をなぞらえた。フランクリンならばここで諧謔をまじえて「そうした次第でありますから」と夫人たちの光輝く笑顔と玉のような声を求めに行くところだろう。そのギャラントな訴えが順接の論理というものである。ところが福沢においてはそれが逆接の論理となる。すなわち「亦浅ましき次第なれども」しかしすでにこの世に生れ出た以上は「蛆虫《うじむし》ながらも相応の覚悟なきを得ず」、

即ち其覚悟とは何ぞや。人生本来戯《たはむれ》と知りながら、此一場の戯を戯とせずして恰《あたか》も真面目に勤め、貧

苦を去て富楽に志し、同類の邪魔せずして自から安楽《あんらく》を求め、五十七十の寿命も永きものと思ふて、父母に事《つか》へ、夫婦相親しみ、子孫の計《はかりごと》を為し、又戸外の公益を謀《はか》り、生涯一点の過失なからんことに心掛《がく》るこそ、蛆虫の本分なれ。否な蛆虫の事に非ず、万物の霊として人間の独り誇る所のものなり。

福沢が同様趣旨を明治二十五年十月に講演した時、植村正久は福沢が宗教問題に言及したことに注目し、同月の『日本評論』に批評を寄せた。

ああ先生は人間万事夢の如し、小児の戯れに異らずと大悟せらる。然れども戯《たはむ》れながらも之を本気に勉《つと》むるは人情の免れざる所なれば、之に執着拘泥《しふちやくこうでい》せざる様心懸くべし。此の精神を養はんがためには、生《しやう》者必滅《じやひつめつ》、人生朝露の真相を観ぜざるべからず。此れ福沢先生の福音なり。此れ真正の福音なるか。日本は此の預言者に導かれて真個の楽地に達するを得べきか。

『福沢先生の諸行無常』が植村のこの文の題であり、かつ批判であった。だが植村は後にその批判を翻然《ほんぜん》と改める。それというのはフランクリンの『蜉蝣』こそ諸行無常をそのまま述べた、淡い享楽主義の色彩りを帯びた、ニヒリズムに近いなにかだが、福沢は逆接の論理を用い、人生戯れと知りながらこの戯れを戯れとせず、恰も真面目に勤めることに人間の誇りを見たからである。

綱島梁川《つなしまりようせん》は明治三十年九月『早稲田文学』に『福翁百話』への感想を寄せ、西洋文明宗の福沢が「未だ全く東洋魂を脱せざる」他の一面を有することに非常なる驚きを示しつつも、「恰《あたか》も」というのは言行を二にするものだ、と批判した。

「氏は処世の便宜より割り出して人生観を作れるにて、人世観より割り出して処世法を定めたるにはあらざるが如し」

丸山真男氏は『福沢諭吉の哲学』でその綱島批判は問題提起の仕方そのものに間違いがあるとしてこう述べた。

「もし戯れという面がそれ自体実体性を帯びるとそこからは宗教的逃避や虚無的な享楽主義が生れるし、真面目という面が絶対化されると、現在の situation に捉われて自在さを失いやすい。真面目な人生と戯れの人生が相互に相手を機能化するところにはじめて真の独立自尊《どくりつじそん》の精神がある」

丸山氏の福沢論には下敷となった西洋思想史の研究があり、その図式の福沢の場合への機械的な応用に過ぎないとして批判も出ている由だが、右の綱島批判に対する反批判そのものはそれなりに適切なもののように思われる。

植村正久の弔辞

明治の日本キリスト教界の有力者で、福沢諭吉に対して偏狭《へんきょう》過激なる非難を発した人が内村鑑三であるとしたら、理解と敬愛とをこめて批判した人は植村正久であった。明治三十三年一月十日の『福音新報』に、植村は、前年末の『時事新報』に報ぜられた慶應義塾教員浦田義雄の臨終の模様を再録して、こう述べている。

浦田氏語れる中に曰く、『福翁百話』の文章に、人間万事戯のごとしといひ、或ひは常に物の極端を考へて居れと言ひ、或ひは戯れ去り戯れ来たるなど言ふ語あり。これらの語は、今生死の境に在る余に取りていかばかりの力となれるぞや。余はかく危篤《きとく》なるも、更に心に迷ふことなし。折々滑稽《こつけい》をまで口にするを得るは、皆先生の賜物《たまもの》なりと。……最後に身体の苦痛を訴へしとき、一友人は「ゴット」君を守り居れば大丈夫なりと言ひしに、彼はゴトゴト言ひたまふなと洒落《しやれ》、一時間ほど経て死去せり。彼は実に福沢翁の思想に化せられ、『福翁百話』をそのバイブルとし、人生は「真面目です。ゆゑに我々は今日今日を大切と思ひ、一生懸命にやらなければなりません」とて、この世を人生の最始最終と信じ、この世を円満に送るを人生の目的となし、これをもつて安心し、自ら言ふところの迷ひなく過ごしたるなり。

福沢諭吉の「哲学」は、福沢が特に考え出した思考体系ではなく、武士たちの間で考え抜かれてきた人生に対する覚悟のようなものを文章化したまでであったろう。それだから浦田青年もすなおにその見方を受入れたのである。それにしてもキリスト教の新聞が、浦田の「ゴトゴト言ひたまふな」という洒落《しやれ》をそのまま転載しているあたりが、植村の包容力を正直に示していて面白い。植村は福沢の安心法を一見批判した人ではあるが、浦田青年の臨終の情景に心打たれたのである。福沢の死生観は、この限られた人間実存を生きる覚悟を示した点において、単なる諸行無常ではなかったのだ。

福沢諭吉が明治三十四年二月三日逝去した時、植村正久は『福音新報』に「是国民の一大不幸なり」と弔文を寄せた。それは福沢の生涯と事業の意義を説いてまことに見事な一文であるが、その中で本稿の筆者にとっていかにも興味深いのは、植村が福沢の著作中後世に存するものとして『福翁自伝』をあげ、さらに福沢をフランクリンに比べていることである。やや長きにわたるが『福沢先生を弔す』よりその条りを引用したい。

先生は常識の人なり。其の天分性格、米国のフランクリンに酷似《こくじ》す。或は其の笑殺諷刺《せうさつふうし》其の他の点に於て仏蘭西のヴォルテールに似たりとなす。然りと雖も余輩は之をフランクリンに比するを最も適当なりと信ず。先生がフランクリンの著書よりプーア・リチャードの格言を抄《ぬ》きて之を我が国民に示したるが如き偶然に非ず。金銭の貴ぶべき、時間の重んずべき、実務の軽んずべからざることなどにつきて先生の所説及び教訓、フランクリンと好一対なり。両者ともに平凡的世俗主義を上品に実行し、独自一己の力を以て躬行《きゆうかう》実践の功を積み、遂に天下に大名を成せり。合衆国到る所フランクリンの紀念像を有すること最も多き米人が、何事にも其の風格を存する如く、福沢門人の人々も先生の面影を表はすに似たり。然れども上品なるエピキュラスの徒遂に豚小屋主義に陥りたる如く、又フランクリンの感化を受くる者誤つて全能なる弗《ドル》の崇拝者となれる如く、何人も武士風ありと認め、俠骨《けふこつ》あると称讃《しようさん》し、道義の念深しと尊崇《そんすう》する福沢先生の末流また拝金の徒少しとせず。是其の議論の弊なるか、其の主義の論理的結果なるか、……其の所説及び其の主義は論理的に如何なる結果を生ずべきものなるや、此は一つの公開問題なり。余輩時を得て之を研究せんと欲す。

先生は豪邁《がうまい》なり。活潑なり。独立自尊なり。常識に富み、眼光炯々《がんくわうけいけい》、時と勢とを察知して、能く事物を料理するの天才あり。先生は道義心篤《あつ》く、正直にして古武士の風あり。然れども其の著しく欠く所のものは崇拝の念なり。彼はフランクリンの如く物理学を嗜好《しかう》すること意外に深し。曾《かつ》て之と談話せしとき、先生が頻《しき》りに造化の妙用を讃へ、自然界の約束厳格なるを賞し、天地の広大なるを驚嘆せられし音容髣髴《はうふつ》として目前に浮び来る。……然れども道義上宇宙に於て感嘆すべきもの先生には之無きなり。其独立自尊《どくりつじそん》、偶像破壊《ぐうざうはくわい》、四民平等《しみんびやうどう》、簡易活達《かんいくわつたつ》を旨とするが如き其の裏面には先生の胸中崇敬の念乏しきを見るべし。其の常識は四面を見渡し、眼下を見下ろすことを得たるも、仰いで高きを窺ふこと能はず。先生は瞻仰《せんぎやう》者にあらざりしなり。……然れども不思議なるは、常識の人フランクリンが十三州挙兵の際、聯邦の基礎を置かんとする会議に於て議論紛々たるを悲み、自ら純乎たる基督者ならざりしにも拘はらず、祈禱《きたう》を以て開会すべしと発議せしことなり。我が福沢先生も亦此に類するものあり。時としては本願寺の改革に尽力し、真宗の拡張に一臂《いつぴ》の力を致されしこともあり。時に宗教論を『時事新報』に掲載し、老婆心的保護的口調を以て、基督教の為めに利益を計り、仏教僧侶の矯弊《けうへい》策を講じたることもあり。然れども崇敬心の欠乏は先生をして到底基督教の如き信仰の趣味を解すること能はざらしめたり。
朝に夙に起き出で、門生数名と共に老壮士の如く郊外に散歩し、夕には後進を座に引きて快活に談話し、家庭にありては夫婦の和楽、親子の親愛、世に名高きほど濃厚なる福沢先生は逝きぬ。余輩国民と共に其の死を哀悼すること切なり。

一身二生

ここで植村正久が時を得て研究したいと言ってそのままになった福沢と彼の末流の拝金宗の徒との関係、ならびにフランクリン自身とその後裔《こうえい》なる全能なる弗《ドル》の信奉者との関係、さらに過渡期に一身でありながら二生を送った人々が抱えた問題について一考したい。

福沢の場合の面白さは、福沢が伝統的な価値観を否定したことにより、新しい文明開化のために八面六臂の大活躍をすることを得たようでありながら、その実、福沢は当初は無自覚的に、後年は自覚的に、過去伝来の血肉化した価値観を肯定し、かつそれに従っていた、という事実である。わかり易い例からはいると、正宗白鳥は『福沢翁自伝読後感』で、福沢の文体に見られる彼の過去の文章上の素養に注目した。すなわち福沢諭吉は、

いかに世界人の面影があつても、森有礼《もりありのり》と異り、新島襄《にいじまじやう》とも異つてゐた。漢学を蔑視《べつし》し支那思想を排斥してゐたに関はらず、年少の頃、時代の習慣通りに学ばされた漢学の亡霊は、無意識のうちに彼れを支配してゐた。あの平易な文章にしても、相当に漢学の素養があつた上の平易な文章なればこそ、自から日本の読者の心を魅する力を具へた訳である。

この辺が敗戦後の文部省や文化庁や一部国語学者の一見福沢流の俗文主義を採用したようでいて実は誤った方針――ただ漢字の数を制限して平易な文章を書かせれば良い、という行き方と、結果において雲泥の差が生じた所以でもあろう。福沢の倫理についても似た事がいえる。封建制の廃止につとめた福沢には「武士道の残光」があった。白鳥はいう、

> 醇乎として醇なる世界人であつたなら、その先覚者らしい所説も、あゝすら〳〵と世上に流布しなかつたであらう。晩年に過去を回顧して、自分で自分の生を幸福と感ずるやうな訳には行かなかつたであらう。

『西欧世界と日本』の著者G・B・サンソムも皮肉抜きに同様の観察を下した。(6)

> 福沢はつつましい武士の家庭で育ったが、少年時代にそこで受けた鍛錬が、のちの成功の大部分のもととなっている。たしかに彼は非正統派であり反伝統派ではあったが、それにもかかわらず封建的行為規範のなかのもっとも賞讃すべき特性である自己統御とひとつになった強い義務感や、俗世の富に対する一種の侮蔑《ぶべつ》、といった美徳を典型的にそなえた存在でもあったのである。

旧士族にとっての道徳規範は徳を身につけることであった。しかるに福沢は、近代主義者として、富を獲ることを新しい道徳規範として国民に向けて説いたのである。福沢がその主張した功利主義的人生観のために世間から非難を浴びたことはすでに述べたが、ここにおいても新旧の経済倫理の関係は、福沢の文章における新旧の素養の関係と同じごとくに作用した。犬養毅《いぬかいつよし》は慶應の古い出身者として、「福沢先生を拝金宗の本尊のやうに言ふは大なる間違ひである」と『木堂談叢』で言った。福沢は学生や世間を誘掖《ゆうえき》教導するため

に、最初は封建の旧思想と旧学問を打破するために、すべてその正反対の極端な主張をしたのだ……

しかし慶應の出身者が福沢のその主張を額面通り受取って実業界で活躍したのもまた事実である。武藤山治は師と弟子の関係について『福沢先生の思ひ出』の中で「(福沢先生は塾生に対し)強く拝金宗の催眠術をかけたままこれを解かずしてお亡くなりになつた」と述べたが、その譬えはその間の機微を伝えて興味深い。福沢自身は金銭を運用して利子を取ることもせず、「机の抽斗の会計」に終始した人であったことはすでに述べた。しかし明治十四年政変以後、慶應を出た福沢の弟子たちは実業界に身を投じ、その幾人かは銀行家として名を成し、財を築いた。しかも福沢が愚弄《ぐろう》し排斥《はいせき》したことによって、武士根性は弟子たちの間からは消え失せた。武藤は三田の卒業生の「大多数は一生を金儲けに没頭して、世事を顧みない教育ある素町人」となってしまった、と観察したのである。

ところでこれと同じような過渡期の特性はひょっとしてフランクリンにもあったことではあるまいか。すくなくとも世上で誤解されているように、ピューリタンであったから彼があれだけの活躍が出来たのではない。そうではなく信仰を失い旧套《きゆうとう》を脱したことにより、彼は新しいアメリカ社会のために八面六臂の大活躍をすることを得たのである。それでいてその実、世俗化された形でのピューリタニズムの倫理を守っていたから、社会的にも成功することを得たのであろう。ウェーバーはプロテスタンティズムの中でもとくにピューリタニズムの倫理が宗教性を失ったけれども、世俗化された姿で引継がれ、それが近代西洋の資本主義文明をつくりあげた精神的推進力となった一例として、『聖書』の、

「汝その業にはげむ人を見るか、かかる人は王の前に立たん、かならず賤者《いやしきもの》の前に立たじ」

という箴言《しんげん》二十二章二十九節のソロモンの教えが少年フランクリンに及ぼした効果に触れている。この「業」は(ウェーバーの著書では自説に都合のいいよう Beruf「天職」と独訳されているが)、フランクリンが父から読んで聞かされた欽定訳聖書では business となっている条りで、英文を引くと、

"Seest thou a man diligent in his business? He shall stand before kings."
フランクリンが勤勉であったのは、ただ単に金を儲けさえすればよいという利潤追求主義に発した行為ではなく、父からたびたび言って聞かされたこの種の教訓が自己目的化された結果である。そして「貨幣の獲得は、近代の経済秩序の中では職業における有能さの結果であり、また現われであって、こうした有能さこそフランクリンの道徳のアルファでありオメガなのである」とウェーバーは観察するのである。仕事は経済的行為ではなく精神的行為なのである、仕事は一種の精神的充足を求めて行われる、――それで利潤追求の行為も倫理的行為であり、神の祝福を受ける、ウェーバーはそのように巧みな説明を施したのであった。フランクリンも自伝で父からソロモンの教えを度々聞かされたので、「その時分から私も勤勉こそ富と名声を得る手段だと考え、これに励まされていたのである」と言っている。ただしその次のつけ足しは、ウェーバーの引用にはない、フランクリン独特のユーモアであって、箴言《しんげん》中の王はここでは実際世俗化した姿で現れた。

もっとも私は文字通り「王の前に立つ」ようになろうとは夢にも思っていなかったのだが、後にそれは事実となって現われた。というのは、私は五人もの王の前に立ち、ことにその一人、デンマークの王とは食事をともにする名誉を得さえしたのである。

平民から成るアメリカ人の間にかえって強い王侯貴族への憧れ、それに似たなにかがこの一節にもナイーヴに示されている。このデンマーク王はクリスチャン七世の由で、一七六八年英国を訪れた際、フランクリンを食事に招待したとのことである。

「プロテスタンティズムの倫理と日本資本主義の精神」

ここで敗戦後の日本の論壇を風靡《ふうび》した、ウェーバーの説を権威として行われた日本批判に触れないわけにはいかない。それは、日本はプロテスタンティズムの伝統を欠く、そのために日本は近代市民社会が健全に発達する人間的基盤をもまた欠く、とするいわば欠除体による日本の前近代性への批判であり、日本における資本主義発達の歪《ゆが》みの告発であった。昭和二十年代、人々は自信を喪失《そうしつ》していたから、その種の自虐的な見解は学界や学生たちの間で広く受けいれられた。だがそれは言ってみれば、「プロテスタンティズムの倫理」と「日本資本主義の精神」を結びつけ、その両者が無関係であることを詠歎する式の批判となっていた。その日本にも資本主義はあり、それに固有の精神がないわけでなく、しかもその日本が予測を越えて急速に経済成長を遂げるに及んで、その種の自虐《じぎやく》的な見解はいつしか力を失っていった。そしてそれに代って、日本資本主義の精神に先行するはずの経済倫理が徳川期の日本の土着の信仰の中に求められるようになった。日本の事物にそれほど詳しくない外国の学者の中にかえって石門心学《せきもんしんがく》の名前をあげる人なども出てきた。それは東アジアでいちはやく近代化した日本と他の儒教文明圏の国々との間に発展の上で顕著な差がある以上、日本資本主義の発達を儒教の倫理で説明することはできない、とはじめからカテゴリカルにきめてかかったためでもあったろう。日本側からも山本七平《やまもとしちへい》氏が『日本資本主義の精神』（光文社、一九七九年）を著者自身の中小企業経営の体験を織りまぜて書いた。それは生きた学問と呼ぶにふさわしい示唆と刺戟に富める論であった。(7)

また別のある人々はプロテスタンティズムの勤労倫理も、他の西洋の文物と同様、明治になって外国から日本へ移植されたと考えた。時を惜しむ精神は時計の舶来とともに伝わったとする考え方である。フランクリンの徳目が美子皇后の手で和歌に移され、「時計のはりの　たえまなく　めぐるがごとく　時のまも　日

かげをしみて　はげみなば」の『金剛石』の小学唱歌が全国津々浦々で歌われ、私自身も小学生の時、フランクリン原作とはつゆ知らず昭憲皇太后の作として歌ったことを思うと、木村毅氏や芳賀徹氏が説くように「フランクリンの影響たるや、実に深遠」ということになるのかもしれない。日本人が自己教育にいそしんだ明治時代は、日本が西洋を手本として努力した日本の「学校時代」であった。その際、日本人に小学校教科書を工夫して与えてくれた人が福沢諭吉なのである。アストンが彼を目して「著述家にして小学校教師」Author and Schoolmaster と呼んだのは決して譏《き》誚《しょう》語《ご》ではない。修身教科書をはじめとする西洋の一連の小学校教科書を平易な日本語に訳して日本国民を啓蒙した福沢は、日本国民全体のために「小学校教師」の役割を実際果してくれた人であったのだから。そしてその近代化への努力は長い間日本人の眼にも西洋人の眼にも西洋化への努力として映じた。それだけに新しい市民道徳も、新しい風俗と同様、西洋起源であると人々は錯覚したのである。

　しかし考えてみると、この勤勉努力という徳目は、なにも明治になって日本人がにわかに身につけた美徳ではなかった。美子皇后の「金剛石もみがかずば」の小学唱歌はたしかに一面ではフランクリンの Industry の訓えに由来する。しかし他面では日本に昔からあった伝統に合致して共鳴現象を起したからこそ明治の日本で根づいたのだ、という点をゆめ忘れてはならない。ちなみにあの唱歌の第二番「水はうつはに　したがひて　そのさまざまに　なりぬなり　人は交《まじは》る　友により　よきにあしきに　なりぬなり　おのれに優《まさ》る　よき友を　えらびもとめて……」の「水随二方円器一」の発想は、荀子《じゅんし》や韓非子《かんぴし》にもあるが、直接には長く日本で親しまれてきた『実語教』から拾われている。明治の知的指導者が、単純な西洋一辺倒でなかったことは、こうした和漢洋への三点測量にも似た配慮からもうかがわれるのである。いま注意して読み直してみよう。

勤労

みがかずば玉の光はいでざらむ人のこころもかくこそあるらし

この美子皇后の御歌は『正法眼蔵随聞記』の次の言葉にぴたりと重なる。

「玉は琢磨《たくま》によりて器となる。人は練磨《れんま》によりて仁となる。何《いづれ》の玉かはじめより光有る。誰人《たれびと》か初心より利なる。必ずみがくべし。すべからく練るべし」

『正法眼蔵随聞記』は西暦十三世紀に編まれた書物だが、しかしこの言葉はその先をさらにたどれば『礼《らい》記《き》』の、

「玉琢《みがか》ざれば器を成さず、人学ばざれば道を知らず」

に通じる。『礼記』は西暦紀元前一世紀、シナの漢の時代の初めに編まれた書物だが、そのような人格陶《じんかくとう》冶《や》の思想が儒教にも仏教にもあって東アジアに連綿として続き、徳川時代には、

「艱難汝《かんなんなんぢ》を玉にす」

という格言が広く世間に行われていたからこそ、フランクリンのプロテスタンティズムの倫理も、スマイルズの「自ラヲ助ク」の独立自助の精神も、わが国で共感を呼んだのである。「自助」とそれに由来する「立身出世」の道徳は徳川時代の日本でもすでに広く説かれた道徳であった。

○人は常に立身出世を心がくべし。

○みな〳〵身を立て出世し、諸人に誉《ほめ》られ可愛がられんとの心ざしは、生れながらに自然の望みなり。

○するぐ〳〵の立身出世的《まと》にして、やたけ心にはげめ商《あきな》ひ。

これらは『米穀売買出世車』、『商家見聞集』、『現銀大安売』などの江戸時代の町人教訓書に出てくる言葉である。五七五七七の諺と化している最後の句など福沢が訳した『童蒙をしへ草』中のフランクリンの諺かと見まごうばかりではないか。また、

○朝は日の光さし、鳥のなくを相図におきて、手水をつかひ、髪をゆひ、身ごしらへして、面々のつとむべき家業天職をつとむべし。

という『渡世肝要記』の家業道徳のごときも"Early to bed, and early to rise……"に始るフランクリンの一連の類句を連想させるではないか。いや福沢の拝金宗に類する教えも、江戸時代、大都市町人の間ではすでに説かれていたのである。

○町家には上下なし、いはば同列にて差別なし、金銀を沢山に持ちたる者を上とす。

しかしいつの世にも流行がある。今日、かりに同じ内容であろうとも、「立身出世」といえば古く野暮《やぼ》くさく聞え、「自己実現」といえば新しく恰好《かっこう》よく聞える。それと同じことで、すべて日本的なもの、東洋的なものは古臭いと思われたに違いない明治初年の日本で、『正法眼蔵随聞記』や『礼記』を引いて「玉琢《みが》かざれば器を成さず」と説いてみても、若い人の心をとらえることはできなかった。ましてや町人風情の読物である『商売教訓鑑』を引いて士族の子弟を説得することはできなかった。だが玉は玉でも「金剛石」といえば、ハイカラなダイヤモンドは、『金色夜叉《こんじきやしゃ》』でもわかる通り、青年子女にアッピールした。「時計のはり」といった歌詞には、いかにも舶来らしい、外の世界からの新鮮な刺戟がまじっていたのである。同じく「立

身出世」の思想であっても、それがフランクリンやスマイルズや福沢の口を通して語られる時には、理想主義の色彩を帯びて明治の青春の目に映じたのであった。

その過渡期の微妙な心理を伝える興味深い一例に次のエピソードがある。若き日の幸田露伴《こうだろはん》が子供向けに書いた立志伝に『鉄三鍛《てつさんたん》』（明治二十三年）があるが、その初版で主人公の鉄造が手にしていた本は二宮尊《にのみやそん》徳《とく》の『報徳記《ほうとくき》』であった。勤勉努力や立身出世の伝統は、繰返すが、明治以前からすでにあったのである。しかし文明開化の時勢にすこぶる敏感であった露伴は、その同じ『鉄三鍛』の後の版では少年が手にしていた本を『報徳記』からスマイルズの『西国立志編《さいごくりっしへん》』に変えた（前田愛氏の調査による）。この鉄造の愛読書の変化には世相の変化が如実に読み取れるが、しかしそれは同時に日本における勤労倫理の継続性をはからずも証していたのである。二宮尊徳らが説いた克己修身の儒教的禁欲主義が伝統的な土壌としてあらかじめ存在していたからこそ、スマイルズやフランクリンの修身十三箇条も日本では接木されることが可能だったのである。幸田露伴の『鉄三鍛』や国木田独歩《くにきだどっぽ》の『非凡《ひぼん》なる凡人《ぼんじん》』は『西国立志編』の影響をいわば全身に浴びて書かれた作品であろうが、しかしその主人公が、

「労働《はたらき》の報《むく》ひは汝自ら天の無尽蔵《むじんざう》より受くべし」

と叫ぶ時、その言葉が一体、二宮尊徳に由来するのかそれともフランクリンに由来するのか、私たちにはもはや見分けはつかないのではあるまいか。

本書執筆の一九八四年の時点で、この地球上で安定した経済発展を遂げつつある国々は、ウェーバーの『プロテスタンティズムの倫理と資本主義の精神』が刊行された一九〇四、五年当時とは違って、もはやプロテスタント系の欧米諸国だけには限られない。なるほどカトリック系諸国は依然として低迷し、とくに中南米諸国の混迷《こんめい》は甚しい。イスラム圏も安定した経済成長からはほど遠い動乱に捲きこまれている。ところがその中にあって日本、台湾、韓国、香港、シンガポールなどの諸国の着実な経済成長がいまや全世界の注

目を惹く時代にはいったが、それは一旦テイク・オフに成功した後の段階で儒教の倫理と資本主義の精神の間に因果関係があることを確実に示唆している。

自我を剝《む》き出しにした個人の自己主張よりも自己を抑える規律の方が結局は社会を構成する各個人の福祉の向上につながること、自己の権利のための闘争至上主義よりも上に立つ人の親心をも含む他人へのおもいやりの方が結局は社会の潤滑油《じゅんかつゆ》として貴重であること、無限な欲望の追求よりも足るを知る心の方がこの有限な社会の秩序を維持する上で大切であること、男女の平等をひたすら求めるよりも男女にそれぞれ固有の役割分担を認めること、幼児の母親が家庭に留ることによって子供の非行化や家庭の崩壊《ほうかい》を防ぐこと、夫婦のきずなのみか親子のつながりをも重んじ、老人を敬うこと、一言を以てすれば「恕《じょ》」の訓えに基く社会を維持すること……

西洋人の中にはそのような社会はもはやこの世にはあり得ぬ楽園だとして一種の喪失《そうしつ》感をもって過去を追懐《ついかい》する人もいる。だがもし東アジアの国々が、右にあげたような伝統的な穏やかな倫理的雰囲気に積極的な価値を認め、それなりに市民社会としての成熟を遂げるなら、やがては欧米人も羨望《せんぼう》する楽土が現出するのではあるまいか。いやすでに実際に現出しつつあるのではあるまいか。人気《じんき》の良い、穏やかに栄えた大都会は、中南米からも北米からも姿を消した。ところがそれに引きかえ東京や台北では夜分でも女子供がなんと心配なげに自転車を走らせていることだろう。以前私は、成田空港へ帰着するたびにほっとするのは、私自身が日本人だからだと思っていた。ところが近年は日本在勤の米国人諸氏もニューヨークやロスアンジェルスから東京や大阪へ帰任するたびに緊張が弛むというではないか。そのような犯罪にまつわる彼我《ひが》の実情を知る今日の私たちには、敗戦後、日本の経済史家たちがなぜあれほど外国の権威にすがって、自己卑下《じこひげ》と尊大《そんだい》のいりまじった自国批判を繰返していたのかと訝《いぶか》しく思われるのである。

東アジアの大陸外の国々は、西洋起源のイデオロギーを字義通りに受取らず、それらを国是としなかったことによって今日、繁栄を享受しているのではあるまいか。だとすると学者たちもウェーバーやマルクスなどの原書講読や、書籍的な解説などに自己の本務を限劃せず、目を日本を含む東アジアの現実に向けてそこから出発し、宗教倫理と経済発展の関係についてその実態を調べ、有効な発展の理論を提示していたならば、と我国の自前の学問の進歩のために惜しまれてならないのである。

独立自尊

バジル・ホール・チェンバレンは『日本事物誌』の序章で次のように述べた。

近代日本の過渡期を生きてきたということは、異常に齢《よわ》いを重ねたという感じを人に与える。一方では近代の中にいるのに、他方でははっきりと中世のことを思い出すことができるからである。

明治六年、二十三歳の時来日したイギリスの日本学者は「自分がはじめて日本語の手ほどきを受けたのは、腰に二本の刀をさし、頭にちょんまげを結った愛すべき老武士からであった」。しかし *Things Japanese* が出た明治二十三年、「いまその侍の後を継ぐ日本人は、かなり流暢《りゆうちよう》に英語を話し、実用的な上下揃いの服を着用していて、眼尻が切れているのと髯が薄いという点を除けば、まるでヨーロッパ人のようにも見える」と評した。

このイギリス人と同じような歴史意識をもって近代の日本に対処した人は日本人にもいた。福沢諭吉は、明治八年に出した『文明論之概略』の緒言に彼自身の体験を次のように語っている。福沢は文明について論ずることの難しさを語りつつ、しかも「爰《ここ》に亦《また》偶然の僥倖《げうかう》なきに非《あら》ず」とも述べているが、その僥倖とは次のことをいうのであった。

我国開港以来、世の学者は頻《しきり》に洋学に向ひ、其研究する所、固《もと》より粗鹵狭隘《そろけふあい》なりと雖《いへ》ども、西洋文明の一斑《いっぱん》は彷彿《はうふつ》として窺《うかが》ひ得たるが如し。又一方には此《この》学者なるもの、二十年以前は純然たる日本の文明に浴し、啻《ただ》に其事を聞見《ぶんけん》したるのみに非ず、現に其事に当て其事を行ふたる者なれば、既往《きわう》を論ずるに臆測《おくそく》推量の曖昧《あいまい》に陥ることと少なくして、直《ただち》に自己の経験を以て之を西洋の文明に照らすの便利あり。

福沢はこのように非西洋の出身者が西洋文明と自国文明との比較研究を行う上ではかえって利点のあることをいい、次のように指摘した。

試《こころみ》に見よ、方今我国の洋学者流、其前年は悉皆《ことごとくみな》漢書生ならざるはなし、悉皆神仏者ならざるはなし。封建の士族に非ざれば封建の民なり。

そして事実、生没の年から見ると、福沢自身ほど二つの時代を二つながら生きたと感じさせる人は珍しい。福沢は維新に先だつこと三十三年の天保五年に生れ、維新に後れること三十三年の明治三十四年に死んでおり、その一生は明治維新を中心にちょうど二等分されていたからである。福沢はその東と西に跨がる二つの体験を一身に重ねてもち得た幸福を、

恰《あたか》も一身にして二生を経《ふ》るが如く、一人《いちにん》にして両身あるが如し。

といった。福沢は過渡期の偉大さである一身二生を体現していたために、俗文主義を唱えながら独特の名

文を書いた。封建の門閥制度を親の仇として憤《いきどお》りながら、明治政府には仕官せず士道を全うした。福沢は近代的な紳士の模範と目すべき人であったが、その内には封建的行為規範のなかのもっとも賞讃すべき特性が最後まで備わっていたのである。それらの諸特性についてはすでに述べたが、それらは福沢がおそらく無意識裡に過去から引継いだ価値観であったろう。

しかし『文明論之概略』の緒言の言葉は、福沢がコンパラティスト（比較研究者）の立場に自覚的に立っていたことを示す重要な一点である。福沢が生涯繰返し唱えた学問上、精神上の「独立自尊」もこの点を抜きにしては考えられない。

和辻哲郎《わつじてつろう》は『福沢諭吉』という短文（『黄道』、角川書店、所収）でそのことにふれ、「福沢の著書は、単に啓蒙の仕事として非常に有効であったのみならず、またこの変革に対する認識を示すものとしても、非常に優れていると思われる」と述べ、右の緒言にふれて、「権力のあり場所が移るに従って立場を変えた人は、『一身にして二生を経るに等しい』というような体験を偶然の僥倖《ぎょうこう》として人前に誇ることはできないであろう」とも述べている。外国思想という権威の輸入に追われて、その流行になびきつつ立場を変えるような人々にもこのような一身二生の体験は難しいことであろうと思われる。福沢は洋学を高唱した人であるにもかかわらず、洋学者流が時流には乗ったが、自覚を欠いていることを心配した。福沢に言わせれば、彼等には「独立の丹心の発露」が見られなかったからである。それは彼等が時代の気風に酔って自らを知らないからである。――だがしかしその気風を醸成《じょうせい》するにあたっては福沢にも責の一半はあったと私は思う。

福沢は一身二生の日本人が学問を進める上でまたとない僥倖に恵まれていることを読者に説いた。しかし、福沢の慶應義塾でもその種の彼我《ひが》の実体を冷静に見つめて、旧文明の経験によって新文明を照らし、新文明の光によって旧文明を実験する――その種の真に学問と呼ぶにふさわしい行為は残念ながらそれほど行われていなかったからである。原書講読――それが慶應義塾の、いや日本の高等教育の、基本的な授業形態であった。そのような授業を続ける限りは、原書が権威を帯び、権威への追随がなされ、それに従って精神上の独立自尊が損われるのは当然の推移ではなかったろうか。

今日の私たちについても同じ事がいえる。私たちは日本人であり、かつ西洋文明を学んでいる。それは我等の両身であり、その両身が自分の中で渦巻いている東洋と西洋とを比較し、いわば自分自身を実験台に供するのでなければ、真の学問も文明論も成立つわけのものではないのではなかろうか。比較日本文明編もあり得ないのではなかろうか。

それが私が『福翁自伝』や『文明論之概略』の緒言から引き出す学問上の独立自尊についての見解である。またそれが植村正久が発した問い――独立の気風ありと認められた福沢とそれとは異る末流の関係、についての私なりの解答ないしは解答への示唆である。

明治維新は過渡期だ、それだから原書講読風の授業も止むを得なかった、という弁明もあるだろう。しかしそれならば昭和二十年も、いや今日も、日本はそれなりに過渡期なのである。そしてそのいつの時代にも原書講読は必要なのである。ただ学問はそれだけであってはならないのだ。過渡期には過渡期の利点というものがある。今日の私たちも、努力する限り、一身二生の生涯を送る僥倖はなきにしも非ずなのである。先輩の生涯はそのような意味においても私たちの生き様の上で、刺戟となり励ましとなる。フランクリンや福沢の自伝を読むことの意味は、そのような文脈においても認められるのである。それでは最後に日本でこれらの自伝がどのように読まれたか、米国と日本の文学史の中で二つの自伝がそれぞれどのように位置づけられているかを吟味して終りとしよう。

費府《ヒラデルヒヤ》と土佐の西の端の柏島

『西国立志編《さいごくりつしへん》』の中でスマイルズはコットン・マザーの文章が刺戟を与えてフランクリンの文章が生れ、

そのフランクリンの文章が模範となってサミュエル・ドルーの文章が生まれた先例にふれて、「好儀範ノ将来ニ伝ハルコト、何ゾ底極《いたりきは》マルトコロアランヤ」と言った。

似たことは『福翁自伝』についてもいえる。この自伝の成立それ自体が内外の先輩の自伝から刺戟を受けた結果であり、『福翁自伝』が出ると、今度はそれが刺戟となってその後は日本人も盛んに自伝を書くようになったのである。石河《いしかわ》幹明《かんめい》が明治三十二年「初版序」に寄せた言葉によれば、慶應義塾の社中では「西洋の学者に往々自から伝記を記すの例あるを以て」福沢に自伝の執筆を慫慂《しようよう》したという。その際『フランクリン自伝』から『福翁自伝』への刺戟伝播があったか否かが興味を惹くが、福沢自身には読んだ形跡は見当らない。彼のフランクリン知識は冒頭に引いた『童蒙をしへ草』中の記事が一番詳しいものである。しかし福沢門下の何人かは必ずや『フランクリン自伝』を読んでいたに相違ないから、自伝執筆慫慂の際にはなにかと話題にのぼったことであろう。

他方、自伝執筆に際して福沢の脳裏に確実に浮んだ日本の自伝的著作はすくなくとも二つあった。一つは既述の白石の『折《をり》たく柴《しば》の記《き》』で、いま一つは玄白《げんぱく》の『蘭学事始《らんがくことはじめ》』である。とくに後者は福沢が感涙にむせびつつ読んで、杉田家の許しを乞うて明治二年、自費で版本に付したほどであったから、脳裏に深く刻まれていた。福沢が緒方塾での蘭書講読の情景を語った時、その遠景として前野《まえの》良沢《りようたく》や杉田玄白らのターフル・アナトミア解読の情景がおのずと去来したに相違ない。

『フランクリン自伝』に刺戟されて自伝を書いた明治人に『自叙略伝《じじよりやくでん》』(中公文庫)の尾崎三良《おざきさぶろう》がいたこと、フランクリンの名をはしがきに掲げて自伝執筆の正当化を計った人に『妾《わらは》の半生涯《はんしやうがい》』(岩波文庫)の福《ふく》田《だ》英子《ひでこ》らがいたことは佐伯《さえき》彰一《しよういち》氏によってすでに指摘された。尾崎三良の嗣子洵盛が残した父の思い出は自伝が自伝を呼ぶものであることを示していて面白い。

「先考が自叙伝記述の思立はベンジャミン・フランクリンの自叙伝を読まれたるによる。予十八、九歳中学四、五年生なりし頃と覚ゆ。学校にて教科書に使用せるフランクリンの自叙伝を偶々一見したまひ頗る之に興味を感ぜられ、別に一本を求めて熟読せられたり」

それがきっかけで洶盛を呼んで口述筆記したのだという。

福田英子の自伝は明治三十七年に出たが、当時フランクリンの名前は日本人によほど親しいものであった。島崎藤村が信州小諸の塾に赴任して夏休み生徒に乞われるままに課外に読んで聞かせたのも『フランクリン自伝』の英文であった。東京から四国の松山中学に赴任した数学の新米教師が、帝国大学出身の文学士がロシヤ新文学に言及する衒学癖《げんがくへき》に反撥して、ゴルキも丸木も知ったことか、

「云ふならフランクリンの自伝だとか……おれでも知つてる名を使ふがいゝ」

と心中で叫んだのは夏目漱石の『坊っちゃん』（明治三十九年）の一節であった。

漱石が俳諧の上で兄事した正岡子規もフランクリンのこと、フィラデルフィアのことは学生時代から聞き知っていた。明治十八年にはその町を舞台に始まる政治小説『佳人之奇遇《かじんのきぐう》』を読んで熱狂したこともあったからである。

東海散士一日費府《ヒラデルヒヤ》ノ独立閣《インデペンデントホール》ニ登リ、仰デ自由ノ破鐘ヲ観《み》、俯《ふし》テ独立ノ遺文ヲ読ミ、当時米人ノ義旗《ぎき》ヲ挙テ英王ノ虐政ヲ除キ、卒《つひ》ニ能ク独立自主ノ民タルノ高風ヲ追懐シ、俯仰《ふぎょう》感慨ニ堪ヘズ。愾然トシテ窓ニ倚《より》テ眺臨ス。会々《たまたま》二姫アリ、階ヲ繞《めぐり》テ登リ来ル……

気宇雄大な政治的ロマンスの構想ではないか。いまインディペンデンス・ホールに登る世界の一体どこの国の人が、このような独立自主の憧れを抱くだろうか。主人公はさらにフィラデルフィアのフランクリンの墓を訪れ、彼自身の決意を誓う。

自由ノ棲ム処是レ我郷
千古ノ格言掃フ㆓俗塵ヲ㆒

八寸之筆三寸ノ舌
誠忠凛烈 泣カシム㆓鬼神ヲ㆒

この漢詩は子規だけではない、当時満都の若者がみな愛誦《あいしょう》した。二年後の明治二十年に御手洗正和が『フランクリン自伝』を『名華之余薫』と題して訳した時も、序にこの東海散士こと柴四朗の漢詩を引いている。政治が一般の希望でもあり憧憬《しょうけい》でもあった時代には、日本でも、そして清末の中国でも、『佳人之奇遇』は梁啓超《りょうけいちょう》の漢訳によって愛読されたのである。国士となることを理想とした正岡子規もこの政治小説に傾倒した。「費府」という漢字そのものが彼には慕《した》わしいものに思われた。それは後代の青年子女にとって「巴里」という字面がえもいわれぬ魅惑《みわく》を漂わせることにやや似たなにかですらあった。考えても見るがいい、「天は人の上に人を造らず、人の下に人を造らずと云へり」という明治の青年の心をひとしく打ったあの福沢の『学問のすゝめ』の巻頭の言葉——あの名言もその「云へり」という由来はこのフィラデルフィアの「独立ノ遺文」*Declaration of Independence* の中の“All men are created equal.”にあるというではないか。修辞がかったジェファスンの草稿に手を入れて平明な文辞《ぶんじ》に整えたのはフランクリンであったという。

しかし子規には洋行する機会はついにまわって来なかった。彼は結核性の腰椎骨《ようついこつ》のカリエスを病み、阿鼻《あび》叫喚《きょうかん》の苦悶《くもん》を発して病牀に呻吟《しんぎん》する身となってしまったのである。それでも病牀にあること六年、子規はそこで俳句革新の事業を行い、和歌革新の事業をやりとげる。……

明治三十年、病牀第二年目、松山以来の幼友達《おさな》、秋山真之が海軍から派遣されて洋行することに決った。

君を送りて思ふことあり蚊帳《かや》に泣く

これはその時子規が新聞『日本』に、

「秋山真之ノ米国ニユクヲ送ル」

の言葉を添えて掲げた句である。

明治三十三年、病牀第五年目、東大予備門以来の親友、夏目金之助が熊本第五高等学校教授の身分で文部省から派遣されて渡英することに決まった。そのころ下谷上根岸の子規庵には漱石が山川信次郎に託して送らせた熊本の夏蜜柑が届いた。


夏橙壱函只今山川氏より受取、難有《ありがた》く御礼申上《まうしあげ》候。

御留学の事新聞にて拝見、いづれ近日御上京の事と心待に待居《まちをり》候。

先日中は時候の勢《せい》か、からだ尋常ならず独りもがき居《をり》候処《ところ》、昨日熱退《しりぞ》き其《その》代り昼夜疲労の体にてうつら〳〵と為すこともなく臥《ふせ》り居《をり》候。ホト、ギスの方は二ケ月全く関係せず、気の毒に存《ぞんじさふら》へども此頃は昔日の勇気なく、迚《とて》もあれもこれもなど申《まうす》事は出来ず、歌よむ位が大勉強の処《ところ》に御座候。小生たとひ五年十年生きのびたりとも霊魂ハ最早《もはや》半死のさまなれば、全滅も遠からずと推量被致《いたされ》候。


年を経て君し帰らは山陰のわかおくつきに草むしをらん

風もらぬ釘つけ箱に入れて来し夏だいだいはくさりてありけり（ミナニアラズ）

子規のユーモアは「全滅も遠からず」という軍隊用語を用いた自己客観視の中にも現れている。自分の死を笑っているのだ。最後の歌もその前の歌の「わがおくつきに……」の深刻さを打消すために、わざと気の利かぬ漱石を諷《ふう》する体にしたのである。もっともそれでは送り主の好意に対して相済まぬから、全部腐っていたわけではないよ、と添えた。

だが留学する友人を思うと、子規は自分の身の上と引き較べずにはいられない。明治の青春にとって世界は広く開かれていた。子規は外国の地図に旺盛な関心を示した男であった。その自分がいまは横になったきりである。『病牀六尺《びょうしゃうろくしゃく》』の冒頭で子規は言う、「病牀六尺、これが我世界である。しかも此六尺の病牀が余には広過ぎるのである。僅かに手を延ばして畳に触れる事はあるが、蒲団の外へまで足を延ばして体をくつろぐ事も出来ない」。その子規が明治三十五年九月一日、こんな思い出を口授した。

愈々暑い天気に成つて来たので、此の頃は新聞も読む事出来ず、話もする事出来ず、頭の中がマルデ空虚になつたやうな心持で、眼をあけて居る事さへ出来難くなつた。去年の今頃はフランクリンの自叙伝を日課のやうに読んだ。横文字の小さい字は殊《こと》に読みなれんので三枚読んではやめ、五枚読んではやめ、苦しみながら読んだのであるが、得た所の愉快は非常に大《だい》なるものであつた。費府《フイラデルフイア》の建設者とも言ふ可きフランクリンが、其の地方の為に経営して行く事と、且つ極めて貧乏なる植字職工のフランクリンが一身を経営して行く事と、それが逆流と失敗との中に立ちながら、著々《ちやくちやく》として成功して行く所は、何とも言はれぬ面白さであつた。此書物は有名な書物であるから、日本にも之を読んだ人は多いであらうが、余の如く深く感じた人は恐らく外にあるまいと思ふ。去年は此の日課を読んでしまふと、夕顔の白い花に風が戦《そよ》いで初めて人心地がつくのであつたが、今年は夕顔の花がないので暑くるしくて仕方がない。

自分自身国士になりたい、と思ったことのある正岡子規であったからこそ、病牀六尺の世界に寝て六年目、死ぬ十八日前に、なおこのようなしみじみとした感想を述べ得たのだ。人生を戯れと認めて大悟しながら、その戯れを本気に勤《つと》めて倦《う》まなかった人がいま一人ここにもいたように思われる。

子規は男性的で剛毅《ごうき》なリアリストであったが、事業家でもあった。俳句世界の革新も、和歌世界の革新も、子規にとっては男子の「事業」だったのである。『病牀六尺』の巻頭には先に引いた「蒲団の外へまで足を延ばして体をくつろぐ事も出来ない」有様が叙してあり、「苦痛《くつう》、煩悶《はんもん》、号泣《がうきふ》、麻痺剤、僅かに一条の活路を死路の内に求めて少しの安楽を貪《むさぼ》る果敢《はか》なさ」が記してある。だが「病人の感じは先づこんなものですと前置きして」の次に続く文章のからっと晴れた爽やかさ。

土佐の西の端に柏島《かしはじま》といふ小さな島があつて二百戸の漁村に水産補習学校が一つある。教室が十二坪、事務所とも校長の寝室とも兼帯で三畳敷、実習所が五六坪、経費が四百二十円、備品費が二十二円、消耗品費が十七円、生徒が六十五人、校長の月給が二十円、しかも四年間昇給なしの二十円ぢやさうな。其ほかには実習から得る利益があつて五銭の原料で二十銭の缶詰が出来る。生徒が網を結ぶと八十銭位の賃銀を得る。其等は皆郵便貯金にして置いて修学旅行でなけりや引出させないといふ事である。此小規模の学校が其道の人には此頃有名になつたさうぢやが、世の中の人は勿論知りはすまい。余は此話を聞いて涙が出る程嬉しかつた。我々に大きな国家の料理が出来んとならば、此水産学校へ這入つて松魚《かつを》を切つたり、烏賊《いか》を乾したり網を結んだりして斯様な校長の下に教育せられたら楽しい事であらう。

健康人フランクリンと病人子規ほど天地を異にする対照はない。だが一身を経営して行くことの愉快を感得する点で、この二人はぴたりと重なっている。右の子規の文章に出てくる数字、その数字にこめられたリアリズムと夢……　フィラデルフィアで逆流と失敗の中に立ちながら、著々として成功して行くフランクリンに大いなる共感を寄せた子規は、土佐の西の端のこの水産補習学校の生活にも感動したのである。大江健三郎氏も子規が記した柏島の現実生活に密着した教育の意味を、氏自身が戦後、四国の田舎で受けた民主主義的教育と重ね合わせて論じたことがあったかに記憶するが、明治の教育改革にも戦後の教育改革にも、背景にフランクリンの思想が働いていたことが想起されるのである。

衣服住居を清潔にし、滋養多き食物を取り、時に好むに従ひて散歩、競技、談話等快心の事を為す、所謂衛生なり。

こんな修身十三箇条の一つと見まごうばかりの生活原理を掲げたのも明治三十二年、病牀第四年目の正岡子規であった。本人はすでに病牀にあったが、子規はフランクリンの流儀をおおらかに受け容れて、屈託《くったく》のない声で主張していたのである。

教養小説の系譜の上で

自己という主体があって、その自己が自分自身の生活の設計をしようとする。それが土佐の西の端の水産補習学校であっても、そうした計画を自身の計画と感ずることのできる人にとっては、ヴェルヌの十五少年漂流の島であろうが、柏島であろうが、その生活の夢は夢を呼ぶ。

自分で自分の生活を切り拓く。この世界のさまざまな可能性の前に立たされて、そこで自分の分別と才覚を頼りにこの人生の荒波へ乗り出して行く。そしてその狂瀾《きようらん》怒濤《どとう》にもまれるうちに逆に自分の智恵も判断も身につくようになる。女もいる、金もある、冒険もある、失敗もある。そんな波瀾《はらん》に富んだ外界と主人公との出会い……

西洋世界で成立した文学の一典型は、発展小説 Entwicklungsroman と呼ばれる。それはまた外界と自我との出会いに応じて人間が自分で自分を形成する sich bilden の様を描くところから、教養小説 Bildungsroman とも呼ばれる。『ヴィルヘルム・マイスター』に代表されるその小説の特色は主人公――しばしば一人称で登場する――の修業時代と遍歴時代が語られる点にある。

ところでその形式に照してみると、日本文学の中で教養小説と呼び得る作品は徳冨蘆花《とくとみろか》の『思出の記』がまず第一であろう。明治三十四年という制作年代からいっても作品の前半部の傑出した質からいってもそうである。九州の山奥の妻籠村の幼年時代、夏の夕立や冬の高鞍山の雪、父の死と菊池家の零落《れいらく》、主人公の小学校落第、母や下僕や下婢、西山先生の醇乎《じゆんこ》たる漢学塾、小学唱歌を思わせる兎狩、友人松村清磨の家で過した海のほとりの休暇、私立育英学舎の駒井哲太郎先生……そうした九州で過した歳月が慎太郎の修業時代だとしたら、その先は文字通り遍歴時代といえる。胡麻の蠅に逢い金を盗られ、ちぼに蟇口《がまぐち》を掏《す》られ、宇和島まで渡ったものの雪の夜道に行倒れる……作者自身主人公にこんなことを言わせている。

> 松にせよ、欅《けやき》にせよ、切つた木口《こぐち》を御覧なさい。輪層重々《りんそうぢゆう〳〵》われと吾発達《わがはつたつ》の歴史を描いて居るが、仔細に検すると、其圏《そのけん》と圏《けん》との間は決して一様ではなく、此《これ》でも伸びたのかと思ふ程輪々《りん〳〵》相密接して居るもあれば、或年はまた非常の速力を以て外に向つて膨脹して居る。畢竟《ひつきやう》時間は等差級数を以て進むが時間に生活する或ものは往々にして幾何級数をとつて進むのである。国民の歴史、個人の生涯皆然《しか》りで、若《も》し仔

細に其発達の歴史を点検して見ると、一世紀に当る一年もあらうし、また一秒にあたる一日もあらう。……

このたとえは発展小説や自伝における自我の意識が編年体の年譜や年代記と異ることを明確に示していて興味深い。蘆花には明治の地方出の一青年の自己形成をその内的な論理と生理に即して書こうとする自覚がはっきりあった。その際、蘆花が書こうとした材料は兄蘇峰が経営した大江義塾であり、彼等兄弟の出郷、勉学、上京の体験であったろう。蘆花は彼自身の痛切な思い出や好き嫌いをその作品の中に投入した。だが、他方、『思出の記』の執筆に際しては、『フランクリン自伝』の読書体験もインスピレーションの一源泉となって働いていたのではあるまいか。兄蘇峰がフランクリンの使徒であり、独歩に命じて『フランクリンの少壮時代』を書かしめたことはすでに述べた。蘇峰は蘆花に命じてその同じ民友社叢書に十九世紀前半のイギリスの自由貿易の唱導者コブデンの伝記『格武電』を書かせた。そうした環境でひとしく呼吸していた以上、蘆花も明治の立身出世を西洋偉人のそれと重ねて追体験していたに相違ない。当時の『国民之友』誌に掲げられた民友社のモットー「偉大なる国民」がそのままフランクリン的平民観を述べたものであることは一読して明らかだが、若き日の蘇峰は次のように主張した。曰く、偉大なる国民は、

進取《しんしゆ》の元気に富めり、一日と雖《いへども》一所に停まらず、
勤勉なり、労作《らうさく》是れ神聖、
節倹なり、総て我勤勉の結果は、之を保持し、決して等閑にせず、
天命を信ぜり、……
独立心、是れ其根幹なり、自ら他に依頼するを欲せず、故に他に諛《へつら》はず、……
只自ら信ず、故に自ら重んず。

蘆花が兄蘇峰の下でこのような信条をわかち持つことの出来た幸福な時期の作物、それが『思出の記』だったのではないだろうか。

それではフランクリンや福沢の自伝は教養小説とどのようなかかわりにあるのだろうか。ここではその問題を、作品の内在的価値と無関係な、日本における高等教育体系の整備という点からまず一考してみよう。周知のように明治時代、官学が整備され、その権威が確立するに及んで、民間私学の自主性は著しく損われた。ドイツ的な帝国大学が出現するに及んでヤンキー的なものは影をひそめざるを得なかった。そうなると文科大学の教授にとって、ゲーテやシラーを学問の対象とすることはあり得ても、それと同一の高次元にフランクリンを置くことは思いも寄らぬこととなってしまった。もし『ファウスト』や『マイスター』が大学で論ぜられるにふさわしい原書であるとするなら、『フランクリン自伝』は中学で読まれるにふさわしい本であった（そういえばフランクリンは大学出ではなかった）。そしてその種の差別はほとんど一種の伝統的区分と化してつい近年にまで及んだ。

しかしそうした先入主に囚われず、『フランクリン自伝』を人間形成小説《ビルドゥングスロマン》の型に照して比べてみると、この作品がその型にいかにもぴたりと嵌《はま》っていることに驚かされる。年季奉公に出された修業時代、ボストンからの脱出、ロンドンで腕を磨く姿、途中に現れるさまざまの素性《すじょう》の女たち、その破天荒《はてんこう》なアヴァンチュールの面白さ——これらは人間形成小説の原型そのものというべきだろう。またそれだからこそゲーテ自身『フランクリン自伝』に共感を示し、彼のユーモアを激賞したのだろう。

しかしそれにしてもドイツの一連の教養小説の世界は、アルプスを越えてイタリアを望む『マイスター』にせよ、スイスのちんまりとした田舎で育つ『緑のハインリヒ』にせよ、馬車でプラーグを目指す『旅の日のモーツァルト』にせよ、行動半径の限られた世界であった。なにしろフランクリンの世界はボストン、フィラデルフィア、ロンドン、パリへと拡がって大西洋の両岸を往き来しているのである。『フランクリン自伝』は大西洋世界が形成された十八世紀の代表的市民たるにふさわしい広大な遍歴と活動の記録であった(『マイスター』の末尾に北アメリカへの移住計画の話が出てくるのは、ゲーテが『フランクリン自伝』の世界に惹かれたことの傍証でもあろう。[8] ゲーテも世界市民たることに憧れたのだ)。

ところが一見それほど広大無辺な遍歴と見えたフランクリンその人の宇宙も、結局のところ大西洋文明圏《アトランティック・シヴィライゼーション》の外へは出ていなかったのだ、というフランクリンの基本的な限界を対照的に人々に感じさせる作品――それが『福翁自伝』ではないだろうか。福沢の遍歴時代は中津、長崎、大阪、江戸の修業の旅では終らない。諭吉はアメリカ、サンフランシスコへ渡り、さらに三大陸に立寄って、ロンドン、パリ、ペテルブルクへと行く。諭吉は東洋人でありながら西洋を知ったという意味においても一身二生の人であった。十八世紀のコスモポリティズムが西洋世界に限定された世界市民しか生まなかったのだとしたら、福沢の生き方はそれよりももっとずっと大きな可能性を示唆していないだろうか。

ここで『福翁自伝』も教養小説の型にあてはめて考えてみよう。するとその型に該当する条件を数々揃えながらも、『フランクリン自伝』と違って、一つ重大な欠落のあることに気づかれてくる。人間の自己形成の上で欠くべからざる異性体験が語られていないのである。福沢は別に隠したわけでもないだろうが、ここには一人のミニョンも登場しない(強いて求めれば、万延元年サンフランシスコで一緒に写真を撮した写真屋の娘ぐらいのものだろう)。それに反してフランクリンは女性関係について多くの誤ちを告白しており、彼がいうところの「初版の間違い」が自伝に興味深い色彩りを添えている。しかしその誤植がもしことごとく訂正されてしまったとしたなら、『フランクリン自伝』は教養小説としては失格するに違いない……

それでは逆に、この二つの自伝には有るが、ドイツ教養小説に欠ける長所とは何かについても考えてみよう。『フランクリン自伝』と『福翁自伝』は、世界の他の凡百の自伝や小説と違って歴史の証言としてまことに貴重である。しかもそれは、フランクリンや福沢が偉人として偉大な変革に遭遇しそれに参画したから、というよりも、二人が世間に知られる有名人となる以前の観察記録によって秀れているのである。『フランクリン自伝』を読むと、十八世紀前半のニューイングランドの職人の生活がなんとはっきりと目の前に浮ぶことだろう。『福翁自伝』を読むと、徳川時代末期の中津藩の生活や大阪の蘭学書生の生態がなんと鮮やかによみがえることだろう。明治以後の日本で高等学校の寮生活を描いて福沢に匹敵するだけの筆力を持つ作家が一人でもいただろうか。中津の幼少の時、長崎や大阪の修業時代、亜米利加行、欧羅巴各国行等の記述は他に例を見ぬ見事な語り口といわねばならない。

　それでは歴史に参画した公人の記録としてはどうだろう。『フランクリン自伝』を読めば、十八世紀アメリカの一市民の生い立ちと私人としての成功の歩みだけでなく、合衆国誕生の胎動《たいどう》そのものがはっきりと感得される。フランクリンが指揮したフランス軍やインディアン相手の戦闘は独立戦争そのもののリハーサルでもあった。この自伝は政府組織の内側にはいってそれを主導したフランクリンの記録である点、米国民主政治のメカニズムの原型をはっきりと伝えている点でも貴重である。福沢の偉さは明治政府から距離を置いたその生き方に求められもするが、『福翁自伝』にはそのこともあって明治政府の仕組みは語られていない。

　しかしフランクリンにせよ、福沢にせよ、二人の自己形成や試行錯誤《しこうさくご》や成功への道が、そのまま祖国の自己形成や試行錯誤や成功への道に重なったという事実は、なんという稀有《けう》な幸運であろう。二人は自分の歴史がそのまま自国の歴史と重なるという調和の中に生涯を送り得たのである。晩年を失意の中に過した白石の『折《をり》たく柴《しば》の記《き》』が自己弁明の記録として語調を異にするのに反し、フランクリンと福沢の自伝が互いに相似る明るい気分の中で語られているのは、けだし当然と言わなければならない。

　それでは最後に『フランクリン自伝』と『福翁自伝』といずれが完成度が高いかを考えてみよう。フランクリンは八十四年の生涯のうち独立革命とパリ外交代表時代を含む生涯の後半の三十三年を自伝に書くことなしに死んでしまった。フランクリンの自伝が尻切れとんぼという印象を拭いがたいのはこの欠落ゆえである。それに反して福沢は六十六年の生涯のうち六十四年を書き了えて亡くなった。明治三十一年九月二十六日、彼が脳溢血で倒れた時、『時事新報』の読者は七月に始った自伝の連載がこれで中断するのかと残念に思った。しかし福沢が口授《くじゅ》した自伝は――そこにペンの人としての福沢の平常の心がけが示されていると信じるが――福沢自身が加筆推敲《かひつすいこう》してもう完成した形になっていたのである。生涯のほとんど全てを蔽い尽しているだけでなく、その文体からいってもう達意の境地にいたっていたのである。『福翁自伝』は著者の病気も知らぬげに明るい口調で翌年二月まで連載された。『フランクリン自伝』が未完の憾《うら》みを残しているのに対して、『福翁自伝』はその憾みを影だに宿さず、見事な出来映えのうちに目出度く大団円を迎えるのである。

日本におけるフランクリンの運命

明治初年の日本におけるフランクリン熱についてはすでに述べた。ここでは彼の名前が国民各層の間にあれほど浸透しながらも、文壇それ自体からはついに全く消え失せた、その後年の運命について考えてみたい。日本におけるフランクリンの華やかな出発と、後年の文壇人による黙殺……それは実は明治初年における福沢の華やかな活動と、後年の文壇人や文学史家たちによる黙殺と、平行関係にある現象だったのではあるまいか。その拒絶反応は、一面では若き日の正宗白鳥の福沢観と同じく無知と誤解に由来するものであろうが、他面では私たちの精神の虚弱化と関係することかもしれない。

明治三十九年に発表された漱石の『坊つちやん』で、主人公が、

「云ふならフランクリンの自伝だとか……おれでも知つてる名を使ふがいゝ」

と腹を立てて叫んだのは、漱石自身が自覚していた以上に象徴的な意味を含んでいた。この発言は第一に、『フランクリン自伝』は日露戦争後の日本では片田舎の中学の数学の教師でも知っているほど広く読まれて

いたことを示している。がそれと同時にこの発言は第二に、「赤シャツ」に代表される帝大出の文学士の知的関心——それは雑誌『帝国文学』に代表される知的動向であったが——は、もはやフランクリンなどから離れてしまったことをも示している。赤シャツが話題とするのは、ゴルキーの名前が示唆するように、ロシヤの新しい文学なのである。徳冨盧花も明治三十九年にはトルストイ詣でにヤスナヤ・ポリヤナへ行くのだ……

この第一点「日本におけるフランクリンの受容——明治時代」については今井輝子氏に詳しい調査（『津田塾大学紀要』十四号）があり、明治時代も後期になると『フランクリン自伝』は日本版英語教科書にせよ、その註解書にせよ、また翻訳や翻案や偉人伝にせよ、おびただしい数が教育界に出まわっていたことが知られる。熊本の第五高等学校で漱石の先任者として英語教授を勤めた佐久間信恭は自伝に註を付した（後凋閣版、明治三十一年）、イーストレーキも註を付した（三省堂版、明治三十三年以降版を重ねた）。後に『大菩薩峠』の著者として知られる中里介山も明治四十年『フランクリン言行録』を世に出した……

しかし教育産業は、受験産業に似て、原作が持つ香気を奪い去るものである。研究社アメリカ古典文庫はその第一巻を『フランクリン』（一九七五年）に当てているが、亀井《かめい》俊介《しゅんすけ》氏は「日本におけるフランクリン」を概観し、文明開化期の日本人は立志、勤勉力行、立身出世というモラルに重きを置き、この種の自己向上を旧秩序からの自己解放として率直に肯定していたことを述べた後、興味深い一事を紹介している。それは**Franklin**に当てられた漢字の推移に見られる人心の推移である。

『佳人《かじん》之《の》奇遇《きぐう》』の著者柴四朗に代表される明治初年の日本人の幾人かは当てるに「芙蘭麒麟」の四字をもってした。東海散士はフランクリンの墓碑銘が「一苔石ノ青草ノ中に孤立スルアルヲ見ルノミ」という質素な情景に感動し、フランクリンを「驕侈逸楽、国ニ益ナク世ニ害ア」る「富貴ノ徒」の対蹠点に位置づけた。柴四朗にとってフランクリンという「自由ノ泰斗ニシテ学術ノ先進」そして米国独立の義士は、それこそ一世の麒麟児であり、かつ名華の余薫のごとき香気を発する人格であったのだろう。福沢諭吉は「フランクリン」または「フランキリン」の片仮名表記を用いたが、漢字を当てる場合にはやはり「芙蘭麒麟」をもってした。

ところが明治初年の興奮が去って、フランクリン紹介の書物に「名訓出世暦」「成功訓」「立志成功」といった文字が冠せられるようになると、日本ではいつしか「富蘭克林」の当字が定着し、フランクリンが『富に至る道』の著者であることが意識されるようになった。その種の傾向のさきがけとしては明治二十三年に出た望月与三郎訳『勤勉立志富蘭克林自叙伝一名富の秘訣』があげられるが、「富」の強調がフランクリンの名前の当字にそのまま出たというのである。それはまた福沢が『尚商立国論』や『富豪の要用』を新聞紙上で説き出した時期でもあった。そしておそらく日本を介して伝わったためかと察せられるが、中国でも「富蘭克林」の四字が用いられて今日に及んでいるのである。私は一九八四年この稿を初めて発表した時に、「勤労——勿失時、要常常用之於有用之事」

といった訓えは台湾ばかりでなく大陸でもふたたび読まれる訓えではあるまいかと書いた。はたしてその後、中国では「時間就是生命」のスローガンが北京をはじめ多くの都市に掲げられるにいたった。“Time is money”というフランクリンの格言は「時間就是金銭」というのだが、それではあまりに露骨で、拝金主義の臭いがするから、最後の二文字を取り替えたのである。もっともこんな垂幕も一九八九年の天安門の悲劇以後はとりはずされてしまったかもしれないが。

名は体を現すというが、Franklin の八字はフランス人サント・ブーヴには自由権を取得した平民地主 franc-tenancier を連想させたという。私たち日本人には frank に自分の身の上を語った人という印象を自ずと伝えているにちがいない。

富蘭克林の当字が己れに克って富を致した人を連想させるというのなら、相似たことは福沢諭吉の名前についても言えた。「福」の字は福沢が説く財と福への明るい道と、福沢その人の幸福な人生の道を連想させずにはおかない。そういえばフランクリンと福沢は、二人が共有するfとkの二子音によっても、おのずから好一対をなして私たちの耳に響いてくる……

しかし致富致福《ちふちふく》や成功は俗であり、幸福は文学的主題には成りがたい。とくに日本の文壇では出世でなく挫折《ざせつ》が、常識でなく反抗が、調和でなく破滅が、文学青年には魅力があった。文壇では常識はさげすまれる運命にあったのである。亀井氏はいう、

「日本の思想家にとって、反常識的な超俗《ちょうぞく》、解脱《げだつ》は、古来なんとなく権威があり、一種の美意識とすらなっている」

その結果、日露戦争後の文壇は、ロシヤ文学に関心を寄せはしたが、フランクリンに対して背をそむけてしまった。その間の事情を展望して、木村毅氏は『日米文学交流史』で結論する、

「フランクリンの第一期の愛読者は、子規を以て終りとする」と。

明治末に擡頭《たいとう》した自然主義者も、白樺派も、また大正期にはいって力を得る社会主義者も、フランクリンを遠ざけた。フランクリンと彼によって象徴される徳目はついに一種軽侮《けいぶ》の眼で見られるにいたった。

しかしそうした世間の風潮に人間精神の衰弱を察知した人がいた。夏目漱石である。彼は子規と同世代の人として『西国立志編』に発奮し、『フランクリン自伝』に励まされて努力した人である。西洋文学の学理的紹介者たることに甘んぜず、自らあれだけの創作行為に打込んだ漱石は、男子一生の仕事とは何か、という問題について深く思いめぐらした人にちがいない。大正時代にはいって、白樺派をはじめとする第二世代の青年たちが、明治の第一世代が掲げた徳目、立志・勤勉・成功などを冷笑するようになった時、漱石は彼等のシニカルな態度に同調しかねるなにかを覚えた。フランクリンやスマイルズは成功の秘訣を説いたが故に低俗の謗《そし》りを受けるようになったが、はたしてそれほど単純に裁断してよいことか。大正二年、第一高等

学校の講演会に招かれた時、漱石はあえてその点にふれた。その時彼の念頭に浮んだ言葉は、少年時に彼も朗々と誦したに相違ないスマイルズ著中村正直訳の「自助論原序」の一節であった。

> 人或ハ功ナクシテ敗《やぶ》ル、モノアリ。然レドモ善事ヲ企テ、成ラザルモノハ、善人タルコトヲ失ハズ、故ニ敗ル、ト雖《いへ》ドモ貴ブベシ。不善ノ事ヲ為シテ、一時或ハ成就スルトモ、タヾニ汚名ヲ流スノミ。故ニ人ノ事ヲ為スハ、善悪如何ト問フヲ要ス。ソノ跡ノ成敗《せいばい》ノミヲ観ルベカラズ。

『模倣と独立』と題された一高生向けの講演で、漱石はすでに時代遅れとなった語感をもつこの「成功」の語をことさら取りあげ、単純に成功を喜ぶ俗物を戒しめるとともに、その語に頭から拒絶反応を示す新世代に対しても、諭《さと》すところがあったのである。

> (世間は)その遣方の善し悪しなどは見ないで、唯結果ばかりを見て批評をする。夫《それ》であの人は成功したとか失敗したとか云ふけれども、私の成功と云ふのはさう云ふ単純な意味ではない。仮令《たとへ》その結果は失敗に終つても、その遣ることが善いことを行ひ、夫が同情に値ひし、敬服に値ひする観念を起させれば、夫は成功である。さう云ふ意味の成功を私は成功と云ひたい。

大正の文学青年や思想青年が明治の精神に反撥したのは、いってみれば二代目に位置した世代の宿命のようなものである。それはあまりに偉い親を持った息子の自己主張に似ていた。しかしその拒絶の身振りが一つのポーズとなって固着し、日本における文学表現がなにごとにつけ反体制的でなければならぬのだとしたら、その拒絶反応の伝統の定着は、考えようによっては、滑稽《こっけい》なことになる。

明治時代、福沢の訓えに従って実業界に投じた人の眼には貧乏文士は誤った道を進む放蕩息子《ほうとうむすこ》として映じたことだろう。しかし文士には文士気質《かたぎ》があり、一寸の虫にも五分の魂でもって、その反骨の節を守った。私はその貧乏文士の気概に深い敬意を表する。しかし今日の日本——文士は社会的名士となり、その何人かは実業界の首脳に劣らぬ収入を得、社会的名声を享受している。その人たちがかつての貧に窮した作家たちと同様の見方を依然として墨守《ぼくしゅ》するのだとしたら、そこにはなにか白々しい虚偽《きょぎ》が混りこんでいはしないだろうか。反俗のポーズが文壇の正統の伝統を占めるほど卑俗なことはない。それは間違いなく私たち日本人の精神の虚弱化と関係することである。

日米文学史上の両自伝の位置

『フランクリン自伝』と『福翁自伝』は以上見て来た通り、多くの共通点をわかち持っている。しかし一つだけ決定的に違う点があった。それは『フランクリン自伝』が、いかなるアメリカ文学史を開いてみても第一級の扱いを受けているのに反し、『福翁自伝』が、日本の国文学者の手になるいかなる国文学史を開いてみても完全に黙殺されている、という事実である。これは日米比較精神史上の重大なる相違点ではないだろうか。アメリカ文学史はすでに十九世紀から書かれているが（たとえば、M. C. Tyler : *A History of American Literature 1607-1765* は一八七八年刊）、その中でフランクリンは旧大陸の学者たちからも尊敬されたアメリカ最初の哲学者、最大の文人として特記された。

「彼の自伝は米国の文学が生み出したもっとも著名なる作品であり、人類のあらゆる階層の人々に訴える、不滅の魅力を有している。『フランクリン自伝』は地球上のあらゆる文明化された国々の言葉に訳された。それはかつて世界中で印刷に付された書物の中でもっとも人気のある六冊の書物の一冊にかぞえられるであろう」

一九一七年に出たケンブリッジ版『アメリカ文学史』はその二十一頁をフランクリン一人に当てた。一九四九年に出たスピラー他編の『合衆国文学史』はその細かく組んだ十二頁を当てた。日本人が書くアメリカ文学史も、範をアメリカ国文学史に取るものが大半であったから、当然フランクリンに重きを置いた。フランス人の米国文学研究者も、「ク・セ・ジュ叢書」の『アメリカ文学史』のような小冊の著者ジャック・フェルナン・カーンにいたるまで、フランクリンには特に一章を割《さ》いている。新興国家アメリカが家門を飾るためにフランクリンを持上げたのだ、という意地悪な見方も出来るかもしれない。文学史が国民統合のために、国民にアイデンティティーを賦与する目的で書かれた例はイタリアにおけるデ・サンクティス（一八七〇年）など他国にも事例はあった。

しかしそのような見方に立つならば、過去に千二百余年に及ぶ文学的伝統があったとはいえ、明治の我国も文学史的には新興国家であった事実を忘れてはならない。それなのに『福翁自伝』に言及がなくもっぱら坪内逍遥《つぼうちしょうよう》が語られてきたのは、秀れた明治文学史家の多くが、明治文学の出発点として『当世書生気質《とうせいしょせいかたぎ》』を評価したためだろう。しかし私は自分の学生時代を振返り、文学史の時間、明治が遺した大文章とはなにか、という基本問題を教えられることなしに、文壇内諸派の系図などを覚えさせられたことを、いかにも淋しくつまらないことのように思い返すのである。なにしろ私自身――ということは私たち昭和一桁《ひとけた》世代一般ということにも通じるが――は中学、高校、大学いずれの段階でも『福翁自伝』の読書を推められたことなしに世へ出てしまったからである。

しかしそうした状況はその後もさして変化していないようだ。試みに『福翁自伝』が一九四五年以後に出た主な日本文学史[9]の中でどのような扱いを受けているかを調べてみると、麻生磯次著『日本文学史』（至文堂、昭和二十四年）に福沢その人への言及は一言もない。久松潜一編『日本文学史近代』（至文堂、昭和三十二年）は吉田精一教授の執筆になるが『福翁自伝』への言及はない。伊藤整『日本文壇史』（講談社、昭和二十八年）は巻数の多い、羅列的な記述で、福沢の名前は再三出てくるが『福翁自伝』への言及はない。柳田泉氏ほかの『座談会明治文学史』（岩波書店、昭和三十六年）も同様である。市古貞次編『日本文学全史』（学燈社、昭和五十三年）の近代の巻は三好行雄教授の執筆になるが、そこでは福沢は「文学」を経世済民のための「学問」として把えた人としてのみ紹介されている。猪野謙二『近代日本文学史研究』（未来社、昭和三十九年）、平岡敏夫『日本近代文学史研究』（有精堂、昭和四十四年）、瀬沼茂樹『近代日本の文学――西欧文学の影響』（社会思想社、昭和五十三年）などの個別研究の書物にも福沢は登場しない。比較文学的見地に立つかに思われた海老池俊治『明治文学と英文学』（明治書院、昭和四十三年）も羊頭狗肉《ようとうくにく》の論文集と呼ぶべきであろうか、福沢の名もフランクリンの名も現れない。中村光夫氏の『日本の近代小説』（岩波書店、昭和二十九年）は福沢諭吉への言及で始まる珍しい書物だが、しかしそれは福沢が西洋の「文明」の中で「文学」を理解していなかった、という非難を述べるためであった。中村氏は言う、

福沢諭吉は西洋の武力とその根底をなす知力、あるいは西洋の社会をきずきあげた「人民の活潑な気象」については、透徹《とうてつ》した理解の持主でしたが、幾度か西洋の地を踏んだにもかかわらず、その芸術にたいしてはまったく何の興味も同感も示していません。……

こうした文学にたいする態度は、福沢個人の資性より、むしろ明治の初年という時代の性格であったので……「列強」の圧力に対抗し、亡国の運命をさけるために、その文明の採用を焦眉の急とした時代の人々が「近時文明の骨髄」を「蒸気電信の発明、郵便印刷の工夫……其他医薬殖産工業……政治経済論」とのみ見たのは当然のことであり、……この時代を支配した啓蒙家たちの功利思想はいわば革命期の偏狭さを持つ徹底した性格のもので、そこに小説のような「無用」の存在を許す余地はなかったのです。

この論はそれ自体としてはいかにももっともらしい。しかし中村氏の誤りは意図と結果とを区別して評価しなかった点にある。明治の秀れた「文学」や立派な「文章」は、フィクションを書こうとした芸術家によって必ずしも作り出されたわけのものではない。福沢が文学を時務のもっとも重要なるものと考えなかった啓蒙家であることは事実その指摘の通りだが、福沢は、小林秀雄が『考えるヒント』の中で指摘するように、「世俗の文を作らんとして、独特の名文を書いて了った」。それは、私流に言い換えるならば、福沢はなんら文学を目ざすことなく、ものの見事に『福翁自伝』という日本文学史上の最高傑作の一つを書いてしまったということなのである。中村氏は若い坪内逍遥が福沢に反撥して明治の新文学を興そうとして努力した経緯にふれている。だが坪内はその意図にもかかわらず、ついに真の意味での傑作を後世に残し得ず、筆を折った。文学史家や文芸評論家の職分は、そのような個々人の意図を越えた結果を確認し評価する点にあったのではあるまいか。

外国の大学へ教えに行く人は、日本人における自我の未確立を主張する外国人学者に出会うたびに不快の念を覚えるようである。明治二十一年パーシヴァル・ローウェルが『極東の魂』で主張して以来この方、この説の支持者は日本側にも現れた。しかし日本の文芸評論家が、自分だけは例外者のような顔をして、日本近代文学における自我確立の失敗を紋切型に唱えている図は滑稽なしとしない。どう考えてみても、自我なき者が自伝を書くとは思われない。『福翁自伝』のような傑作を日本文学史から追放したことはそれ自体でも誤りであったが、日本近代文学の発展にとってもかけがえのない損失であったように思われてならないのである。

佐伯彰一氏は外国にさらされたことによって日本文学史のこの異常にいちはやく気がついた批評家であった。氏は『アメリカ文学史　エゴのゆくえ』（一九六九年）で『フランクリン自伝』を高く評価した。それは氏がアメリカ文学を最初の専門とした以上きわめて自然な成行であった。そしてその五年後『日本人の自伝』（一九七四年）の中で『福翁自伝』を論じ、その文学的復権を求めた。

　ところで筆者が両自伝をめぐって展開した一連の比較評論の是非については読者諸賢に御判断をおまかせすることとしたいが、いま仮に大過はないとしよう。その際もし一つを目してアメリカ文学史上の傑作と呼ぶならば、他もまた日本文学史上の傑作と呼ぶのが当然の論理的帰結ではあるまいか。『福翁自伝』を黙殺した先輩文芸評論家に対して佐伯氏は辛辣《しんらつ》である。「もし日本的な歪みや欠陥を論じようとするのなら、フランスの自然主義小説の誤読や近代的自我の流産を言い立てる前に、まず『福翁自伝』の文学史的な評価、位置づけについて思い廻らすべきではないだろうか」

　正宗白鳥が『福翁自伝』をいかに重んじたかはすでに述べた。小泉信三は「『福翁自伝』は、今日、ほとんど日本近代文学の古典の一つに数えられ」と岩波新書『福沢諭吉』の総説に書いた。チェンバレンは古今を通じて日本語で書かれた書物の中でもっとも興味深い一冊と評した。世間の多くの読者も多かれ少かれそのように思っているのが実相であろう。ところがそれでいて『福翁自伝』が日本の文学史家によって完全に無視されているこの事態は一体なにを意味するのであろうか。これこそ日本的な歪みではあるまいか。

　文壇における勢力分布は文学全集編集の際の割当に如実に示される。昭和の初年に出た改造社の「現代日本文学全集」はその未曾有の売行によって明治大正の文学を日本の家庭に普及させた。その円本と呼ばれた全集はその後繰返し出版されるさまざまな日本文学全集の原型となったものである。だがその際、福沢諭吉に割当てられた頁数は、『明治開化期文学集』中の三頁——三巻ではない——に過ぎなかった。その事実はまことに象徴的であった。明治日本の最大の言論人福沢諭吉はこうして日本の文壇から追放されてしまったのである。

ハーン対佐久間信恭

ラフカディオ・ハーンは一八六九年、アメリカへ渡ってシンシナーティの町で一文無しの生活を送った人であった。十九歳の彼は幸運にもヘンリー・ワトキンという印刷屋に拾われて、そこで走り使いから掃除、下働きなどをして食べさせてもらい、やがて印刷工として働くようになった。ハーンは年長のワトキンと夜遅くまで文学について語り合った（二人はともに印刷所に寝泊りした）。そしてハーンは一日、市の『インクヮイアラー』紙の編集長のデスクの上にためらいつつ原稿を置いて、走るように去ったが、その文章によって編集長コッカリルに認められたのである。その文筆で身を立てるきっかけとなった話は、一文を草して無署名のまま夜中に印刷所の戸口の下から中に入れておいたというフランクリンの話を想起させずにはおかない。フランクリンもその文章で認められ、ペンで身を立てる人となったからである。

ハーンは後期ロマン派の文学者とか文学上の放浪者などとも呼ばれるが、その実、意外に規律正しく、勤勉で、骨身を惜しまぬ働き手であった。シンシナーティの図書館で、独学で、次々とフランス文学の書物を読破し、その幾つかは英訳した。その訓練を通じて、ハーンは彼の「英語で書かれたフランス語」といわれるあの見事な文体を練りあげていったのである。

来日以後もハーンはまことに精励格勤《せいれいかくきん》、教師としては良心的であり、文章家としては推敲《すいこう》を重ね、家庭の父としては長男一雄の英語教育に打込んだ。アメリカ時代、窮乏の中でも時間を惜しんで自学自習に打込んだ青年であったから、それがいわば習い性となって、四十代になっても律儀《りちぎ》な職人のごとく天職に励んだのであろう。小泉一雄はその父の遺志を重んじて自分の長男でハーンの長孫にあたる男子が生れた時、小泉時という名前をつけた。「時を惜め」というフランクリン的徳目をこれほどストレートに表現した名前はほかに考えられない。

フランクリンとハーンはそのように共通の勤労倫理をわかち持ち、同じような人生への門出をしたジャーナリストであったが、しかしこと文学に関しては非常に異る見解を持っていた。二人はともにフランス文学に関心を寄せたアメリカの新聞人であったが、フランクリンの時代から百五十年経つ間に、フランス文学そのものが啓蒙主義からロマン主義を経てロティなどの印象主義へと大きく変質してしまったからである。十九世紀フランス文学に養われたハーンにとって、芸術性ということは文学作品には不可欠な要素であった。ところがハーンが生きた時代のアメリカは依然としてフランクリン風に実事のみを重んじ、芸術に理解を示さなかった。ハーンはそうした環境に居たたまれず、ラテン系の町ニューオーリーンズへ逃げ、さらには合衆国そのものを脱出して仏領西インド諸島へ渡り、さらには遠く日本へ旅してきたのである。ハーンは来日直後「十倍の気圧から普通の気圧の社会へ脱け出たようなほっとした気持がします」とチェンバレン宛の手紙で安堵《あんど》感を洩したが、誇張があるにせよ、ハーンは、後年のD・H・ロレンスなどと同じく、アメリカ社会が個人に加える coercion（威圧・強制）の圧力に耐えられなかったのである。そしてロレンスがインディアンの側に身を置いて米国社会を観察し批判した人であったとしたら、ハーンは黒人の側に身を置いて、その中で暮した人でもあった。作家として黒人街に取材しただけではない。法律で禁止されていたにもかかわらず、彼は混血女と結婚式を挙げ、そのためシンシナーティの町からほとんど追放され、居たたまれなくなって南へ逃げた白人だったのである。

アメリカ時代のハーンは有為転変《ういてんぺん》の生活を送ったが、しかしその間に読んだ文学作品については自分自身の批評眼を信じていた。新聞の文芸欄に書評を書くうちに、アメリカには独自の文学があると確信するにいたったのである。

明治年間、東京大学で講義された西洋文学は主としてイギリス文学とドイツ文学であった。アメリカ文学に固有の価値があるということは来日した西洋人教授によっても実は長い間認められなかった（東大の英文学科にアメリカ文学の講座が開かれたのは、第二次世界大戦後の昭和三十七年のことである）。そのような東大文学部にあって、いちはやくアメリカ文学をも論じた外国人教授はハーンであった。彼は自分がニューオーリーンズで『タイムズ・デモクラット』の文芸部長を勤めていた頃、次々と文芸批評を書いたが、それと同じ要領で東京大学でも講義を行ったのである。ただしその際ハーンが取りあげたアメリカ作家は芸術家としての彼の趣味にかなう文人に限られていた。散文家としてはアーヴィング、ポウ、ホーソーン、ホームズ博士などがそれで、フランクリンのように芸術意識を自覚していなかった人は度外視された。ハーンのフランクリンを閉め出す、そのような文学観には、福沢諭吉を日本文学史から閉め出す態度といかにも共通する特質があるように思える。それだけにハーンの熊本時代に起った次の事件を私は興味深く思うのである。それは右に述べたハーンの趣味性や文学観さらには人生観とも関係する摩擦であった。

明治二十四年、ハーンが熊本の第五高等学校へ赴任した当初、ハーンを親切に世話してくれた同僚は英語教授の佐久間信恭であった。当初は二人の間柄はすこぶるねんごろで、佐久間の娘が病気になった時などハーンはいたく心配して、一日に何回となく使いをやって病状を問わせたという。ところがその後二人は次第に疎遠《そえん》になった。田部隆次の伝記『小泉八雲』にはハーンの次のような釈明が引かれている。ハーンがフランス革命当時の惨状などを説いて西洋の暗黒面を語るのに対して、佐久間は嫁をいじめる姑の実例などの話をして日本の暗黒面ばかりをさかんに聞かせたからだ、と。

西洋生れのハーンが日本の肩を持ち、日本育ちの佐久間が西洋を理想化して争う図はおかしみなしとしないが、しかしその二人の間で生じたこの感情の齟齬《そご》については、その議論の前提となった価値観の上ですでに根本的な喰違いがあったことを見逃してはならない。それは明治二十年代に限らず、昭和二十年代にも、いや今日にいたるまでも、日米間の価値観の相違をめぐって行われる論争の原型でもあるからである。日本の進歩主義者が西洋を理想化してその肩を持つ。するとアメリカの日本研究者が普通の日本人が自覚していない日本の伝統の力の意味を認識して、日米間に倒錯《とうさく》した代理戦争を惹き起す。

日本の悪口を言ってやまない佐久間信恭は日本人ばなれした積極的な男であった。横浜でS・R・ブラウン師の感化を受け、中村正直の同人社で学んだ彼は、一言でいえばフランクリンやスマイルズの熱気を一身に浴びた明治の英学者であった（佐久間が明治三十一年に出した『フランクリン自伝』の教科書版についてはすでに触れた）。佐久間にとってアメリカ独立革命も、その余波を浴びて起ったフランス革命も、人類が進歩する歴史の足跡であったろう。佐久間は日本の西洋化ないしはキリスト教化をもって進歩と見做す明治の典型的な知識人だったにちがいない。札幌農学校時代、内村鑑三をキリスト教に引きこんだのは佐久間であったという。しかしハーンにとっては文明開化もさることながら、古い日本の民話や奇怪な美しさを帯びた怪談奇談の類を聴く方が、心にしみる、より切実なことであった。こうして見ると佐久間とハーンが仲たがいしたのは、それだけの理由もあってのことだったのである。教場でフランクリンに言及しなかった芸術家肌のハーンは、教員室でも佐久間信恭と口も利かなくなってしまった。

アメリカ育ちの文人の中にも、このようにフランクリンを文学世界から排除した人はいたのである。だとするとハーンの趣味性をわかち持つ日本人が、福沢の著作を一切合財《いっさいがっさい》日本文学史の枠外へ追放してしまったことも一理なしとしない。とくに日本近代文学は外《はず》れ者や弱者の不平に基本が置かれるようになって一世紀を過したのだから、フランクリンや福沢のように自足《じそく》した人の著作は、文学青年にとってはいわば禁書であったわけだ。しかしその種の文学観は、はたして今後も有効であり得るだろうか。

語り口の由来

私はこの文を始めるに際して、刀を武士の魂として重んじた新井白石と、暗殺をおそれてしまいには刀を売払って夜分外出することを諦めた福沢諭吉との態度の違いにふれた。福沢はただ単に暗殺を惧れただけでなく、その事を平気で自伝に告白した人であったが、ここにそのもっとも見事な記述がある。「暗殺の心配」の章中の「疑心暗鬼《ぎしんあんき》互に走る」の一節で、維新前文久三、四年の頃、蘭学者たちが藤沢志摩守の家に集ってついつい夜を更《ふ》かし、帰りが夜半を過ぎた。そのころは浪人者が徘徊《はいかい》して辻斬など物騒なことが多かったのである。『福翁自伝』の文章をそのまま引くと、

……丁度源助町《げんすけちやう》の央《なかば》あたりと思ふ、向から一人やつて来る其男は大層大きく見えた。実は如何《どう》だか知らぬが、大男に見えた。「ソリヤ来た」どうもこれは逃げた所がおつ付《つか》ない。……「コリヤ困つた」今から引返すと却て引身《ひけみ》になつて追駈けられて後《うしろ》から遣られる、寧《いつ》そ大胆に此方《こつち》から進むに若《し》かず、進むからには臆病な風を見せると付上《つけあが》るから、衝当《つきあた》るやうに遣らうと決心して、今まで私は往来の左の方を通つて居たのを、斯う斜《なゝめ》に道の真中へ出掛けると、彼方《あつち》の奴も斜に出て来た。コリヤ大変だと思たが、最《も》う寸歩も後に引かれぬ。いよ〳〵となれば兼て少し居合の心得もあるから、如何《どう》して呉れやうか、これは一ツ下から刎ねて遣りませうと云ふ考で、一生懸命、イザと云へば真実《ホンタウ》に遣る所存《ツモリ》で行くと、先方《むかふ》もノソ〳〵遣つて来る。私は実に人を斬ると云ふことは大嫌ひ、見るのも嫌ひだ、けれども逃げれば斬られる、仕方がない、いよ〳〵先方《むかふ》が抜掛《ぬきかゝ》れば脊に腹は換へられぬ、此方《こつち》も抜て先《せん》を取らねばならん、其頃は裁判もなければ警察もない、人を斬たからと云て咎められもせぬ、只其場を逃げさへすれば宜しいと覚悟して、段々行くと一歩《ひとあし》々々近くなつて、到頭すれ違ひになつた、所が先方《あつち》の奴も抜かん、此方は勿論抜かん、所で擦違つたから、それを拍子《ひやうし》に私はドン〳〵逃げた。どの位足が早かつたか覚えはない、五六間先へ行て振返つて見ると、其男もドン〳〵逃げて行く。如何《どう》も何とも云はれぬ、実に怖かつたが、双方逃げた跡で、先づホツト呼吸《いき》をついて安心して可笑しかつた。双方共に臆病者と臆病者との出逢《デヤ》ひ、拵へた芝居のやうで、先方《さき》の奴の心中も推察が出来る。コンナ可笑しい芝居はない。

フランクリンはそのフランス語の座談の妙でパリの社交界の御婦人連を惹きつけたほどの人であった。自

伝における語り口もすこぶる達者なものである。だがそのフランクリンよりさらに率直に、真実に、しかも同じようなユーモアと笑いをもって語ったのが福沢ではなかったろうか。その語り口の妙は一体なにに由来しているのだろう。正宗白鳥は福沢の文章について、漢学を蔑視《べっし》していたにもかかわらず、相当の漢学の素養があったからこそ、あの平易な名文が書けたのだと言った。『学問のすゝめ』『文明論之概略』などについては確かにそのように言えるだろう。しかし右の一節に代表されるような『福翁自伝』の語り口については、福沢は文学を蔑視していたにもかかわらず、相当の文学の素養があったからこそ、このような躍如《やくじょ》たる名文が口をついて出たのだと私は言いたい。この話は芸人が寄席で語る落語さながらではないか。五、六間先へ逃げて振返ると相手も走って逃げていた、というコミカルな笑い。――この福沢の源助町の話は、それと似通った辻斬横行当時の怖い話として、やはり維新前夜の江戸の紀伊国坂を舞台としたハーンの『貉《むじな》』を雰囲気的に連想させる。『百物語』から拾われたその怪談で、主人公は紀伊国坂を上の方へ無我夢中で逃げる。あたりは一面の真暗闇、前方は空無《くうむ》でなに一つ見えない。怖しさのあまりハーンの主人公は後《うしろ》を振向くこともできずにひた走りに走った……

このように記せば、『福翁自伝』における新橋から新銭座までおよそ十町の描写や『貉』における日が暮れた後の人気《ひとけ》の絶えた紀伊国坂の濠端の描写はとくに引かずとも、両者がその文学的特質においてきわめて共通することはおのずから察せられよう。ハーンのように文学は美文学に限定するという立場に立ったとしても、福沢の名を文学から追放することの不当性は、この相重なる一組の平行例を引くだけでも、証し得るのである。

福沢は滑稽を語ることによって読者を笑わせた。しかし自己の臆病《おくびょう》さ加減をこのように笑いのめして語ることの出来た福沢は、なんという虚飾《きょしょく》の少い人だったろう。明治の日本で士族と名乗るほどの人で、疑心暗鬼について福沢ほどこだわりもなく、すなおに語ることのできた近代市民ははたしてどれだけいただろうか。

福沢より四半世紀後に生れた森鷗外にしても、侍の子としての矜持《きょうじ》に遮《さえぎ》られて、このようにあけすけ語ることなどとても出来なかったように思われる。ちなみに鷗外の小倉時代の生活を描いた『鶏』の中には軍刀を床の間に横に置くことまでが丹念に記されているが、そうした刀に対する細かい気配りにも、白石の系譜に連なる人としての鷗外が感じられるのである。

福沢は武士の子としての道徳的勇気を持ちながら、しかも旧来の武士道的倫理に囚われることのない自由人であったからこそ、巧みな語り口の笑いのうちに、人間としての自己の弱みを、さらりと語り得た。福沢にはルソーのような露悪的な自己告白癖はなかった。そんな近代人の病ともいうべき大袈裟《おおげさ》な身振りや口振りは福沢の性には合わなかった。しかしそのことは『福翁自伝』が外的記録《クロニーク》のみに終始する自伝だということを意味しはしない。その点は『フランクリン自伝』も全く同じであって、二人はユーモアと笑いの間に自己の心事を淡々と語る都雅の人でもあった。そのような類稀な美質においても『フランクリン自伝』と『福翁自伝』はいかにも似通うていると思うのである。

註

（1）「一昨五日植半楼に開きし慶應義塾旧友会の席上に於ける福沢先生演説の筆記」、『福沢諭吉全集』、第十二巻、岩波書店、一三〇頁。

（2）白石と諭吉の刀に対する態度をめぐって論じた拙文『白石と諭吉』は佐伯彰一編『自伝文学の世界』、朝日出版社、四七頁以下に所収。

（3）日本フランス語フランス文学会語学教育委員会編『フランス語教育をめぐって——語学教育シンポジウムの歩み——中間報告』、一九八三年、二〇頁。福井芳男氏の要約による。

（4）現行の岩波文庫本『フランクリン自伝』は、松本慎一訳を西川正身氏が訂正補筆したものであるが、松本訳の漢字表記を片端から平仮名に開いてしまったために、かえって読みづらい箇所もある。拙著において『フランクリン自伝』からの引用はおおむね松本・西川訳に依拠したが、所々平川が訳した箇所もある。

（5）『学問のすゝめ』を手にして」、『鈴木大拙全集』、第三十巻、岩波書店、五九九—六〇〇頁。

（6）G・B・サンソム『西欧世界と日本』、下巻、筑摩書房、一八二頁。

（7）山本七平氏の著書について、石門心学等への注目はすでに経済史の専門家が取りあげているにもかかわらず、山本氏が学術書の体裁を取らないことを巧みに利用して、出典等に言及せず、山本氏自身の発見であるかのように論じている点は感心できない、という批判が『新潮』に拙稿発表後、一読者から平川へ寄せられた。平川もその点については同感なので書き添える。

（8）ゲーテは『温順なクセーニエン』の中で「合衆国に寄す」という次のようなアメリカ讃歌を書いている。菊池栄一先生の訳を掲げる。

合衆国に寄す　　ゲーテ

アメリカよ　君はわれわれ旧大陸より
うまいことをしたね
朽ちかけた城館を相続しなかったし
砦などなおさらのこと
元気潑溂の時代で君の心に
邪魔ものとなる
無益な追憶もなければ

むなしい争いごともない
うまくこの現在を利用したまえ
ところで君らの子孫が詩つくるんだったら
うまくやって騎士物語・群盗物語・幽霊物語など
厄介ばらいさせてやりたまえ

英仏という先進国の存在を重荷に感じていたドイツ知識人は、新興のアメリカ合衆国に期待を寄せたのであろうが、その夢は楽天的に過ぎたもののように思われる。

あの憂鬱な表情をしたユダヤ系ドイツ作家カフカは、『父への手紙』の中で、理想的な親子関係が描かれている書物として『フランクリン自伝』を挙げ、ブルジョワで、頑固で、無理解な父親に是非一読するよう懇願している。日本では国木田独歩以来この方、フランクリンや福沢は、現実家、実利家、勤労を強要する父親として、文学青年に忌み嫌われてきた。しかしカフカの反応から察すると、ドイツにおける父権の圧迫の実態はどうやら明治日本とは次元を異にする重苦しさのようである。父と、父によって代表される社会との和解を模索して、あれほど悩み苦しんだカフカにとって、フランクリン自伝にあらわれた father figure こそが理想的なるものであった。国木田以下の日本作家が、福沢・徳富等の明治の「父」に反撥したことと比べて、なんという差違であろう。なおカフカが『フランクリン自伝』にいかばかり魅せられたかは、彼自身は渡米しなかったにもかかわらず、小説『アメリカ』を書いたことからも察せられる。

「女中に誘惑され、そのために女中に子どもができてしまったので、貧乏な両親にアメリカに送られた十六歳のカール・ロスマン……」

この『アメリカ』の冒頭の記述は『フランクリン自伝』を記憶する読者を笑わせずにおかない。十六歳のカールはいまニューヨークへ入港するのだが、それは、

「性の悪い女にひっかかって孕ませてしまい、女の身内が無理にも嫁に貰えと迫るので」

というありもせぬ事実を口実にニューヨーク行きの船に乗せてもらい、ボストンを脱出した十七歳のフランクリンの人生航路のパロディーだからである。『フランクリン自伝』には――そして『福翁自伝』にも――それだけのユーモラスな文学的起爆力が潜んでいるということを言い添えておきたい。

（9）第二次世界大戦中の昭和十七年に出た杉山平助の『文芸五十年史』だけが例外的に『福翁自伝』の文芸的価値を認

めているが、残念ながら杉山説は戦後の日本文学史では全く無視された。杉山は同書五八頁でこう述べている。

わたしは寡聞にして、この書物をとりあげてゐる明治文学史を読んだことがない。文学を……いはゆる美文学の範囲に限るのが、普通の文学史の建前だといはれれば、それまでの話であるが、それとても名目の問題でなくて内容の問題である筈だ。少し厳密に考へてみれば、小説と歴史、殊に伝記との間には、どうしても区別を立てねばならぬ絶対の境界線などがあるわけはない。……『福翁自伝』は、文学と呼ばれようが、小説と名づけられまいが、その価値に寸毫の影響もない。明治の古典として、後世に残すべき名著を挙げるとして、この書と同一水準で数へられるものが、五指を折るほどあるとは思へない。従つて、この書を文芸上の著作とみるか否かは、明治文学史が、古今東西の自伝文学中、最高の傑作の一つを、持つか持たぬかといふ問題なのである。

なおそのほかに昭和五十年代になって『福翁自伝』に言及した人に『日本文学史序説』（平凡社）の加藤周一氏がいる。加藤氏も外国にさらされたことによって福沢を等閑視する日本の国文学史の異常に気がついた一人といえるだろう。『福翁自伝』は、自伝文学の傑作である」と評し、

そのさわりのところには、ほとんど講談の名調子がある。しかしその名調子にあれほどの迫力があるのは、つまるところそれが福沢における「一身独立」を語っているからである。「一身独立」は、無論、語り口そのものにあらわれる。そもそも自伝文学の条件が、主人公の精神の自由独立に他ならない。故にたとえば一九世紀のイギリスには、自伝文学の傑作が多く、同時代の日本には、それが稀であった。

とややトートロジカルに述べている。

『新潮』一九八四年二月号のあとがき

フランクリンと福沢の両人が、日本人だけでなく、アメリカの日本学者によっても、同一次元に並べて仔細に比較論評されることがいままでなかったと思うと、実に不思議な気がしてならない。清岡暎一教授の手になる秀れた英訳 *The Autobiography of Fukuzawa Yukichi* は、戦前の北星堂書店版のほかに、戦後はコロンビア大学出版局からも出ており、北米の日本研究の学徒にとっては必読文献の第一に位する書物となっている。ライシャワー教授は福沢諭吉を他のいかなる日本人よりも高く評価したが、福沢が説く文明開化の主張は、西洋人には自己優位の確認につらなる、快い説でもあった。西洋文明を目して日本が学ぶべき範と見たてた福沢の所説は、いってみれば *The West as Number One, Lessons for Japan* の主張だったからである。

敗戦後の四半世紀、日本の近代化の比較研究に関してアメリカの学者は日本の国史学者をしばしばリードした。経済的に不遇だった日本の学究に比べて、広く旅し、国際経験に恵まれた米英の学者は、種々の点で優位に立っていたし、方法論的にものびやかな、囚われぬ視点に立っていたからである。

十九世紀後半における日本の近代国家としての登場は世界史的な事件であった。日本はそれだからまず眠れる獅子といわれた中国との対比において論ぜられた。第二次大戦に際して日本が悪役を演ずると、従来とは別の照明の下に新中国との比較を試みる人も出た。それが日本の経済発展が顕著となるにつれ、千九百六十年代には近代化論が盛んとなった。米国の研究者たちはさらに大胆な比較をあえてし、一九六四年には日本とトルコの西洋への対応が一巻の論文集にまとめられた。一九七五年には日本とロシヤの比較近代化論が刊行された。一九八四年には、趣向を変えて、日本をかつてのヴェネチアに比較する論文も現れた。

しかし「燈台下暗し」といわれるが、肝腎の日本とアメリカの比較論そのものはいまだに十分に試みられていないのではあるまいか。そのせいもあるかと思うが、フランクリンと福沢の比較論は、日本側の佐伯氏や亀井氏の言及以外は、アメリカ側では歴史家によっても比較文学者によっても全く取りあげられぬまま今日に及んでいる。そのことは本稿の筆者には比較評論の絶好の主題がほとんど手つかずのまま残されていた、という意味ではまことに仕合せであった。しかし『フランクリン自伝』と『福翁自伝』については、筆者とは別様の見方もいろいろ可能であるに相違ない。この日米共通の同一主題についていつかアメリカ側の意見もうかがいたいものである。

人間、他人のことは目に見えても、自分自身はなかなか目に映らぬものらしい。アメリカと日本の間にはかつては目に見えぬ高い閾《しきい》があった。白人の国とアジア人の国、戦勝国民と敗戦国民、豊かな先進国と貧しい後発国……　アメリカ人と日本人の間には質的に違うなにかがある、――そういった感覚が長い間、双方にあり、その差別感が無意識裡に存していたからこそ、アメリカの偉人であるフランクリンと日本の福沢とを同一次元に並べて論評しようとする気持が、アメリカ側からも日本側からも湧かずに今日にいたったのではないかと察せられる。しかしこの種の比較は、一旦これを行ってしまえば、それから先は両者の共通的特性は自明のこととして認められるのではあるまいか。

もっとも専門化が進むにつれ、学問世界には奇妙な倒錯現象もまた生じがちなものである。日本におけるアメリカ研究では、歴史部門であれ文学部門であれ、『フランクリン自伝』は必読文献の第一に指定されてきた。しかし日本の外国研究者には一般に自己の文化的出自《しゅつじ》についての自覚が稀薄である。それだから日本のドイツ文学研究者が必ずしも森鷗外の良き読者ではないように、日本のアメリカ研究者は必ずしも『福翁自伝』の良き読者であることを求められはしなかった。というか、私のこのような問題提起の意味がわからないのが日本の外国研究者の多くの人の特色であった。そして研究者たちはドイツならドイツ、アメリカならアメリカで出来上った、当該国の研究秩序の枠内に自分自身も位置づけようとするから、日本の外国研究者からは比較の視点は得てして消失してしまうのである。そして珍奇なことに、その種の倒錯症状はアメリカの日本研究の学徒の間にも見られないわけではない。『福翁自伝』は英訳で綿密に読んで知っているけれども、『フランクリン自伝』は高校時代に抜萃で数頁読んだきりという米国からの留学生に出会う昨今なのである。

ところで比較研究を進める上で、日本には米欧にない利点もあると私は感じている。それは日本では高校生ともなれば福沢やフランクリンの名前だけはたいてい誰でも知っている。それが非西洋の国でありながら西洋事情を学んだ二重文化の国日本の類稀《たぐい》な強みだと思うが、米欧ではフランクリンこそ知られているが、福沢の名前はまったく知られていない。私は北米でこんなふうに講演を始めた。

「フランクリンは皆様アメリカ人にとりまして一大偉人でございます。彼は合衆国の建設の父の一人として切手にもコインにも紙幣にも登場いたしました。福沢は日本人にとりまして一大偉人でございます。彼は近代日本建設の父の一人として切手にも貨幣にも登場いたしました。近く一万円札にも福沢の肖像は刷られようとしております。この二人ははたしていずれが価値ある偉人であるか。連邦銀行券において百ドル紙幣に顔を貸すフランクリンは邦貨に換算して二万三千四百円。よってフランクリンは福沢の二・三四倍の値打ちがある……」

話の始めにジョークをまじえておくことは、話題が聴衆の国民的自尊心にふれるデリケートな比較の際には大切なことのように思う。アメリカではフランクリンは偉人だが日本のフクザワなど名前も聞いたこともない、という人が普通だからである。一度は講演の後で、「似ている、実によく似ている。要するに、福沢はフランクリンの自伝をコピーして自分の自伝にしたのでしょうな」

とある種の皮肉をこめて感想を述べた元宣教師という一米人にも出会った。その老人は日本製の自動車もアメリカ製の自動車の真似だ、と日本の輸出攻勢を憤っている気配であった。その種の旧態然たる日本人物真似説に私は辟易《へきえき》したが、しかし『フランクリン自伝』と『福翁自伝』について、

「似ている、実によく似ている」

という声が、この頑《かたくな》な老人の口から洩れたこと自体は、私には二人の比較評論を書くことの意義を確認する声であるようにも思われたのである。

これからの日米間にはいろいろ経済的・文化的摩擦も生じるだろう。しかし比較文化論はただ単に両者の相違を言い立てる学問ではない。フランクリンと福沢ということは、私たちに国籍を異にし、時代を異にする、強烈な個性の間に、なおこれだけの共通項を拾い得るということは、私たちに人間が人間としてわかちあう普遍的なヒューマニティーに対する信頼を新たにしてくれるなにかではあるまいか。この二人は空論派のインテリを嫌ったから、空論派のインテリからは嫌われた。二人とも趣味性を排したから、趣味人からは無視された。彼等が説く勤労の倫理は、豊かな社会で生れて育ったヒッピーたちには、それほど受けないかもしれない。二人は人類が進歩をまだ信ずることの出来た時代の産物であった、と言えるだろう。

だが、生き生きと過去の情景を蘇らせる文筆上の手腕、喜劇的細部を語る語り口、およそ押しつけがましいところのないユーモア、自己を客観視して笑うはればれとした精神、自然で達意な、無駄も飾りもない文章――そうした特質によって二人の自伝は今後もなお永く愛読されるものと私は信じている。フランクリンや福沢の個性的な声を通して、生きた人間にふれたという魅力を私もまた深く覚えるからである。

講談社学術文庫版（一九九〇年）へのあとがき

一九七七年八月末に私はアメリカの首都ワシントンの真中にあるスミソニアンという赤っぽいお城のような造りの建物へ赴任した。ウィルソン・センターの研究員として招かれたのである。着きたては、はなはだ自分が頼りない感じがした。それというのはいろいろな偉物が現れて次々と講演をするのだが、アメリカ人は話の頭にジョークを言う。聴衆がどっと笑う。ところが新参の私には一体なんでジョークがジョークになっているのか見当がつかず、笑いに一人だけ取残されてしまうのである。まわりの人々は別にそんな気はないのだが、私は自分が仲間はずれになっているような感じがした。しかしそれもやがて耳が英語になれ、新聞やテレビで周囲と共通の情報に接するうちに、いつのまにか自分も相手のジョークに笑えるようになってきた。

そうなると今度は自分も話す番で、話をするとなれば私も土地の習慣に従って相手のおとがいを解く工夫をせねばならない。私は学問的社交でも give and take を重んじる者で、その後もワシントンを通るたびにウィルソン・センター等へ寄って何度か話をしたが、米日の勤労倫理の比較をフランクリンと福沢諭吉の自伝を種に話をした時など、日本の学界なら気恥しくてとても言えない冗談を口にしたことは『新潮』一九八四年二月号への「あとがき」にも記した通りである。私は一九八九年にも自伝にまつわるハワイ大学龍谷大学共催の国際学会に招かれたので、そのおり Benjamin Franklin and Fukuzawa Yukichi : Two Autobiographies Compared というペーパーにさらに手を入れた。しかしジョークの方は種を新しく仕入れることが出来ず、こんな風に切り出した。

「フランクリンと福沢とどちらが偉いか」

といきなり聴衆に問いかけたのである。一体アメリカの国文学者は自伝や自伝の理論を専門とする人でさえフクザワなど名前も知らない。それだからフランクリンの方が偉いにきまっているという顔をする。その感情にこちらも同意し、

「世界の最大の国の最大の偉人の方が偉いにきまっている」

ともちあげておいて、

「ではフランクリンの方が福沢より何倍価値があると思うか」

と質問をする。アメリカ人も人間の偉大さがよもや数字で現されるとは思わないから、一瞬戸惑う。そこで、

「フランクリンは以前は福沢の三・六倍の価値があったが最近は一・四倍程度になった」

と言っておいて、おもむろに財布から百ドル紙幣と一万円札とを取出して見せる。近年の物騒なアメリカでは、実物の百ドル紙幣など実際にお目にかかることはほとんどない。それでもアメリカ人は百ドルという高額紙幣に刷られた顔が「アメリカ資本主義の父」フランクリンであることは知っている。そして日本の円が強くなったことは誰もが知り過ぎるくらい知っている。それで皆どっと笑うわけだ。

だがこのジョークは実はあるシンボルなのである。私がそこで聴衆の各位に——そして本書の読者の各位に——お考え願いたいのは、一国の偉人や学問の価値さえもその国の経済力によって左右されるということなのである。世界が「アメリカ資本主義の父」フランクリンに注目したのはアメリカ経済が世界に覇を制したことと無関係ではなかった。世界はいまや日本経済に注目している。そうなればその背後にある勤労倫理の問題を内外人が等閑視できないのは当然の成行だろう。偉人の価値がその国の経済力によって左右されるということを誰よりも強く感じたのは右のジョークを繰返した私で、五年前にはまだ二・三四倍あったフランクリンの対福沢の紙幣的価値が、今回は一・四〇倍にまで低下していた。やがてフランクリンに代表され

る価値が福沢に代表される価値に抜かれる日が来ないと一体誰が言えようか。

ここでこんなことを思い出す。

私が学生時代であった千九百五十年代の日本では、高木八尺教授や大塚久雄教授の弟子筋に限らず、フランクリンはアメリカの偉人として「絶対的に」尊敬されていた。ここで「絶対的に」というのは、『フランクリン自伝』と『福翁自伝』を同じ俎上《そじょう》にのせて「相対的に」論じようとする人がいなかった、という意味においてである。それは前者の格付けがあまりに上位であったから、ちょうど横綱と十両との間では取組みがないように、両者を比較するなどという発想はてんからあり得なかったのである。しかし明治時代に国木田独歩が気づき、植村正久が弔辞で述べた比較論を千九百八十年代の日本で復活させてみると、問題点をきちんと整理して土俵に臨んだせいか、東西の自伝の両横綱は互角に組んでなかなかの好取組みを演じてくれたように思える。それは私から言うのもおかしいが、行司がフランクリンは英語で、福沢は日本語で呼び出したからこそ四つに組めたので、いまでも西洋の土俵で西洋文明優位を当然自明とする観客の前へ、フランクリンは英語原文で、福沢は英語翻訳で呼び出したなら、フランクリンの勝ちと思う読者が圧倒的に多いのではあるまいか。それが文明に関する西洋人一般の色眼鏡であり、その色眼鏡を借用した非西洋のインテリと呼ばれる人一般の見方であろう。

振返ってみると、清岡暎一教授の手になる英訳 *The Autobiography of Fukuzawa Yukichi* が一九三四年に北星堂から出た時も、一九六六年にその新装版がコロンビア大学出版局から出た時も、西洋側の書評や後者に添えられた序論には、condescending な語調で書かれたものが目についた。西洋の優位というものがその文章ににじみ出ていたが、当時のイギリス人は文化的にはもとより経済的にも彼等が日本に抜かれることがあろうなどとは夢にも考えていなかったのであろう。愚かなことだが、しかしまさにそのような態度を持していたがゆえにこそ逆転は生じたのである。

国が豊かになり、国民の一人一人が豊かになると、同一著作に対しても評価や感じ方は変ってくるものらしい。先ほど米英では軍配はフランクリンに上ると述べたが、近年の日本では事情はまさに反対である。二つの自伝をフランクリンは日本語翻訳で、『福翁自伝』は日本語原文で読ませるなら、日本の若者の軍配は必ずといってよいほど福沢に上る。私は一九八九年度東京女子大学現代文化学部で日本の近代化を講じ、その際右二冊を岩波文庫で学生に読ませたが、圧倒的多数の学生が『福翁自伝』を上とすることに驚きを感じた。いつかこの学生たちを『フランクリン自伝』を上とする人たちと対決させ、たがいに討論させて問題点をつきつめたならさぞかし面白かろうと思ったほどである。もっとも昨今の日本で、ミッション・スクールの内部でさえ、一部こちこちの教師を除けば、西洋キリスト教文明のみを至上とする価値観がもはや通用しなくなっていることはきわめて健全な反応であるように思われた。だがこのような時代にこそ、安直な自己満悦に陥ることなく、内と外との比較論を慎重に行うべきではないだろうか。世界の中の日本という見方をするためには、外国も知り日本も知らなければならない。その際、比較研究者として自己の学問的アイデンティティーについて自覚が生じなければならない。そしてその際、既得の価値判断で外国の文物を見ずに、それに接することによって本人の感受性それ自体が変化することが大切なのであろう。その種の比較日本研究を行う人が、若い日に外国研究に打込んだ日本人学徒の間からも、外国人日本研究者の間からも出て来ることを切に望む次第だ。

学術文庫に収める際に「明治初年のフランクリン熱」と「金剛石も磨かずば」の章そのほかをよそから移して補った。慶應義塾の松原秀一教授は私を三田の地に再三招いて福沢について講演する機会を与えられたばかりか、解説文も寄せてくださった。三十余年前の私は不思議に多数の外国人の友人に恵まれた留学生であった。パリで毎晩のように友人宅に招かれたこともある。そのような時に私は思いきってドイツにまで留学の足をのばしたのだが、そのボンまで私を訪ねに来てくれた松原家の人々、またシチリアまで旅した夏の日々がなつかしく思い出される。数々の御好意にあらためて御礼申しあげる次第である。

二本足で立つ学者

松原秀一

『進歩がまだ希望であった頃』は平川祐弘氏の数多い著作のなかでも著者の長所の最も良く出ている研究であると同時に最も楽しく読める本であると言えよう。読者は手慣れたガイドの後について美術館を見物するように、二つの『自伝』の中を程良い速度で見物し、ガイドの適切な説明を受けながら安心して色々な書物について啓発を受け、十八世紀の若いアメリカと一世紀前、ペリー到来に揺り動かされ文明開化の途を辿り始めた日本を比べ、そこに鮮やかに描きだされた二人の骨太で朗らかな人物の姿を眺めて、爽やかな読後感を味わうであろう。そしてこの日本とアメリカの二人の偉人が如何にも似た軌跡を辿っていると納得させられても、この本が比較文学研究の常道からは外れた、大胆なしかし緻密な作業による離れ技であるということに驚いたりはしないであろう。

二百頁を越える本を書くのに苦労しない筈はなく、離れ技をそれと気付かせず受け取らせるには苦心もあったに違いないが、平川氏はいかにものびのびと、いとも楽しげにヨーロッパ、アメリカ、また、日本作家の多くの著書の間をあちこちと飛び回って思いがけない角度から二人の偉人の姿を示し、氏の共感を分けてくれる。フランクリンと福沢諭吉の『自伝』は勿論、読者がここに言及されている多くの本を捜し出して読みたくなるのは請け合いである。

自分の楽しみを人にも分かちあいたいというサーヴィス精神は平川氏の処女作である『ルネサンスの詩』(昭和三六年内田老鶴圃刊、講談社学術文庫)以来のものだが、論文臭を去ることを目指している平川氏でも、既存の枠組みを越えて自己主張する場合に肩に力が入らない訳には行かないと感じさせられることが無いではなかった。ところが本書には全くその感じが無い。昭和五六年の『小泉八雲――日本脱出の夢』に始まるハーン研究の連作（『破られた友情――ハーンとチェンバレンの日本理解』『小泉八雲とカミガミの世界』）にもそれが見られないのは著者の円熟を示しているのかも知れない。既に学術文庫に入っている『漱石の師マードック先生』もしみじみ読める好著であるので、やはり氏の対象への共感が筆の運びを柔軟にするのであろう。

旧制第一高等学校が戦後新制度に移行した折りに理科から文系に移り、これも若く留学し西欧文化の強烈な引力のなかで自己形成を強いられた学者であった前田陽一氏が情熱を込めて作った駒場の教養学科で国際人として「外人と同じ土俵で」研究をすべく育てられた平川氏はヨーロッパを憧れた。今の読者の大多数にとって敗戦後の東京は想像の外であろう。電話どころか電灯すら停電がちで、停電が少ない文教地区のアテネ・フランセや日仏会館、その中に作られた日仏学院に「文明」を味わった世代にとって外国語は外界に通じる空気孔の魅力をもっていた。英、独、仏という西欧の言葉を学んだ平川氏は占領下の日本で外国に出る殆ど唯一の手段であった留学生試験を目指し、昭和二九年にフランス政府給費招聘留学生として日本を離れた。当時は船に一月揺られて行くのである。外貨の持ち出しは禁止されていたから、六年間の留学には通訳などをして「苦学」もしたのであった。この「苦学」は氏自身が『東の橘　西のオレンジ』（昭和五六年文芸春秋刊）に収録されている氏の「国鉄　フランスと日本」や、同書の後書きで語るようにヨーロッパの実生活に触れる機会となり、若く柔軟な魂を歪《ゆが》めることとも、教室と図書館に閉じ籠もり論文制作に終始して視野狭窄《きようさく》を起こさせることも無く、好奇心に満ちた青年を豊かにしたのであった。

平川氏を評論の世界に打出したのは昭和四六年に刊行された力作『和魂洋才の系譜』で、この書は森鷗外、柿崎正治からアナトール・フランス、ポル・ルイ・クーシューまでをテクストに密着して論じた永く読み続けられるべき日本文化論の名著である。この本自体が「和魂洋才」の宣言と言ってよいが、平川氏が俄然、自信をもって自分の視点を打ち出したのは昭和四九年に講談社の「人類文化史」の一冊として担当した『西欧の衝撃と日本』以来の様に思う。氏が「同じ土俵」でも、日本人の目を持つ以外はないという視点を手に入れるまでには長い孤独な探索があったことを注意しなければならない。敗戦国の留学生の肩身の狭さも今では想像外であろうが、当時の日本にとっても「進歩は希望」であった。良い生徒として学ぶことが期待されれば反発もせざるを得ず、没入しようとすれば魂を売る想いをしなければならない。圧倒的な西欧文化を前に自分のアイデンティティーはなにか、日本文化とは何かを考えずには居られぬ時代だったのである。平川氏は……『東の橘　西のオレンジ』の「後書き」で留学生活を回想しているが、ひたすらにフランスの文学研究の得意とするテクスト解釈法を学んだ事が、その後の氏の仕事に生かされていると言えよう。この留学は六年の長きに渡りフランスの他、ドイツ、イギリスとイタリアに及んだ。筆者はたまたま平川氏のパリ滞在の最後の一年を同じ留学生としてパリの大学都市で共に過ごしたが、当時平川氏がフランスの中世学者ギュスターヴ・コーエンの『ロンサール、生涯と作品』を読んでは感心していたのを覚えている。ルネサンスのフランスがイタリアに対して文化的劣等感をもっていたことの発見はフランス文化を目指し日本に劣等感を持っていた我々の世代の留学生には救いであり、文化を相対的に見ることを教えてくれるものであった。ペルージアの夏期講習に行ったとか行くとか聞いた様に思うが、平川氏がイタリアに行かれたのは漱石のピトロクリ旅行のように幸福な視野を開くものだったろうと想像される。

留学から戻った氏は昭和三七年再びイタリア政府留学生となってイタリアに留学し、帰国後の昭和四一年にダンテの『神曲』の翻訳により河出賞を受けた。十九世紀も半ばを過ぎて開国した日本は英独仏という当時の先進国の文化を吸収するのには甚だ熱心であったが、イタリア、北欧などの小国や二十世紀文化を担うことになる元ハンガリア・オーストリア帝国のチェコ、ルーマニア、ハンガリア等は段々と視野から外されて行った。美術、音楽はイタリアに学んでも、医学、工学から法律、思想、文学までフランスも含めた北の国々、特にドイツが師として選ばれた。この伝統の中で育った平川氏はイタリアに行くことでまた、広い地平線を見渡すこととなったに違いない。評論社の「世界の女性」シリーズの第八巻『南欧の永遠の女たち』（昭和五二年刊）は平川氏の編集であるが、氏は巻頭の座談に加わる他、続く一章「マリア様の国　イタリア」を自身で執筆している。これは『中世の四季――ダンテとその周辺』（昭和五六年河出書房新社刊）に敷衍《ふえん》されて入っているが、中のカルヴァカンティの訳詩などをみても平川氏にとってイタリアは心の和む国である様に見える。最近、マンゾーニの『いいなづけ』の翻訳を手掛けイタリアの二大古典の邦訳者となったことでも、イタリアが氏の欧米理解の支えの柱の一つであることが見て取れる。

フランスの文章分析法を身につけた平川氏は外国の詩をテクストに則した解釈で和訳するのを楽しむばかりか日本の詩を外国語に訳すことでその内面に隠されているものを見事に取り出す技も見せてくれる。『謡曲の詩と西洋の詩』『西洋の詩　東洋の詩』でのブレヒトと謡曲「谷行」、ウェイリーと詩経、また白楽天などその「相互照射」の見事な例である。『夏目漱石――非西洋の苦闘』（昭和五一年新潮社刊）の漱石の俳句とシェイクスピアもここにあげることが出来よう。これらの場合は比較文学の常道の命ずる様に相互に影響関係の明らかなもの、またはその影響を明らかにするための作業としての検討であった。

違う文化の影響が却って受けた文化の特徴をくっきり示すことを堪らなく面白いと楽しむ平川氏はその眼前の面白さに捕らわれて細部の拡大に偏したり、技の冴えの意識が仄めいたりする恨みが皆無とは言えなかったが、フランクリンと福沢という大胆な比較においては、一切肩肘を張らずに自由に読者と共に偉人を鑑賞する立場に立っている。長年の研鑽を感じさせ正に円熟というほかはない。この本でも博捜は広く遠く及んでいるが、学者臭がなく、良く読書への誘いになっている。

三十代の仕事の結実であった『和魂洋才の系譜』を世に問うた平川氏も平成三年には還暦を迎える。「和魂洋才」が一本の足を日本にもう一本の足を外国文化に立てることでなく、人間として二本足で立つには自国を踏まえて外国文化を見つめることであることをヨーロッパ文学の長年の味読によって確立した平川氏は、本書また『小泉八雲——西洋脱出の夢』以来のハーン研究で比較文学を対照文学に、あるいは比較文化を対照文化まで拡げた。平川氏の興味は文学に限られず『平和の海と戦いの海』に見られるように軍人、外交官、教師のように広く複数の国と関わらざるを得なかった人々に及んでいる。今後の筆硯の益々の清穆《せいぼく》と共に、本書に啓発される後進の輩出を切に希望したい。

（慶應義塾大学教授）

見事なパフォーマンス
——平川祐弘氏の新著を読む——

佐伯彰一

かりに当方がアメリカのどこかの大学のチェアマンで、プロフェッサー・ヒラカワの人物評価を求められたとしたら、まず第一にパフォーマーとしての技倆、その見事さを大きく取り上げるに違いない。じつの所、つい数カ月前、今年の春の英文学会で、「ライフスタイルと文学——小泉八雲の場合」というシンポジウムが催された折、平川さんが発表者の一人で、こちらは司会役を勤めさせてもらった。この種の催しは、この頃の日本の学会の流行というに近く、やたらといいたいほど多いのだが、面白いといえるものにはめったにお目にかかれない。ところが、ぼくらのシンポジウムは、と言い出すと、手前味噌になりそうだが、司会役のこちらがつい聞きほれて、心楽しくなってくるほど、うまく運んで、後できいてみても、評判も上々だった。という有力な原因が、平川さんのパフォーマーぶりの見事さにあったことは、ほぼ言い切っていい。

小泉八雲の 'Oshidori' いう小篇をとり上げ、詳しい解釈と論評を加えたのだが、平川さんの原文朗読と評釈ぶりが、語調といい音声といい、まことに朗々かつ堂々たるもので、並居る気むずかしい英語教師たちの大方も、つい聞きほれざるを得なかった。平川さんの発表の論旨そのものについては、げんに当日の現場で、直ちに正面切った批判、反論を加えた人も出たほどで、問題なしとしないけれども、彼のパフォーマンスに関する限り、まず掛け値なしの第一級であった。

本書『進歩がまだ希望であった頃』（九月、新潮社刊）についても、こうした評価は、ほぼそっくりそのまま、当てはまるのではあるまいか。

この本は、とにかく読ませる。聞きほれさせる力を具えている。この本のアイディア、着想については、必ずしも平川さんは独創を誇る訳にゆくまい。ご自身が冒頭ではっきり認めてくれているように、わが福沢諭吉とフランクリンとを思い合せ、比較するという着想の最初の実行者は、十数年前の小生であった。しかし、ぼくのエッセイの主眼は、両者の比較そのものにはなかったし、詳しい展開の手間もかけなかった。こちらが、ヒントとして、きっかけとして書きとめておいた所を、平川さんは、じつにたっぷりとふくらませ、育てあげてくれた。こちらが恐る恐るさし出したささやかな苗木が、平川さんの手によって、枝葉もしげり、実もたわわな亭々たる大樹となった。

見事なパフォーマーたる平川さんは、また入念で勘のいいガードナーでもあると認めざるを得ない。

平川さんは、熟達の比較文学者らしく、さまざまな資料を博捜されていることは勿論であるが、具体的な細部の引き方、使い方が、まことに巧い。たとえば、「食うこと、飲むこと」、また「着ること、着ないこと」といったいわば卑近な項目まで取りこまれていて、両者における思いがけぬ類似と、また「微妙な差違」が指摘されている点など、対象がぐっと身近に迫ってくる感じがある。一体、フランクリンは酒嫌いというに近かったのに、福沢の方が「先づ第一に私の悪い事を申せば、生来酒を嗜《たしな》むと云ふのが一大欠点」と自ら認めているほどの生来の酒好きであったことは、『自伝』の読者ならすぐ思い浮べずにいられない所だが、平川さんは、そこから一歩突っこんで、両者の類縁を探り出してくるのだ。

「……フランクリンも福沢も、飲み食いを栄養摂取のカロリー計算としてとらえた点が、いかにも似通っているのである」と平川さんはのべ、しかも同時に、酒をめぐる二人の挿話のうちに、「気骨のあるなし」を探りあてて、「印刷屋として実業の道を歩んだフランクリンと、そうではない福沢との間の、対人態度における微妙な差違」にまで言及してくれる。

さらに、平川さんは、間々「今日的見地から私的な感想」をさし挟むことを恐れない。時には、これがかなり挑戦的、いや挑発的といえるほど大担かつシャープで、これ又パフォーマーとしての平川さんの大事な特色の一つといえそうである。たとえば、フランクリンの信仰にふれた箇所で、アメリカ流の「唯一の神」の押売りに「違和感を覚えた」という。子供さんが、アメリカの学校で、「唯一の神」の名において、「忠誠」を誓わされたと聞いた際、「八百万神《やおよろずのかみ》の国から来た私」は「奇妙な感じ」を押え難かったと打明け、貨幣にまでこうした文句を刻みこむのは、どうかと突っこんでゆく。いや、それはかりではないのだ。アメリカの貨幣の文句をとらえて、アメリカの「ミサイル開発計画」に文字通りキリスト教信仰の立場から批判を加えたわが矢内原忠雄にも一矢を報いずにおかない。

しかし、読者よ、ご心配には及ばない。本書の魅力、平川さんの本領は、豊富な材料を駆使して、肉づきたっぷりの比較人物論を悠揚迫らない語調で展開してくれるパフォーマーぶりにあって、傍白にも似たにがいコメントは、いわば刺身のツマにすぎない。これは何よりも細部において刺戟と啓発に富む、現代的な伝記エッセイの上乗なるものであり、いたずらに暴露性や辛辣さを誇示しがちな或る種の現代ノン・フィクションに対する一服の解毒剤、清涼剤として広く世にすすめたい。

（『波』新潮社、一九八四年九月、中央大学教授（当時））

自伝研究における長男と次男
――佐伯彰一と平川祐弘を巡って――

大貫　徹

平川祐弘は、文芸評論家佐伯彰一に自伝研究の先達として高い敬意を表している。その著書『進歩がまだ希望であった頃――フランクリンと福沢諭吉――』（新潮社、一九八四年。以下『進歩』と略し、引用は本著作集の頁数のみ記す）も佐伯に言及することからはじめている。

『福翁自伝』と『フランクリン自伝』が似ている、ということは明治以来繰返し言われてきた。しかしどうしたわけか正面切って比較論を展開した人はいまだに見当らない。この両者を並べて文芸評論の対象としたほとんど唯一の人は『日本人の自伝』（講談社）の著者佐伯彰一氏で、氏は丸一世紀以上離れたこの二人の間に不思議な類縁を認め、「現代のプルータルコスがいたら、とり上げずにはすまされぬ好一対」と指摘した。私もその見方に同調する者で、佐伯氏が数ページにスケッチした平行例を、ここでは二百ページ余にわたって吟味してみた。（一四頁）

平川はこのように佐伯を高く評価する。その上で自分がその仕事を受け継いだと宣言している。それどころか、平川は佐伯が切り拓いた場所をさらに掘り下げ、佐伯が思いも寄らぬような実りを得たと誇っているようにも見える。それが「佐伯氏が数ページにスケッチした平行例を、ここでは二百ページ余にわたって吟味してみた」という一節の意味だろう。それにしてもわずか数頁がどうして二百頁になるのだろうか。実りが豊かと言うにしてもあまりにも違いすぎる。実はここに佐伯と平川の立ち位置の違いがはっきりと示されている。佐伯は『福翁自伝』などの自伝を「私語り」に注目しながら読み込むことで日本人の自我のあり方を見出そうとしたのに対し、平川は自伝を通して「国の動乱期と制度確立期に、他者の追随を許さないほど啓蒙思想家、社会改革者として八面六臂の大活躍をした」（二頁）福沢たちがどのように「時代」と関わったのか、それを詳細に描こうとしたのである。文学研究の一環として自伝に注目した佐伯に対し、平川は文化研究として自伝を読み解いたのである。とはいえ、まずは佐伯が道を付けてくれたからこそ、というのは間違いないだろう。ということは、自伝研究という観点から言えば、長男佐伯、次男平川と称することもできるだろう。この喩えがすべてに当てはまるとは思えないが、自伝研究に関して言えば、ある程度通用するようにも思える。そして実際に佐伯は長男として、平川は次男として生まれ育った。今回はこうした観点から両者を論じてみよう。

ところで『進歩』の末尾近くにある「日米文学史上の両自伝の位置」と題する章において平川は、両自伝は「多くの共通点をわかち持っている。しかし一つだけ決定的に違う点があった。それは『フランクリン自伝』が、いかなるアメリカ文学史を開いてみても第一級の扱いを受けているのに反し、『福翁自伝』が、いかなる国文学史を開いてみても全く黙殺されている、という事実である」（一八〇頁）と述べた後、以下のように続けている。

外国の大学へ教えに行く人は、日本人における自我の未確立を主張する外国人学者に出会うたびに不快の念を覚えるようである。（略）日本の文芸評論家が、自分だけは例外者のような顔をして、日本近代文学における自我確立の失敗を紋切型に唱えている図は滑稽なしとしない。どう考えてみても、自我なき者が自伝を書くとは思われない。（略）佐伯彰一氏は外国にさらされたことによって日本文学史のこの異常にいちはやく気がついた批評家であった。氏は『アメリカ文学史　エゴのゆくえ』（一九六九年）で『フランクリン自伝』を高く評価した。（略）そしてその五年後『日本人の自伝』（一九七四年）の中で『福翁自伝』を論じ、その文学的復権を求めた。

（一八三―一八四頁）

このように平川は例によって長男佐伯を称えるのだが、同時に次のようにも言う。

『福翁自伝』を黙殺した先輩文芸評論家に対して佐伯氏は辛辣である。「もし日本的な歪みや欠陥を論じようとするなら、フランスの自然主義小説の誤読や近代的自我の流産を言い立てる前に、まず『福翁自伝』の文学史的な評価、位置づけについて思い廻らすべきではないだろうか」

（一八四頁）

「佐伯氏は辛辣である」と平川は言うが、しかしその辛辣さは佐伯の孤独で厳しい戦いの結果であるということに、次男坊である平川はどれほど自覚的であろうか。というのも佐伯の前には「フランスの自然主義小説の誤読（略）を言い立てる」先輩文芸評論家が山ほどいたからである。中村光夫や平野謙に代表される先輩評論家にとって、江戸期までの伝統を断ち切ったところに明治期の輝かしい文芸が生まれ、戦前から断絶したところに戦後の豊かな日本文学があるのだという文学史観は自明の事実であった。佐伯はこれと戦わざるを得なかったのである。もちろん「戦う」というからには佐伯は先輩評論家とは異なる史観を有していたことになる。では佐伯はそれをいつ身につけたのだろうか。ここで平川がさりげなく記している「佐伯彰一氏は外国にさらされたことによって日本文学史のこの異常にいちはやく気がついた」という一節が重要な意味を帯びてくる。まさに平川の言う通りなのである。佐伯は一九五〇年に早くもガリオア留学生としてアメリカに留学しているが、しかし平川が言う意味で「外国にさらされる」のは、それから十二年後の一九六二年九月から六四年の六月までアメリカ・ミシガン大学に滞在した時期である。そのときに佐伯は平川の言うとおり「異常にいちはやく気がついた」のである。しかしそれは「自我の未確立を主張する外国人学者に出会（った）」からではない。そうではなく、ミシガン大学においてアメリカ人学生に日本文学史全般にわたる講義を行ったからである。基礎知識がない相手に行う文学史講義ほど面倒なものはない。しかし佐伯はここで大きな利点を得た。それはひとつにそれまで十分に読む機会がなかった古典作品に取り組むことができたことであり、またひとつに文学的先入観から解放されたことである。この結果、佐伯は「日本文学史は全体として、まことに有機的な一貫性、連続性を保って現在に至っている。（略）現代作家においてさえ、途切れざる連続性が浮び上ってくる。やかましく言い立てられた「断絶」の方が、遠くかすんでしまいそうである」（「文学史の基軸を求めて」、『群像』一九七一年八月号、二一六-二一七頁）ということをまさに実感するのである。それを踏まえ、佐伯は「旅、鎮魂、エロス」を原型の三幅対とする独自の批評を構築することになるのだが、評論家たちはこれにまったくの無視を決め込んでしまう。彼らが明治以前の文学に興味も関心もないことがその大きな要因なのだが、これに関し、佐伯は中村光夫に触れながら「中村さんの史的感覚と展望は、どうやら幕末、いや明治初期どまりで、それ以前にはほとんど及んでいない」（『回想』文藝春秋、二〇〇一年、四八頁）と苦笑混じりに語っている。そこで佐伯は方向の修正を余儀なくされ、日本文学における「私語り」には多層的、重層的な「私」が同時共存しているのだということを丹念に描くことに専念する。その成果のひとつが『日本人の自伝』（一九七四年）である。とはいえ、佐伯はその執筆にきわめて難渋した。もちろん第七章「武士的自我のかたち」あたりになると、佐伯も調子が出て語り口も滑らかになり、読者である私たちも日本人の「私」のありかがよく見えてくるのだが、前半はそうはいかない。とりわけその冒頭の章は何を言っているのか分からない。それほど佐伯はここで悪戦苦闘する。あまりにも文学的に扱われてきた「私語り」を佐伯は従来の枠組から解放し「自伝」という大きな枠組で論じようとしたのであるが、肩に力が入り過ぎたせいか、西欧の区分立てに必要以上に固執し過ぎてしまったようである。こうしたことも先行者が味わう苦難のひとつと言うべきかも知れない。

これに対し、平川は執筆中まことに難渋するどころか、その「まえがき」において「問題は問題を生み、次々と新しい展望が開け、執筆中まことに愉快であった」（二―三頁）と記している。まさに苦心惨憺たる長男に対し愉快千万な次男というところであろう。ではなぜそれほど展望が開けたのか。それは問題設定が実に巧みだからである。しかしそれだけではない。それだけで「執筆中まことに愉快であった」という言葉は出てこない。実は平川は福沢と一体化しているのだ。それは、福沢が一身二生の人生を送ったように、平川も敗戦で価値観の大転換を強いられた青春期を過ごし、その上で敗戦国日本のエリート学生として西欧の地で苦労して学び、その結果、日本が世界の主要国へと成長する姿を東大教授として見るという、まさに一身二生の人生を送ったからである。このことがよく分かるのは「独立自尊」と題された章である。その中で平川は「福沢がコンパラティスト（比較研究者）の立場に自覚的に立っていた」（一六一頁）とした上で、次のように記している。

福沢が生涯繰返し唱えた学問上、精神上の「独立自尊」もこの点を抜きにしては考えられない。（略）外国思想という権威の輸入に追われて、その流行になびきつつ立場を変えるような人々にもこのような一身二生の体験は難しいことであろうと思われる。（略）今日の私たちについても同じ事がいえる。私たちは日本人であり、かつ西洋文明を学んでいる。それは我等の両身であり、その両身が自分の中で渦巻いている東洋と西洋とを比較し、いわば自分自身を実験台に供するのでなければ、真の学問も文明論も成立つわけのものではないのではなかろうか。それが私が『福翁自伝』（略）から引き出す学問上の独立自尊についての見解である。

（一六一―一六二頁）

ここで平川は「私が引き出す見解である」と記しているが、実際には平川自身が自らの人生の中で見出した見解であり、そしてそれを『福翁自伝』を通して再確認したのだ。だからこそ執筆が愉快だったのであろう。そして平川は繰り返す。

明治維新は過渡期だ（略）という弁明もあるだろう。しかしそれならば昭和二十年も、いや今日も、日本はそれなりに過渡期なのである。（略）過渡期には過渡期の利点というものがある。今日の私たちも、努力する限り、一身二生の生涯を送る僥倖はなきにしも非ずなのである。

（一六二頁）

再び「一身二生」である。しかしそれは僥倖であると言う。もちろん努力すればそうではないと言うが、実際にはかなり難しい。実はここに平川の大きな自負がある。福沢やフランクリンと同じく、自分もその僥倖的な人生を送ったのだという強い誇りがここにある。言い換えれば「進歩がまだ希望であった頃」を強固な意志で生き抜いたということでもある。その意味で『進歩』という著書は福沢自伝を借りた平川回想記と言えよう。そして『福翁自伝』が面白いのと同じく『進歩』もまことに面白い。巻を措く能わずとはこのことであろう。『新潮』一九八四年二月号に一挙掲載されたのもまさに宜なるかなと思われる。

（名古屋工業大学教授）

著作集第八巻に寄せて

――佐伯彰一先生と私――

Publish or perish

フランクリンも福沢も共に出版事業に関係した。二人の名声はプリンティング・ビジネスと密接にかかわる。私は「反大勢《ハンタイセイ》」の人間で時流に乗らなかったが、出版することで滅びずに学問世界で生きのびてきた。それで publish or perish「出版するか、大学をやめるか」の原則に従って私がいかに生き延びたかも書いておきたい。

生きのびることが出来たのは、東アジアの隣国と違って言論の自由、出版の自由がある日本に生を享《う》けたお蔭である。私はその点では日本をきちんと東アジアの大陸諸国と区別しておきたい。

東京大学駒場で生きのびることが出来たのは、若いときから大学紀要などに次々と論文を活字にしてきたお蔭である。それを読んだ他学科の教授が――大学紛争の最中は教師まで興奮してよその学科を批判したりしたものだ――「なぜフランス語教室は比較出身の助手の平川が業績があるのにいつまでも昇格させないのか」と言い出したからである。フランス語教室もそれに押されたのだろう、ついに「平川を昇格させる」と報告した。「教授にですか」と国際関係論の衛藤瀋吉教授がすかさず言うものだからフランス科主任が答えに詰まった……

後から聞かされた話はそんなであった。それまで五年間、私は自己の能力と業績と学内で行なわれている人事について憤然と思うところがあり、よその大学へは行かず一生駒場の比較の大学院の助手のままで過ごしてもいいつもりでいた。家内は助手と助教授の差をあまり考えない性質であったし、そもそも当時の私は人事のことは家内にいっさい話さなかった。そんなものだから、あるとき家内から「おめでとうと芳賀夫人から言われて、なにがめでたいのかわからなかった。それくらいは教えてほしい」といわれた。家内はちょっと涙ぐんだ。

三十八歳でやっとめでたく助教授となった私がはじめて教授会で一言発言した。すると椿事《ちんじ》が生じた。フランス語教室主任の朝倉季雄教授がにわかに立上って私の人事の遅延について釈明したのである。「いわなくてもいいのに」と私は思った。そんな釈明はその後も聞いたこともない。なんのことかわけがわからなかった教授がおそらく大半であったろう。

だが紛争が去り世間が穏やかになると、フランス語教室はまた元の体質に戻り、仏文出身者しか採用しなくなった。それが世代交代しても変わらない。その証拠に一九六九年から私が駒場を去る一九九二年まで、比較出身でコンパラティストとして業績のある人をフランス語教師に採用することはついぞなかったのである。主任の私が一度ある優秀な新進の比較研究者を推薦した時、私のいる目の前で「あの平川さんみたいな人はどうも」とその人事提案が却下されたときはただもう唖然とし憮然とした。そんなことがあったのを思い出すので、以前はほっておいたが、朝倉主任がかつて「悪気があったわけではありませんが、ほかにも優秀な方がおられましたので」と教授会で釈明したことをここにあらためて書き記しておくことは意味なくないと信じる。

編集者たちとの出会い

次に商業出版について述べたい。この著作集の勉誠出版の池嶋洋次会長以下は別格とし、以前は次の各位に多くを負うてきた。私は自分がコマーシャル・ベースで学術的内容のある書物を世に出せたことを幸福に感じている。お名前を記して感謝の微意を表したい。新潮社の坂本忠雄氏、河出書房新社の三村美智子氏、川名昭宣氏、伊藤靖氏、丸善の本庄桂輔氏、白水社の芝山博氏、講談社の池永陽一氏、文藝春秋の立林昭彦氏、Global Oriental の Paul Norbury 氏、名古屋大学出版会の橘宗吾氏、藤原書店の刈屋琢氏。

次の文章は『進歩がまだ希望であった頃――フランクリンと福沢諭吉』が一九八四年新潮社から出たときの裏カバーの言葉で拙著の内容が要領よく紹介されている。帯やカバーの文句は編集者が書くのがならいだが「私は」とあるからおそらく編集者に頼まれて私が書いたのだろう。

『フランクリン自伝』は十八世紀アメリカが後世に遺《のこ》す文学上の傑作だが、『福翁自伝』は十九世紀日本が世界に伝える無比《むひ》の作品である。フランクリンと福沢諭吉は、克明な観察者、八面六臂《はちめんろっぴ》の啓蒙家《けいもうか》として、米国独立と明治維新を生き抜いた。この偉物を分析して、日米精神史上の対比評伝を私は本書で試みた。「前へ、前へ」それが二人の歩調だが、それは進歩がまだ希望であった頃の時代精神だったにちがいない。

池永陽一氏は私の著作を良しとし、平川関係著書を十三冊も講談社学術文庫に揃えてくれた。これは学術文庫に関係した者で一番多く出した数だそうである。『進歩がまだ希望であった頃――フランクリンと福沢諭吉』は新潮社で単行本が二刷が出て品切れとなるやすぐに学術文庫に入れてくれた。そのときこの言葉も文庫本のカバーにそのまま印刷してくれた

フランクリンと福沢の比較論の成立

フランクリンと福沢の比較論の成立については、一九八四年の新潮社版の「まえがき」に書いたが、私

が初めて英語で話したのはプリンストンにいた昭和五十三（一九七八）年秋である。ジャンセンがヴァン・ドーレンの研究書をさらに読むよう推めたが、私はフランクリン研究に深入りするのは避けた。帰国後、何度か講演、講義していわゆる演練を経てから文章にした。

当時私の身辺には尊敬すべき佐伯彰一氏がいた。『進歩がまだ希望であった頃――フランクリンと福沢諭吉』について私が学問的に負うているのはなんといっても九歳年上（一九二二年生まれ）の氏である。大の小説読みと思っていた佐伯氏だが、世の文芸評論家と違って、小説を盲信せず、自伝文学の復権を唱えた。東大の大学院生も快哉を叫び、佐伯主任教授が昭和五十八（一九八三）年三月、定年退官する際、還暦記念論文集『自伝文学の世界』が編まれた。そこで私はまず「白石と諭吉」にふれ、ついでその年の夏休みに『フランクリンと福沢諭吉』を書き上げたのである。

すると淡江大学の学会へ出張中の私に『新潮』の坂本忠雄編集長から国際電話がかかり、校正上の些細な問い合わせを受けた。傍で聞いていた台湾の教授たちが日本の大手出版社はそこまで良心的にチェックするのかと驚いていた。まだパソコンやメールが開発される以前の話である。そのころ東大駒場へ訪問教授として来日していた韓国・台湾・中国の学者たちは東大比較の指導的教授が多くの著書を出していることに、また読者がいることに瞠目《どうもく》した。それは私が留学した時期と関係する余徳かもしれない。私は現在フランス政府給費留学生名簿の最古参で一九五四年留学だが、一九六八年の五月革命以前、大学はまだ大衆化されておらず、フランスでは学者もサロンで高級な内容を平明に語るのが美徳とされていた。そのころにパリで暮らした私は、その文明の風を良しとし、それがフランス語だけでなく日本語で論文を書くときもおのずから出たのである。それで『新潮』に載ることを得たので、平川作品の文芸的価値を認めてくれた坂本氏に私は感謝せずにいられない。坂本氏は『平川祐弘著作集』のパンフレットに平川論文を掲載した理由をそれが学術作品でありながら文芸作品になっていたからだと述べている。

英文の《Benjamin Franklin and Fukuzawa Yukichi : two autobiographies compared》の決定版は平成元（一九八九）年六月に仕上げた（これもまた後に英文の主著に収めた）。それは、その種の援助申請をすることのかつてなかった佐伯氏が小西財団に交渉して助成金を獲、おかげで龍谷大学がハワイ大学と共催で自伝にまつわる国際シンポジウムを深草のキャンパスで開いたからで、私は学会で発表した内容は必ずペーパーにまとめた。佐伯氏が「せっかく国際会議を組織しても、君みたいに二つ返事で出席して英語でペーパーをきちんと発表してくれる人が日本側に少なくて」といった。

ハーン評価のやりとり

佐伯氏と私の関係はそんな風におおむね友好的で、氏は拙宅のパーティーにもよく現われた。日本語でも英語でも座談の雄だったが、困ったことに会食の席で他の客に会話のボールを投げずに一人で夢中に話し続けることもあった。

「平川はパーフォーマンスがうまい」というのが私の発表に対する佐伯意見で、本巻にもその趣旨を述べた佐伯氏の『波』一九八四年九月号掲載の一文を再録してあるが、それは敷衍すると、私がとりあげる主題は、フランクリンと福沢にせよ、ハーンにせよ、神道や、世界の中の『源氏物語』にせよ、佐伯氏がすでに先にとりあげた話題だという自負があったからであろう。それを講演や作品に平川は上手に仕立てる、とおつしゃりたかったのであろう。しかし二人は似たような教育環境で育ち、共に飛び級し、国こそ違え相前後して似たような外国体験を重ねたから、似たような見方をしたのかもしれない。（佐伯氏は北米の大学の主任ならプロフェッサー・ヒラカワをどう評価するか、という問題提起をされた。それでブリティッシュ・コロンビア大学のアジア学部長が下した評価表を英文のまま後ろに付録として掲げることとする）。

二人の関係は時にデリケートな面もなかったわけではない。こんなやりとりを交わしたこともある。私がたてつづけに『新潮』にハーンについて書いていたころ、英米の文学史家に詳しい佐伯氏が教授会の席でフランス語教師の間に座っている私に近づいて来て、

「あなたこれ知っている?」

とやや意地悪な微笑を浮かべて *Concise Cambridge History of English Literature* の一頁を指さした。そこには「東大におけるハーンの文學講義は全く価値がない」completely valueless という痛烈なハーン批判が出ていた。私がそのころハーンの東大講義の言葉を引いて『小泉八雲──西洋脱出の夢』の結語としたから、そんなものを引用しても駄目だよ、西洋でのハーンのレクチャーに対する評価はこんなだよ、と佐伯氏は私をたしなめたかったのかもしれない。(しかし私はハーンの講義の言葉、たとえば「信頼できる最大の文芸批評家とは、それは読者である。それも日々の読者でなく、何代にもわたる読者の声である」の真実をいまでも信じている)。そのとき私は佐伯先生が見せてくれた『ケンブリッジ英文学史』の冒頭のページを開き「一九四一年」という刊行年をさして「英国でのハーン評価が日英戦争勃発の年に落ちたのは当然でしょう」と反論したが、そのとき教授会の開会が宣せられたので、佐伯氏はそれに答えずに英語教師の間に戻ってしまわれた。

佐伯彰一氏と私との違い

二人が明確に違う点もあった。佐伯氏は自分は「文芸評論家だ」という文壇人とのつきあいから生じた矜持もあり、記事を書くときは文芸評論家を肩書とした。私は大学勤務を本職とし、東大助手にせよ助教授にせよ教授にせよそれを明記した。私自身が比較の大学院の一回生の生え抜きで、長年助手も務めたから、のちに講座担当となってからも大学院へのコミットの程度が違ったのである。いわば大学院のハウスキーパーであった私の方が歴代の主任の誰よりも大学院生の顔や名前をよく憶えていた。それは私がさまざまな言語

を専門とする学生やいろいろな国籍の留学生、研究生、訪問教授とも嘱託ともまめにつきあったからでもある。

佐伯氏はときどきだしぬけに鋭い質問を浴びせた。それは「lume spento という言葉は『神曲』の第何歌に出て来ますか」とか「あなたは『藝術にあらわれたヴェネチア』を以前に出したが、どれくらいヴェネチアに滞在したのですか」などというのであった。後の質問にはたじたじとした。長く滞在したことはないからである。しかしそれ以外にもあの若書きの書物については忸怩《じくじ》たるものがあり、再三復刊を勧められたが、辞退してきた。今回『平川祐弘著作集』のちらしが配られた直後、さる講演会の席上で「先生は『著作集』に『藝術にあらわれたヴェネチア』を入れてないが、なぜですか」とほとんど咎めるような口調で質問された。建築史家の陣内秀信氏は平川のあの本にインスパイアされてヴェネチアへ留学し、その体験を生かして東京を「水の都」として再評価するようになったとのことで、直接礼をいわれたこともある。それにもかかわらず私が断わるのはあの本が未完成品だからである。

『藝術にあらわれたヴェネチア』

『ルネサンスの詩』を二十代末に出し評判となったとき、内田老鶴圃は『藝術にあらわれたヴェネチア』を出すよう直ちに話を進めた。それは一つには菊池栄一先生の『イタリアにおけるゲーテの世界』のような文学者の経験を具体的にその土地から解き明かす、という企画もあったからだが、「文学にあらわれたヴェネチア」は戦後第一回の国際比較文学会がヴェネチアで開かれた際のテーマでもあったからである。しかしこの本は月足らずの早産を強いられた。執筆半ばで再度留学の話が持ち上がって四カ月後にイタリア船に乗ることとなったからである。すると内田老鶴圃は出発前にどうしてもまとめよという。昭和三十七年十月七日、私は結婚披露宴がすむと、東京から関西へ旅して神戸港で依子と一旦別れてそのまま洋行に旅立った。書店が披露宴の引出物に間に合うよう当日夕方式場に届けてくれたが、私ははじめてお目にかかる参会者には『藝術にあらわれたヴェネチア』でなく新書版の『ルネサンスの詩』をお渡しすることにこだわった。そんなであったから、今回もやはり『著作集』に入れることはしない。惜しむ声も聞こえるので、中の随筆数編のみは『著作集』の後の方の一巻に拾うことにする。また、友人知己にまつわる随筆もそこに拾うことにする。たとえば佐伯氏の故郷の『とやま文学』の佐伯特集号に寄せた私の『批評家佐伯彰一氏を批評する』もそこへ入れる。そんな予定だからここでは佐伯氏について今まで書きそびれた思い出にふれたい。

米国へ渡りたかった頃

私がパリ留学生時代に感銘を受けた書物は『福翁自伝』で、そのときの印象は『進歩がまだ希望であった頃』の最初の章にも記した。なぜ日本の学生時代にこの本が私の視野に入らなかったのかと腹立たしかった。外地で明治日本再発見の仕事を漠然と構想していただけに、『福翁自伝』を論じようとせぬ国文学史家の学問観に対し不信の念を抱いたのである。

ではソルボンヌから多くを学んだかというと、比較文学のテクスト味読の訓練はたいへん面白くエクスプリカシオンのクラスには五年間精勤した。西洋と東洋の関係ではエチアンブルの講義よりサンソムやウェイリーの書物の方からより親密な学問的刺戟を受けた。ヨーロッパ文化について等高線が自分なりに引けるようになり文化の流れが見え始めたのは、留学に留学を重ねパリからボン、ウィーン、イタリアへ回りそれぞれの言葉を習ったからである。

東大の助手となり『和魂洋才の系譜』を書きおえたころは、戦後のアメリカで日本研究がめざましい進歩をとげつつあることが、プリンストン大学出版局から出た近代化シリーズの五巻本を読んでも、いちはやく教授会メンバーになり先に渡米しプリンストンで二年を過した芳賀徹が語る話を聞いても、身にしみてわかったので、自分も助教授になり身分が安定すると、米国へ渡りたい、teaching assistant でもいいから行きたい、などと思った。もっともそう口走ったところ、佐伯氏にぴしゃりとたしなめられたことがある。

それでもその数年後には、私も北米と日本を頻繁に往復する身となっていた。外国の大学関係者と人間のコネクションがすぐに出来て、私が日本で、キンヤ・ツルタが北米で、交互に国際会議を主催し、その成果を日英両語で出版するようになった。すると、佐伯氏は「あの二人は必ず衝突するよ」とかつて自分がツルタと北米で喧嘩した日のことを楽しそうに回顧して予言したが、そうしたことはついになくて終わった。ツルタはツルタで、佐伯彰一も芳賀徹も英語の応対はまことに上手で話は聞かせる。それは見事だが、講演そのものは平川の方がいつもきちんと構成されている。だから安心して聞いていられる。「雑談めいた講義でも日本語なら佐伯や芳賀の即興の話は楽しく聞けるが、英語だとさすがにそうはいかない。しかしお前の英語講演なら銭《ぜに》が取れる」といってカナダの学部長や大学院生が採点した私の講義評価表を渡してくれた。佐伯氏は話すように書く人だから英文では文体の点で問題が生じたのだろう。私は書くように話す人だから、それで後から来た私の方が先に英文の主著 *Sukehiro Hirakawa, Japan's Love-Hate Relationship with the West*, (Global Oriental 後に Brill) を世に出すことができたのだろう。二〇〇五年に駒場でその本をお見せしたのが、氏にお目にかかる最後となった。佐伯氏の批評は「英語の書物を出すのだったら *Bushido* とか *Book of Tea* のような人目を驚かすタイトルをつけなければ売れないよ」というのであった。

外国語で日本について語る人

佐伯氏は英語で自在に発信できた数少ない日本人の一人である。だがそうした人はきわめて珍しいらしい。ヘブライ大学名誉教授のベン゠アミ・シロニー氏は『平川祐弘著作集』刊行について「勉誠出版の企画は是非ともご推薦申しあげたい」と書いてくれたが、氏が想像している『著作集』とはどうやら西洋語を含むものである。シロニー教授はこう言った。

日本と西洋という興味深い関係を、平川氏ほど見事に分析してみせた学者は今の世界にほかにない。文学史の面でも精神史の面でもそうである。過去百五十年に及ぶ日本と西洋の愛憎関係を平川教授は同時代の人と作品を通してものの見事に説き明かした。氏は西から東へ、東から西へと文明と文明の境界を越境したラフカディオ・ハーンのような人たちの文学・思想に特別の関心を寄せてきたが、実は平川教授自身が東西二大文明を結ぶ細い線の上に立つ人である。平川氏は日本語・英語・フランス語の著書で、日本ならびに西洋の読者に向けて、広く語りかけてきた。氏はこれらのいずれの言葉においても自由自在である。このような多元的な能力を一身に蔵する学者は日本にはきわめて珍しい。日本読者には驚異であろう。しかしいまの日本はグローバル化に向かいつつあり、それだけに氏の著作はいよいよ時代の要求に応ずるものとなっている。日本の出版社は外国に向けても発信する義務がある。願わくば勉誠出版がその先鞭をつけ、平川教授の日本語著述だけでなく多言語の著述も出版していただきたいものである。

シロニー氏の夫人はフランス文学者で私の論文は英文でも仏文でも探偵小説みたいにサスペンスと発見があって面白いと言った。シロニー教授とは長い付き合いだが私のことを「ユダヤ人のような日本人」と呼んだ。実は北米で私が親しくなったのもしばしばユダヤ系アメリカ人の学者であった。比較文学も創始者のバルダンスペルジェはじめユダヤ人が多い。

佐伯彰一書誌

佐伯家は四代東大卒が続いた学問的名門である。佐伯彰一教授についてはきちんとした書誌を作り、落穂拾いはもとより、できれば英文も出版していただければ有難いのだが、そうもいかないのだろうか。私が一九八八年、東大出版会の広報誌『UP』で「なつかしい本」について語り、自伝が日本の国文学史から閉め出されている現状を惜しみ、「かねがねそんな不満があったので、佐伯彰一氏がやつぎばやに自伝論を世に問うた時は喝采した。というのは氏は日本文壇に頑固に存する小説至上主義——氏は「小説帝国主義」とも呼んでいる——を打ちのめした」云々と書いたら佐伯先生がたいそう喜ばれたことを思い出す。アルバート・クレイグ教授の夫人は京都大学法学部教授の令嬢だが、やはり佐伯氏の自伝論をよしとしたのだろう、英訳してしかるべきところに発表してくれた。思わぬところに知己はいるものである。

ところがその佐伯先生は、氏は私の尊い知己の一人だが、人生の道の半ばに暗い森の中にいた私について、たいへんなことを書いている。以下の一文は——一度読んだきりで返してしまったのでうろ覚えなのだが——実は本稿の冒頭でふれた万年助手時代の私のことである。佐伯先生の追悼会が二〇一六年春に開かれたとき私はそれにふれてこう述べた。

先生が意外な人間通であることを私あるとき発見してびっくりしました。先生は昭和四十年代の初め都立大学で教えるかたわら東大駒場へ非常勤講師で教えにみえた。休み時間に昔の一高の南寮にあった外国語談話室へ行くと、フランス語教師がたむろしている。それがみんなある助手の悪口を言っている。行くたびに悪く言っている。傍で聞くとその助手はフランスにもドイツにもイタリアにも留学してなかなか学問もあり、『神曲』も訳したとかで、大物助手らしい。しかし大学社会では一旦大物助手と呼ばれて年をくうようになったらおしまいです。そのような人は絶対に出世しない——。

いやはや大変な記事を先生お書きで、皆さまお笑いですが、その記事を私が読みましたのは書かれてからすでに三十年後の東大退官後で人さまが見せてくださいました。私の面目躍如で感心いたしました。もう一度読んで正確に引用したい、と思いましたが、如何せん、その記事がどこに出たのか私は記録しなかった。佐伯家の皆さまがなにとぞきちんとした佐伯彰一書誌をお作り下さいますようあらためてお願い申し上げます。

世界的博識で日本文化を語る

最後に佐伯先生が二〇一六年年初に亡くなられたとき私が一月六日の『産経新聞』に寄せた追悼文を原文のまま掲げさせていただく。

昭和初年、村の子供で中学を目指す者はいない。だが先生が小学校五年の佐伯家の坊ちゃまには特別授業をし、飛び級で中学にあたる富山高校尋常科へ入学させてくれた。氏に都雅の趣きがあるのはその七年制高校のおかげだろう。尋常科の四年で旧制の富山高校へ進んだ。ませた文学青年は小林秀雄など名士が地方へ講演に来ると、宿まで押し掛け話を拝聴、言われた通り大作家の全集を端から端まで読み通した。今でも若者の最上の教育は漱石や鷗外の全集を読み通すことだろう。氏がエリート・コースを駈け上がったのは親子とも東大出という地方の名家の背景に恵まれたこともあるが、生家は立山の神職である。

佐伯少年はその雪深い、結核の多い、旧弊な環境に反撥して育った。脱出したくてたまらない。富山高校は創立以来英語教育にすぐれ、佐伯は英語をよく勉強した。西洋はその脱出先であり語学はその道具である。だから昭和十六年という時世に佐伯はいとも自然に東大英文科を志望し、米国作家メルヴィルで論文を書き、十八年繰上げ卒業、海軍士官となり、経理学校で終戦まで教えた。

敗戦後、佐伯中尉は佐世保に呼びだされ、連絡将校として米日海軍の折衝の現場に立会う。そのとき知りあった元諜報将校和智恒蔵の英語能力や人間認識に感銘を受けた。佐伯氏の日米関係についての歴史認識は自身のこの種の実体験に根ざしており、そこはやわな岩波知識人とは違う。

復員した佐伯は富山大助教授になり、二十五年、戦後最初の留学生としてウィスコンシン大に留学した。入国審査カードに「宗教」の欄があり、ここで神道と書けば入国取消になるかと一瞬思ったという。戦後、神道はタブー視されたのである。そんな経験をも含む一冊が後年の『神道のこころ』で、世の文芸評論家のおよそ書くことを得ぬ日本人の心が息づいている。

帰国後都立大学に移り『現代英米小説の問題点』を著すなど学者ジャーナリストとして大活躍した。昭和三十七年、ヤマギワ教授と東大の恩師中野好夫の推挙でミシガン大学へ招かれた。この北米での英語による日本文学講義体験が氏に日本を見直す新視角を開いた。氏の特色は米国という鏡に映った日本文化論で、異文化体験に富める佐伯氏は東大駒場へ移り、比較文学比較文化課程主任として最適任者だった。

氏の大功績の一つは、日本文壇に頑固に存する小説至上主義を排し、自伝文学を復権させ、戦後、自虐的にもてはやされた「西洋人には自我があり東洋人には自我がない」式の妄説をも壊したことだ。実際、自己のない人間に『折たく柴の記』（新井白石）のような自伝が書けるはずもない。氏がその世界的博識でもって徳川文化の特質を英語で外人学者に向けてたっぷりと語って聞かせると、占領期の日本で流行《はや》ったマゾヒスティックな見方が消えて、なんだか日米主客転倒の観すらあった。そんな氏に深い敬意を抱いた一人が米国の日本学者、サイデンステッカーで、彼の佐伯観は『とやま文学』（一五号、一九九七年）で読むことができる。

A REPORT ON PROFESSOR SUKEHIRO HIRAKAWA

When we invited Professor Hirakawa, we proposed that he should teach in collaboration with Drs. Tsuruta and Howes. Accordingly, Professor Hirakawa took part in Professor Tsuruta's graduate course on modern Japanese literature and Professor Howes' undergraduate course on individualism in modern Japan as well as a graduate seminar on Japanese intellectual history. In the course mentioned first, he made substantial contributions to the discussion of the theme 'world beyond life.' His interest in autobiographies was a great asset to the discussion on individualism in the second course. He brought his extensive knowledge of modern Japanese intellectual history to bear upon the discussions concerning Uchimura Kanzō and other notables in Professor Howes' graduate seminar.

Professor Hirakawa interacted freely with students outside the courses and seminars. His pleasant and energetic personality made him approachable. I have no doubt that he left a deep impression on their minds through his erudition as well as the ease with which he carried his erudition. His incisive intellect was frequently reflected in the free-flow discussion sessions which he carried out at the Graduate Student Centre after his lectures.

Although we did not anticipate Professor Hirakawa's participation in our examination process, he accommodated us most generously when the need for his presence was felt. He was involved in the oral defence of one M.A. thesis submitted by Ms. Jeanette Leduc and the Ph.D. comprehensive examinations of Messrs. Takao Hagiwara, George Oshiro and Roy Starrs.

In addition to his participation in courses, seminars and examinations, Professor Hirakawa delivered six public lectures at the Asian Centre :

November 5, 1981	*Chinese culture and Japanese identity :* *Traces of Po Chü-i in a peripheral country*
December 3, 1981	*Natsume Sōseki and his teacher James Murdoch :* *Their opposite views of the modernization of Japan*
January 7, 1982	*Re-evaluating Lafcadio Hearn's Japanese writings :* *A romantic lamp or a mirror of the soul ?*
February 4, 1982	*The psychology of westernization in comparative perspective :* *Akutagawa and Pushkin*
March 4, 1982	*The Divine Comedy and Nō plays :* *Purgation reconsidered*
April 9, 1982	*Benjamin Franklin and Fukuzawa Yukichi :* *Two Autobiographies compared*

From all accounts, these lectures were very well attended and highly appreciated. The audience frequently marvelled at Professor Hirakawa's erudition and ability to weave different strands together. One graduate student summed up the principal intellectual gain as follows while proposing a vote of thanks at the end of the fifth lecture.

> "Although traditionally the scope of professors of literature in Japan was rather narrowly national, in the post-war era there has been a new trend towards a wider, multi-national, comparativist approach. Certainly one of the major forces behind this trend has been the University of Tokyo's Department of Comparative Literature and Culture, with which Professor Hirakawa is associated. And we have had a splendid example of the fruits of this new trend in Professor Hirakawa's five talks delivered over the past four months, talks which have illuminated

many aspects of Japanese literature and Japanese culture in general by bringing into play foreign writers as diverse as Po Chu-i, Lu Hsun, James Murdoch, Lafcadio Hearn, Pushkin and Dante. By doing so he has widened our perspectives not only on Japanese but on world literature and culture, thus providing a most convincing proof of the validity, the necessity and, above all, of the fascination of the comparativist approach."

A workshop entitled *Japanese Studies for the eighties : new perspectives* was held under the auspices of the Ohira Commemorative Programme and the Institute of Asian Research on November 27 and 28, 1981. Professor Hirakawa was a key-note speaker at this workshop.

While he was with us, Professor Hirakawa visited other north American Universities for lectures and scholarly exchanges whenever he could do so without compromising his obligations here. The following list will bear out how vigorous and multifaceted this activity of his was:

November 13, 1981	Columbia University : Japan seminar: Cultural significance of Japanese Western-Style artists of the Meiji-Taisho period.
November 16, 1981	Princeton University : Natsume Sōseki and his Teacher James Murdoch
January 20, 1982	University of Alberta : same topic
March 29, 1982	McGill University : Benjamin Franklin and Fukuzawa Yukichi—two autobiographies compared
March 30, 1982	Université de Montréal : la Culture Chinoise et l'Identité Japonaise
March 31, 1982	University of Toronto : Natsume Sōseki and His Teacher James Murdoch
April 1, 1982	University of Toronto : Hemorrhoid in Modern Japanese Literature: interpretations of its symbolical meaning

In short, Professor Hirakawa's extensive knowledge of Japan and his sharp intellect were fully put into use here. Both students and faculty came to love this frank and straightforward scholar of a cheerful disposition, and were stimulated by his insights into many problems of both history and literature of modern Japan. Due to his participation the level of intellectual exchanges was considerably raised. His presence here at UBC has enormously benefited our Japanese studies in a most visible way, but the real benefit will emerge in a more subtle way when students formulate their ideas into theses and also when some of the teachers sit to write their books. His impact will be a long lasting one. It is difficult to imagine a better visitor for the inaugural year of a scholarly program.

Submitted by A.N. Aklujkar, Head

Department of Asian Studies

公益財団法人東洋文庫 監修
東洋文庫善本叢書［第二期］欧文貴重書◉全三巻

［第一巻］
ラフカディオ ハーン、B.H.チェンバレン往復書簡

Letters addressed to and from Lafcadio Hearn and B.H. Chamberlain. Vol.1

世界史を描き出す白眉の書物を原寸原色で初公開

日本研究家で作家の小泉八雲（Lafcadio Hearn, l850-1904）は、
帝国大学文科大学の教授で日本語学者B.H.チェンバレン（B. H. Chamberlain 1850-1935）の斡旋で
松江中学（1890）に勤め、第五高等学校（1891）の英語教師となり、
のち帝国大学文科大学の英文学講師（1896 ～ 1903）に任じた。
本書には1890 ～ 1896年にわたって八雲がチェンバレン
（ほか西田千太郎、メーソン W. S. Masonとの交信数通）と交わした自筆の手紙128通を収録。
往復書簡の肉筆は2人の交際をなまなましく再現しており、
西洋の日本理解の出発点の現場そのものといっても過言ではない。

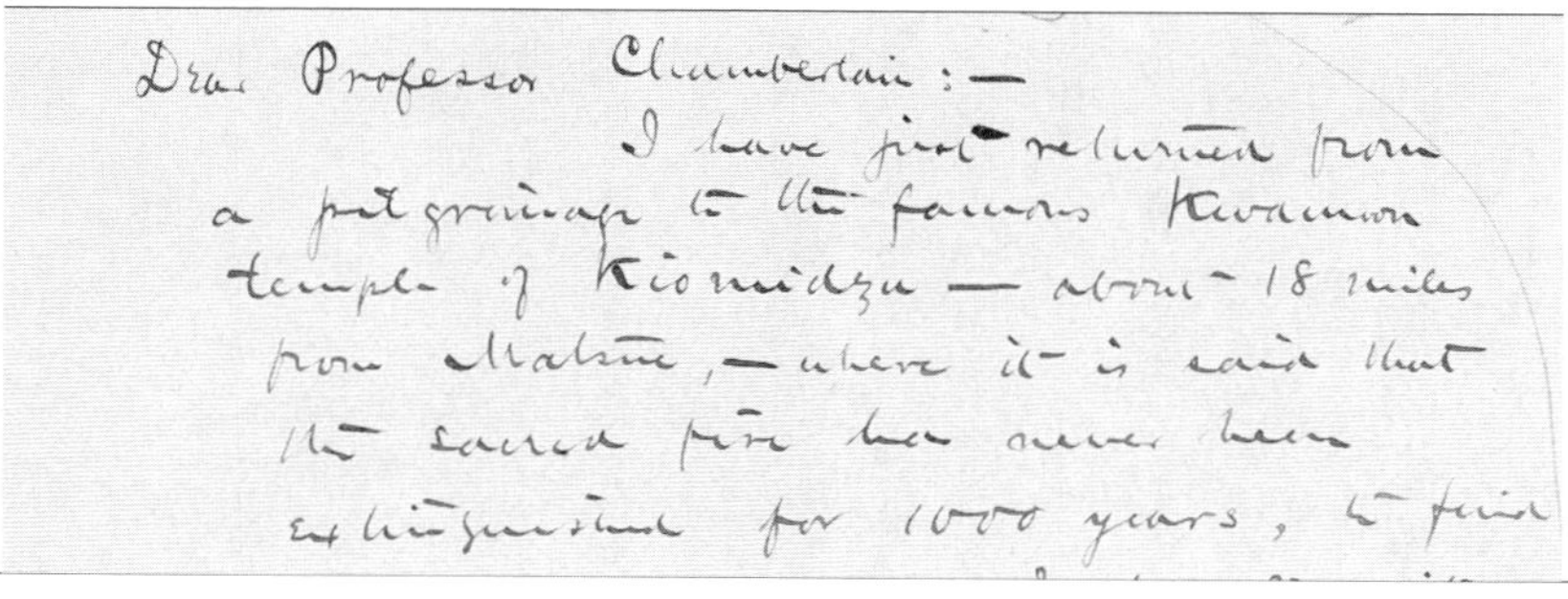
Dear Professor Chamberlain:—
I have just returned from a pilgrimage to the famous Kwannon temple of Kiomidzu — about 18 miles from Matsue, — where it is said that the sacred fire has never been extinguished for 1000 years, to find

ハーンから
チェンバレン
に宛てた書簡

平川祐弘
東京大学名誉教授
［解題］

本体140,000円（＋税）・菊倍判上製（二分冊）・函入・884頁
ISBN978-4-585-28221-1 C3080

第10巻　小泉八雲――西洋脱出の夢
第11巻　破られた友情――ハーンとチェンバレンの日本理解
第12巻　小泉八雲と神々の世界
第13巻　オリエンタルな夢――小泉八雲と霊の世界
第14巻　ラフカディオ・ハーン――植民地化・キリスト教化・文明開化【ハーン関係索引】
第15巻　ハーンは何に救われたか
第16巻　西洋人の神道観
第17巻　竹山道雄と昭和の時代【竹山道雄関係索引】
第18巻　昭和の戦後精神史――渡辺一夫、竹山道雄、E・H・ノーマン
第19巻　ルネサンスの詩
第20巻　中世の四季――ダンテとその周辺
第21巻　ダンテの地獄を読む
第22巻　ダンテ『神曲』講義【ダンテ関係索引】
第23巻　謡曲の詩西洋の詩
第24巻　アーサー・ウェイリー――『源氏物語』の翻訳者【ウェイリー関係索引】
第25巻　東西の詩と物語◎世界の中の紫式部◎袁枚の詩◎西洋の詩　東洋の詩◎留学時代の詩◎平川祐弘の詩◎夏石番矢讃◎母国語で詩を書くことの意味
第26巻　マッテオ・リッチ伝（上）
第27巻　マッテオ・リッチ伝（下）【リッチ関係索引】
第28巻　東の橘西のオレンジ
第29巻　開国の作法
第30巻　中国エリート学生の日本観◎日本をいかに説明するか
第31巻　日本の生きる道◎日本の「正論」
第32巻　日本人に生まれて、まあよかった◎日本語は生きのびるか――米中日の文化史的三角関係【時論関係索引】
第33巻　書物の声歴史の声
第34巻　自伝的随筆◎金沢に於ける日記

西洋列強の衝撃と格闘した
近代日本人の姿を、
学問的かつ芸術的に描いた
不朽の金字塔。

平川祐弘 決定版 著作集

全34巻

A5判上製・各巻約三〇〇～八〇〇頁
月一冊配本予定

古今東西の知を捉える

日本は外来文明の強烈な影響下に発展した。「西欧の衝撃と日本」という文化と文化の出会いの問題を西からも東からも複眼で眺め、鷗外・漱石・諭吉・八雲などについて驚嘆すべき成果を上げたのは、著者がルネサンス人にも比すべき多力者であったからである。複数の言語をマスターし世界の諸文化を学んだ比較研究者平川教授はその学術成果を芸術作品として世に示した。

この見事な日本語作品はわが国における比較文化史研究の最高の軌跡である。奇蹟といってもよい。

各巻収録作品　＊は既刊

第1巻　和魂洋才の系譜（上）
第2巻　和魂洋才の系譜（下）◎二本足の人森鷗外◎鷗外の母と鷗外の文學◎詩人鷗外◎ゲーテのイタリアと鷗外とイタリア【森鷗外関係索引】
＊第3巻　夏目漱石――非西洋の苦闘
第4巻　内と外からの夏目漱石【夏目漱石関係索引】
＊第5巻　西欧の衝撃と日本
＊第6巻　平和の海と戦いの海――二・二六事件から「人間宣言」まで
＊第7巻　米国大統領への手紙――市丸利之助中将の生涯◎高村光太郎と西洋
＊第8巻　進歩がまだ希望であった頃――フランクリンと福沢諭吉
第9巻　天ハ自ラ助クルモノヲ助ク――中村正直と『西国立志編』

伝播する蘭学
江戸・長崎から東北へ

長崎、江戸、米沢・亀田・庄内の東北各藩。当時の最先端知識であった蘭学を軸に、近世における新文化の伝播の諸相を考察する。列島をつなぐ、知識交流の円環。

片桐一男 著・本体六〇〇〇円（＋税）

知の開拓者 杉田玄白
『蘭学事始』とその時代

蘭学発達の道筋、玄白らの挑戦の軌跡を、玄白自身の言葉を手がかりに、時代状況や最新の研究成果、玄白の記憶の間違い等、解明に到った新事実を盛り込んで紹介。

片桐一男 著・本体二四〇〇円（＋税）

日本近世都市の文書と記憶

情報の伝達・蓄積媒体である文書。その文書の保管と記憶の創生という観点より、近世都市の歴史叙述のありかたを考察する。

渡辺浩一 著・本体九〇〇〇円（＋税）

書物学 1〜10巻（以下続刊）

これまでに蓄積されてきた書物をめぐる精緻な書誌学、文献学の富を人間の学に呼び戻し、愛書家とともに、古今東西にわたる書物論議を展開する。

編集部 編・本体各一五〇〇円（＋税）

幕末明治
移行期の思想と文化

忠臣・皇国のイメージ、出版文化とメディア、国家形成と言語・思想。3つの柱より移行期における接続と断絶の諸相を明らかにし、従来の歴史観にゆさぶりをかける画期的論集。

前田雅之・青山英正・上原麻有子 編・本体八〇〇〇円（＋税）

近世日本の歴史叙述と対外意識

世界が可視化され広がりをみせていく近世日本において、自己と他者をめぐる言説が記憶となり、語られていく諸相を捉え、近世そして近代日本の世界観・思考のあり方を照らし出す。

井上泰至 編・本体八〇〇〇円（＋税）

「近世化」論と日本
「東アジア」の捉え方をめぐって

諸学問領域から「日本」そして「近世化」を論究することで、従来の世界史の枠組みや歴史叙述のあり方を捉えなおし、東アジア世界の様態や変容を描き出す画期的論集。

清水光明 編・本体二八〇〇円（＋税）

近代学問の起源と編成

近代学問の歴史的変遷を起源・基底から捉えなおし、「近代」以降という時間の中で形成された学問のフィルター／バイアスを顕在化させ、「知」の環境を明らかにする。

井田太郎・藤巻和宏 編・本体六〇〇〇円（＋税）

【著者略歴】

平川祐弘（ひらかわ・すけひろ）

1931（昭和6）年生まれ。東京大学名誉教授。比較文化史家。第一高等学校一年を経て東京大学教養学部教養学科卒業。仏、独、英、伊に留学し、東京大学教養学部に勤務。1992年定年退官。その前後、北米、フランス、中国、台湾などでも教壇に立つ。

ダンテ『神曲』の翻訳で河出文化賞（1967年）、『小泉八雲――西洋脱出の夢』『東の橘　西のオレンジ』でサントリー学芸賞（1981年）、マンゾーニ『いいなづけ』の翻訳で読売文学賞（1991年）、鷗外・漱石・諭吉などの明治日本の研究で明治村賞（1998年）、『ラフカディオ・ハーン――植民地化・キリスト教化・文明開化』で和辻哲郎文化賞（2005年）、『アーサー・ウェイリー――『源氏物語』の翻訳者』で日本エッセイスト・クラブ賞（2009年）、『西洋人の神道観――日本人のアイデンティティーを求めて』で蓮如賞（2015年）を受賞。

『ルネサンスの詩』『和魂洋才の系譜』以下の著書は本著作集に収録。他に翻訳として小泉八雲『心』『骨董・怪談』、ボッカッチョ『デカメロン』、マンゾーニ『いいなづけ』、英語で書かれた主著に *Japan's Love-hate Relationship With The West* (Global Oriental, 後に Brill)、またフランス語で書かれた著書に *A la recherche de l'identité japonaise－le shintō interprété par les écrivains européens* (L'Harmattan) などがある。

【平川祐弘決定版著作集 第8巻】

進歩《しんぽ》がまだ希望《きぼう》であった頃《ころ》
――フランクリンと福沢諭吉

2017（平成29）年3月25日　初版発行

著　者　平川祐弘
発行者　池嶋洋次
発行所　勉誠出版 株式会社
〒101-0051　東京都千代田区神田神保町 3-10-2
TEL：(03)5215-9021(代)　FAX：(03)5215-9025
〈出版詳細情報〉http://bensei.jp

印刷・製本　太平印刷社
ISBN 978-4-585-29408-5　C0095

索　引

— ア 行 —

― カ 行 ―

— サ 行 —

― タ 行 ―

― ナ 行 ―

― ハ 行 ―

― マ 行 ―

— ヤ 行 —

— ラ 行 —

— ワ 行 —

— A —

— I —

— T —

— U —